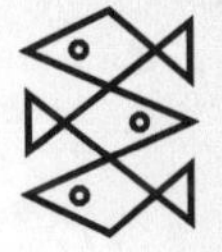

W0032662

Für jede sechste Frau geht der Traum von einer natürlichen Geburt nicht in Erfüllung. Bundesweit wurden 1994 von knapp 770000 Geburten gut 131000 per Kaiserschnitt entbunden, also 17 Prozent. Etwa 7 Prozent waren sekundäre Kaiserschnitte, d.h. der Entschluß zum Schnitt fiel erst während der Geburt.

Viele Frauen, die erst im Kreißsaal mit der Entscheidung »Kaiserschnitt« konfrontiert werden, haben nach der Operation Probleme, sich mit der Tatsache des Kaiserschnitts auseinanderzusetzen. Da sich die Unterstützung nach dem Eingriff zunächst nur auf das Physische beschränkt und die emotionale Verletztheit nicht thematisiert wird, verstärkt dies bei ihnen das Gefühl, versagt zu haben. Denn das Leistungsdenken macht selbst beim Gebären nicht halt: Eine leichte, schnelle Geburt bringt der Frau Anerkennung, Kaiserschnittmütter dagegen müssen mit Neid und Enttäuschung zuhören, wie andere Frauen vom Glücksmoment des ersten Schreis ihres Kindes erzählen.

Die Autorinnen wenden sich vor allem den psychischen Belastungen der Kaiserschnittgeburt zu, sie erläutern die möglichen medizinischen Notwendigkeiten des Eingriffs und zeigen, wie Frauen sich darauf einstellen können.

Theresia Maria de Jong lebt in Zetel. Sie arbeitet als freie Autorin für »Psychologie Heute«, die »Zeit« u.a. Sie selbst hatte zwei Notkaiserschnitte.
Gabriele Kemmler lebt in Frankfurt. Sie ist Mitherausgeberin des Rundbriefs der Gesellschaft für Geburtsvorbereitung und leitet Gesprächskreise zum Thema Kaiserschnittvorbereitung bzw. -verarbeitung. Sie hatte einen geplanten Kaiserschnitt.

Theresia Maria de Jong / Gabriele Kemmler

Kaiserschnitt – Narben an Seele und Bauch

Ein Ratgeber für Kaiserschnittmütter

3. Auflage: Juli 1999

Originalausgabe
Veröffentlicht im Fischer Taschenbuch Verlag GmbH,
Frankfurt am Main, Dezember 1996

Gesamtherstellung: Clausen & Bosse, Leck
Printed in Germany
ISBN 3-596-13307-6

Für Nora, Daniel und Jonathan

Inhalt

Vorwort

Die Art und Weise, wie wir auf die Welt kommen, bleibt nicht ohne Einfluß auf den weiteren Verlauf unseres Lebens. Dieser Tatsache sind sich heute immer mehr Schwangere bewußt. Auch deshalb wird der »sanften« Geburt so große Bedeutung beigemessen. Je intensiver sich eine werdende Mutter auf eine möglichst natürliche Geburt vorbereitet und gefreut hat, desto größer ist die Enttäuschung, wenn ein Kaiserschnitt nötig wird. Mit der Enttäuschung gehen viele Sorgen und Ängste einher: Oft haben Mütter die Befürchtung, daß sie eine weniger tiefe Bindung zu ihrem Kind haben werden, daß diese verlorenen ersten Minuten – häufig sind es Stunden – prägend sein werden für die gesamte weitere Bindungsentwicklung von Mutter und Kind. Fragen nach dem Selbstwert werden gestellt, das Gefühl versagt zu haben, dem Leistungsanspruch in der Gesellschaft nicht gerecht geworden zu sein, lassen sich nicht so leicht beiseite schieben. Zweifel an der eigenen Tauglichkeit zur Mutterschaft kommen auf (»Wenn ich schon keine ›echte‹ Geburt geschafft habe, wie soll das bloß weitergehen?«). Der Vergleich mit Frauen, die sich mit ihren einfachen, schnellen Geburten brüsten, schmerzt. Die Anerkennung durch Familie, Freundinnen und Bekanntenkreis ist geringer oder weniger herzlich als bei einer natürlichen Geburt, oder wird zumindest subjektiv so empfunden. Die Notwendigkeit des Kaiserschnitts wird manchmal in Frage gestellt, und Kaiserschnittmütter quälen sich mit einem schlechten Gewissen: Hätte ich es nicht doch vielleicht noch geschafft, habe ich zu schnell aufgegeben?

Leider werden Mütter und Väter in unserem Gesundheitssystem mit ihren Sorgen und Nöten nach einem Kaiserschnitt alleine gelassen. Professionelle Hilfen zur Verarbeitung werden zur Zeit größtenteils nicht angeboten. Im Gegenteil, beim Krankenhauspersonal fehlt nur zu häufig die Sensibilität für die Bedürfnisse von Kaiserschnittmüttern. In einigen Kliniken wird die Mutter behandelt, als wäre sie die Patientin einer großen Bauchoperation, die – als Nebeneffekt sozusagen – auch noch ein Kind geboren hat. Aber auch Reaktionen der Verdrängung nach dem Motto: »Seien Sie doch froh, daß sie ein gesundes Kind haben (und durch nonverbale Signale hinzugesetzt ›geben Sie endlich Ruhe und halten Sie den Mund‹)« helfen der Frau nicht, mit ihrem Erlebten ins reine zu kommen.

Schon Schwangerschaft und »normale« Geburt verlangen von der Frau massive körperliche und psychische Anpassungen; besonders im Falle des ersten Kindes kann der Übergang zur Elternschaft als entwicklungspsychologische Krise gesehen werden.[1)] Kommt zu dieser Umbruchs- und Streßsituation auch noch eine (häufig sogar ungeplante) Operation mit ihren Schmerzen, eventuellen Komplikationen und körperlichen Einschränkungen hinzu, funktionieren die psychischen Bewältigungsmechanismen – gerade wenn die Frau durch stundenlange Wehen erschöpft ist – nur noch schlecht oder sind völlig lahmgelegt. Aus dieser Perspektive sollte es eigentlich nicht verwundern, wenn die psychische und physische Genesung länger dauert als bei einer Frau, die vaginal entbunden hat.

In der deutschsprachigen (Fach-)Literatur finden sich kaum Bücher, die sich mit den emotionalen und psychischen Auswirkungen des Kaiserschnitts auf Mütter auseinandersetzen. Auch in englischsprachigen Ländern (voran die USA mit einer Kaiserschnittrate um 23 Prozent) findet die Thematik erst seit knapp fünfzehn Jahren Beachtung. Diese Untersuchungen werden wir heranziehen, um die Beobachtungen, die wir bei der Recherche des Buches mit vielen betroffenen Frauen gewonnen haben, einzuordnen. In den zahlreichen Gesprächen mit Müttern, die wir geführt haben, stellten wir immer wieder fest, wie wichtig es für die Frauen war, über dieses – bislang öffentlich so tabuisierte – Thema sprechen zu können. Das Bedürfnis zur Mitteilung war groß, und oft brachen Dämme, die jahrelang Gefühle gestaut hatten. Andererseits war es einigen Frauen offenbar unheimlich, auf einmal frei über ihre Gefühle sprechen zu können, zu lange hatten die Verdrängungsmechanismen der Gesellschaft (durch Verwandtschaft und Bekanntenkreis) ihre Arbeit geleistet. Untersuchungen zeigen jedoch, wie enorm wichtig das Gespräch mit anderen Kaiserschnittmüttern ist, um das Erlebte besser zu verarbeiten und zu integrieren. Wir bemerkten in einigen Interviews das Phänomen, daß sich Frauen zwar noch haargenau an alle medizinischen Prozeduren erinnern konnten, die Gefühle aber – bis auf die Erinnerung »es war einfach schrecklich« – vergraben hatten. Oft allerdings führten sie im weiteren Gesprächsverlauf Schwierigkeiten mit den Kindern (häufig schon im Teenageralter) auf den Kaiserschnitt zurück. Dies zeigt, daß das Geburtserlebnis keineswegs vergessen, wohl aber in vielen Fällen verdrängt wurde, ohne jedoch seine Brisanz und Bedeutung verloren zu haben.

Wir möchten mit unserem Buch einerseits (und hauptsächlich) Kaiserschnittmüttern helfen, sich mit ihren Ängsten und Gefühlen auseinanderzusetzen, und ihnen Wege aufzeigen, wie auch ein so technisierter Geburtsvorgang, wie es der Kaiserschnitt ist, trotz allem noch ein positives Geburtserlebnis werden kann. Wir wollen aber auch die Sensibilität in der Öffentlichkeit (sowohl im professionellen Bereich – also bei Ärzten und dem Krankenhauspersonal – als auch bei Verwandtschaft und im Bekanntenkreis) für die Sorgen und speziellen Bedürfnisse von Kaiserschnittmüttern erhöhen, damit alle mit einem Kaiserschnitt »Berührten« situationsgerechter und -verständiger reagieren können.

Für uns war es ein Anliegen aus eigener Betroffenheit, dieses Buch zu schreiben – unsere Kinder wählten »den anderen Weg« in die Welt –, aber auch aus fachlichem Interesse. Als Journalistin und Autorin setze ich (Theresia) mich seit Jahren für Frauenthemen ein, damit ihre spezielle Sichtweise und ihre Erfahrungen nicht – wie es auch heute noch vielfach geschieht – »untergehen« oder als »nicht der Rede wert« abqualifiziert werden. Die Suche nach einer mit der Thematik vertrauten Fachfrau führte mich zu Gabriele, die in ihrer elfjährigen Tätigkeit als Geburtsvorbereiterin häufig mit den Ängsten und Nöten von Kaiserschnittfrauen konfrontiert wurde. Aus diesem Grund hat sie dem Thema Kaiserschnitt durch Beratungen, Vorträge, Gesprächsabende, Kaiserschnittgruppen und Fortbildungen ein besonderes Angebot gewidmet.

Bedanken möchten wir uns bei all denen, die dieses Buch erst ermöglicht haben. Insbesondere all den Frauen, die uns freimütig über ihre Kaiserschnitterlebnisse berichtet haben und uns Einblicke in ihre seelische Verfassung nach einem solchen Eingriff gegeben haben, sagen wir herzlichsten Dank. Dank auch unseren Familien, die uns mit viel Geduld und Unterstützung begleitet haben. Besten Dank auch all denen, die uns während der Zeit des Schreibens zugehört und angeregt haben. Auch diesmal mein (Theresia) bester Dank an Lenchen de Boer und Monika Heiken für die gute Betreuung meiner Söhne Daniel und Jonathan – ohne sie hätte dieses Buch nicht so schnell entstehen können! Zuletzt, aber nicht minder herzlich, bedankt sich Gabriele bei ihrer Tochter Nora, weil sie schon so »groß« und selbständig ist, daß sie auch mal ohne die Mutter auskam.

1. Diagnose Kaiserschnitt. Frauen berichten

»Ich dachte, der Tag, an dem mein Kind zur Welt kommt, wird für mich ein unvergeßlicher Freudentag. Unvergeßlich wurde er – allerdings eher als Alptraum.«

Kein Kaiserschnitt ist wie der andere. Es gibt sicherlich nicht DEN Kaiserschnitt und nicht DAS Kaiserschnitterlebnis. Dafür spielen viel zu viele Faktoren eine Rolle. Immer ist das Ereignis individuell geprägt und wird dementsprechend persönlich erlebt und verarbeitet. Dennoch stellten wir bei unseren Interviews und Gesprächen mit Kaiserschnittfrauen häufig fest, daß es Gefühle und Reaktionen gibt, die sich (sogar bis zur Wortwahl) sehr ähnelten. Es scheint gewisse post-kaiserschnittypische Erfahrungsebenen zu geben, die Frauen mit Kaiserschnittgeburten miteinander verbinden, selbst wenn die Unterschiede in der Bewertung der Sectio insgesamt groß sein können. Das Spektrum der Emotionen und Reaktionen zeigt sich am besten, wenn die Frauen selbst zu Wort kommen. Unsere Auswahl des Interviewmaterials ist selbstverständlich subjektiv und nicht repräsentativ, dennoch glauben wir, die meisten Aspekte damit abzudecken. Wir haben uns hier im ersten Kapitel dafür entschieden, einige Kaiserschnittgeburtserlebnisse möglichst umfassend zu dokumentieren, denn oft wird erst im Zusammenhang mit vielen (auf den ersten Blick bedeutungslosen) Details die Situation nachvollziehbar. Im weiteren Verlauf des Buches werden wir immer wieder Beispiele von betroffenen Frauen zur Verdeutlichung anführen. Die Namen der Frauen sind durchgängig geändert.

Für Amelie kam der Kaiserschnitt völlig unvorbereitet:

»Wir haben uns schon immer mindestens ein Kind gewünscht. Als die wirtschaftlichen Umstände günstig waren, haben wir uns dann dazu entschlossen. Wir waren sehr überrascht, daß es gleich geklappt hat, und haben uns beide sehr gefreut. Die Schwangerschaft war eine der schönsten und aufregendsten Phasen meines Lebens. Ich genoß jeden Tag, das Kind in mir zu tragen, und es später auch zu spüren. Ich empfand mehr und mehr das Wunder, das die Natur da fertigbringt. Ich »funktionierte«, war eine »richtige« Frau. Ich genoß es, von meiner Umwelt verwöhnt zu werden. Es war einfach toll, und obwohl ich mich sehr auf den Tag freute, an dem ich mein Kind endlich in den Armen halten konnte, so bedauerte ich jeden Tag, der vorüberging.

Dann, in der 36. Woche bekam ich plötzlich sehr hohen Blutdruck, und bei mir wurde eine Gestose (Schwangerschaftsvergiftung, Anm. d. Verf.) festgestellt. Meine Nieren arbeiteten nicht mehr richtig. Das Kind sollte angeblich 2800 Gramm wiegen, und so wurde eine Sectio gemacht. Die Begründung war, daß es zu gefährlich sei, das Kind im Bauch zu belassen. Da die Entscheidung zum Kaiserschnitt so schnell fiel und ich ganz plötzlich und unerwartet damit konfrontiert wurde (schließlich war ich vier Wochen vor dem Termin), war es sehr schlimm.

Ich war so erschrocken und traurig, daß die Risikoerläuterungen wie im Traum an mir vorüberzogen. Ich konnte gar nicht richtig zuhören, hatte Mühe, auf die vielen Fragen der Anästhesie richtig zu antworten. Ich stand einfach neben mir. Es war ein unglaublicher Schock. Von der Mitteilung meines Arztes bis zum Eingriff vergingen etwa zwei bis drei Stunden. Da sich die Ereignisse überstürzten und noch viel vorbereitet werden mußte, war um mich herum nur Hektik. Es fand kein ruhiges Gespräch statt, es waren ständig Personen im Zimmer, und jeder machte etwas mit mir.

In diesen Momenten kam ich mir vor wie ein Stück Vieh. Es wurde an mir herumhantiert, ich führte nur noch Anweisungen aus. Ich zitterte am ganzen Körper. Mir ging es erst etwas besser, als mein Mann kam und die Vorbereitungen abgeschlossen waren.

Wir hatten dann noch eine Stunde für uns. Schließlich kam ich in den OP (zum Glück durfte mich mein Mann begleiten), und es wurde eine PDA (Periduralanästhesie) gelegt. Die PDA erwies sich als weniger schlimm als ich es vermutet hatte. Ich bekam voll bewußt meine Hilflosigkeit zwischen all den Geräten mit. Ich fühlte mich ausgeliefert. Es kam mir auch nicht wie eine Geburt vor, eher wie eine gewöhnliche Operation. Als meine Tochter vom Schleim befreit und abgesaugt war, wurde sie in ein OP-Tuch gewickelt und mir kurz vor das Gesicht gehalten. Es waren nur wenige Sekunden, die ich sie sehen konnte, da sie gleich weiterversorgt werden mußte. Nach der OP wurde ich in ein Vorwehenzimmer gefahren, in dem mein Mann auf mich wartete (bei der Operation selbst durfte er nicht anwesend sein). Mein Kind bekam ich dort gewaschen und angezogen kurz in den Arm gelegt. Ich war so schwach, daß ich Angst hatte, es fallen zu lassen. Lange konnte ich diese ersten Momente mit Mann und Kind jedoch nicht genießen, weil uns mitgeteilt wurde, daß unser Töchterchen viel kleiner als erwartet und unreif sei. Sie hatte ein Atemnotsyndrom. Mir wurde angedeutet, daß sie vielleicht in eine Kinderklinik verlegt werden müsse, sie würde jedoch erst noch beobachtet. Schon nach ca. fünf Minuten mußte sie wieder zurück ins Wärmebett. Insgesamt hatte ich unser Töchterlein etwa zweimal für fünf Minuten im Arm und habe sie ein drittes Mal im Transportinkubator (Brutkasten) gesehen, als sie endgültig verlegt wurde.

In mir tobte ein Wechselbad der Gefühle: Es war so turbulent zugegangen, bis ich mein Kind hatte (zu diesem frühen Zeitpunkt wollte ich ja eigentlich noch gar nicht), kaum hatte ich angefangen mich zu freuen, da wurde sie mir wieder weggenommen. Als sie weggebracht wurde, blutete mir das Herz. Ich konnte nur noch weinen – die ›Krönung‹ eines turbulenten Tages, der in einem Alptraum gipfelte. Ich konnte drei Tage wegen der Sectio nicht zu ihr. Am vierten Tag durfte ich in die Kinderklinik. Dort habe ich beim Wickeln im Brutkasten zugeschaut, da habe ich meine Tochter das erste Mal nackt gesehen. Merkwürdigerweise war mir das sehr wichtig, denn auf den Sofortbildern, die mein Mann mir mitbrachte, hatte sie immer Windeln an. Erst nach etwa ein bis zwei Wochen, als sie mehr Kraft hatte und nicht mehr per Magensonde ernährt werden mußte, durfte ich sie das erste Mal anlegen. Es war auf der Intensivstation, zwischen all den Geräten und der Unruhe, dem Krach und zwischen all dem Personal im Raum. Es war so verkrampft – ein Fiasko –, trotz der Hilfe der Intensivschwester hat es nicht geklappt. Als meine Tochter nach vier Wochen zu mir nach Hause kam, habe ich es erneut versucht – bis dahin hatte sie nur aus der Flasche getrunken. Trotz vieler Mühen und der Hilfe der Hebamme ist es mir nicht gelungen, mein Kind zu stillen. Ich wurde immer nervöser, denn ich wollte nach all den schlimmen Ereignissen mein Kind wenigstens stillen, doch vergeblich. Ich war nicht locker und sehr verkrampft, weil ich mir wieder als Versagerin vorgekommen bin. Nichts wurde so, wie ich es mir erhofft hatte.

Wenn ich jetzt im nachhinein über das Wort Geburtserlebnis nachdenke, könnte ich weinen, denn was ich mir darunter vorgestellt hatte, war ganz anders, als das, was ich erlebt habe. Für mich bedeutet Geburt: gemeinsam das letzte Stück – das beschwerlichste – zu gehen. Ein Erlebnis, das für ewig verbindet, weil es zwar schlimm war, jedoch gemeinsam überwunden wurde. Ich stelle mir darunter Harmonie und Geborgenheit vor, dem Kind eine ›sanfte‹ und ›behutsame‹ Umgebung als ersten Eindruck von dieser Welt anzubieten. Es bedeutet für mich auch, die ersten Momente gemeinsam auszuruhen, sich kennenlernen, ›in einer anderen Welt‹ zu sein, allein, nur mit sich (Mann) und dem Kind. Es bedeutet für mich zu sehen, zu spüren, wie das Kind aus einem selbst herausgleitet. Zu sehen: es ist ein Stück von mir. Mit den Preßwehen helfe ich dem Kind auf die Welt, ja ich ermögliche erst seine Existenz. Es ist, und das ist mir wichtig, ein Stück ›hergeben‹. Mit jeder Preßwehe gebe ich das Kind *aktiv* her. Da ich weder eine Wehe hatte noch mein Kind aus mir herauskommen sah, noch die ersten Minuten mit ihm genießen konnte und auch die kommenden drei Tage nicht, ist mir der Gedanke unerträglich, was mein Kind und ich zusammen versäumt haben. Etwas, was nie wieder rückgängig zu machen ist. Eine vertane Chance. Und es betrübt mich auch der Gedanke, daß ich vielleicht kein zweites Kind haben werde und diese Erfahrungen daher nie nachholen kann. Das alles macht mich sehr traurig, und wenn andere Frauen von ihrem Geburtserlebnis erzählen (auch wenn es sehr schmerzhaft war), so tut es mir immer sehr weh. Wenn ich bildlich die Geburt meiner Tochter beschreiben wollte, so würde ich sagen, daß es wie ein schwerer Autounfall war, bei dem ein Mensch aus einem Wrack herausgeschnitten oder herausgeschweißt werden mußte.

Ich komme mir nicht als vollwertige Frau vor. Ich denke, ich habe mein Kind nicht verdient, weil ich es mir nicht erlitten habe. Ich habe zwar auf eine andere Art gelitten, doch das ist nicht dasselbe. Die Geburt ist zwar im Verhältnis zur gesamten Kindheit kurz, jedoch sehr wichtig. Ein Schlüsselerlebnis. Wenn ich den Ausspruch »Die Sectio ist eine Erleichterung für Mutter und Kind« höre, könnte ich schreien. Man hat nicht den Wehenschmerz, aber man hat zum Beispiel den Wundschmerz danach. Es ist schließlich eine große Operation. Doch das ist alles unwesentlich im Vergleich zu dem seelischen Problem, keine ›richtige‹ Geburt gehabt zu haben. Von Erleichterung kann wirklich keine Rede sein. Ich würde gerne eine schwere Geburt in Kauf nehmen, wenn ich nur eine hätte. Ich bin jetzt – fünf Monate später – immer noch nicht über die Enttäuschung weggekommen. Ich glaube nach wie vor, etwas unwiederbringlich versäumt zu haben. Ich habe meiner Tochter gegenüber ein schlechtes Gewissen, weil sie die ersten Tage ihres Lebens ohne ihre Mutter verbringen mußte, noch dazu alleine auf der Intensivstation, auf der sie auch allerlei schmerzhafte Dinge über sich ergehen lassen mußte. Sie erblickte in einem hellen OP das Licht der Welt – ein schlechter Start ins Leben. Wenn ich daran denke, werde ich immer noch traurig, es tut weh, daß ich das nicht verhindern konnte. Da uns die ersten Tage fehlten, dauerte es lange, bis ich mein Kind als ›meines‹ akzeptieren konnte. Ich hatte ein Kind, auf das ich mich sehr gefreut hatte, doch gleichzeitig konnte ich es erst nicht annehmen. Nach einigen Wochen besserte sich das. Es war etwa ab dem Zeitpunkt, an dem sie positiv auf mich reagierte. Wenn sie mich anlächelte, hatte ich das Gefühl, von ihr angenommen zu sein, als ob sie mir vergeben hätte. Ich hatte am Anfang Angst, daß sie wegen der Trennung vergessen hatte, wer ihre Mutter ist. Doch dann merkte ich, daß drei Tage nicht ausreichen, um die Stimme, die Bewegungen, den Geruch der Mutter zu vergessen. Sie hatte mich nicht vergessen, sie war mir nicht böse, sie hat mir verziehen.«

Amerikanische Studien belegen, daß gerade Frauen, die sich besonders intensiv auf das Geburtserlebnis als natürlichen Ablauf vorbereitet hatten, besondere Schwierigkeiten haben, den Kaiserschnitt zu akzeptieren und zu verarbeiten (mehr dazu in Kapitel 8). Ein weiterer Faktor ist der Zeitpunkt, an dem die Schwangeren von einem bevorstehenden Kaiserschnitt erfahren. Ist es bereits Wochen vor dem Termin absehbar (zu den Gründen später mehr), hat die Frau Zeit, sich an den Gedanken zu gewöhnen, und sie kann die Bedingungen um die Geburtssituation aktiv mitgestalten, um den Verlauf günstig zu beeinflussen. Diese Frauen kommen meist schneller wieder auf die Beine und haben hinterher weniger Probleme, das Erlebte zu integrieren. Anders bei einem Notkaiserschnitt während der Geburt. Dazu der Bericht von Gisela:

»Es sollte eine natürliche Geburt werden, darüber war ich mir ganz im klaren. Auch auf Schmerzmittel während der Geburt wollte ich verzichten. Meine Schwangerschaft verlief problemlos, und mein Frauenarzt erwartete keine Komplikationen für die Geburt. Als bei mir schließlich die Wehen einsetzten, freute ich mich sehr auf das bevorstehende Erlebnis. Zu Hause hatten die Wehen gegen 11 Uhr vormittags ganz leicht und sanft eingesetzt. Mein Mann und ich machten noch einen längeren Spaziergang, und wir stimmten uns gedanklich auf die Geburt ein. Als am Abend die Abstände kürzer und schmerzhafter wurden, setzte ich mich gutgelaunt in die Badewanne, um zu entspannen und zu sehen, ob die Wehen dadurch geringer würden (den Ratschlag hatte mir eine Hebamme des Krankenhauses gegeben). Doch die Intensität der Wehen nahm eher noch zu. Da wir uns ein Krankenhaus ausgesucht hatten, daß über eine halbe Stunde entfernt lag (weil es den Ruf hatte, natürliche Geburten zu unterstützen), drängte ich zum Aufbruch. Draußen tobte ein schreckliches Sommergewitter, aber ich saß ganz ruhig da und dachte an unser Kind. Gut, ein wenig aufgeregt war ich jetzt schon.

Im Krankenhaus dauerte es eine Weile, ehe mich eine Hebamme untersuchen konnte – es herrschte Hochbetrieb. Groß war meine Enttäuschung, als sie feststellte: ›Der Muttermund ist ja erst zwei Zentimeter offen, das lohnt sich noch nicht. Sie können entweder zurück nach Hause, oder Sie laufen noch hier ein wenig durch die Gegend.‹ Zur Absicherung rief sie einen Assistenzarzt herein, der auch noch einmal nachfühlen sollte. Dieser junge Wichtigtuer - so kam er mir nämlich vor – entsetzte sich erst einmal verbal über meine langen Schamhaare. Auch in seinem Blick stand deutlich der Ausdruck ›igitt‹, als er zu meinem Mann rüberblickte. Seine Diagnose fiel genauso aus wie die der Hebamme. Nach Hause wollte ich jedoch nicht noch mal (im nachhinein sage ich mir oft, hätte ich es bloß getan!), und so liefen wir auf den Gängen auf und ab. Die Wehen schüttelten mich inzwischen ganz gewaltig, und mein Mann mußte mich stützen. Nach zwei Stunden Herumlauferei und quälender Treppensteigerei stellte ich mich wieder der Hebamme vor. Die war aber noch immer nicht zufrieden. Ich konnte das gar nicht verstehen. Ich fühlte mich wie kurz vor der Geburt, und die Hebamme erzählte mir, das sei alles noch gar nichts. Weil wir von weiter her kamen, wurde uns ein Zimmer mit einem (!) Bett gestellt. Die Nacht über teilten sich also mein Mann und ich ein kleines, schmales Krankenhausbett. Schon unter normalen Bedingungen wäre es unbequem gewesen, aber mit meinem dicken Bauch und den ständigen Wehen war es die wahre Hölle.

Am nächsten Morgen kamen die Krankenschwestern ins Zimmer und fragten, wo denn mein Baby wäre. ›Noch im Bauch‹, mußte ich sagen. Die waren äußerst erstaunt und schickten mich sofort in den Kreißsaal, so als wollten sie sagen: ›Jetzt wird's aber langsam Zeit.‹ Die neue Hebamme untersuchte auch sofort meinen Muttermund. Der Befund war immer noch nicht überwältigend: drei Zentimeter. So schloß sie mich erst einmal in einem Wehenzimmer an den Wehenschreiber. Dieser lästige Gürtel sollte von da an mein ständiger Begleiter werden, denn bei einer Wehe reagierten offensichtlich die Herztöne meines Kindes etwas zu stark, und schon war ich als Risikofall eingestuft, und der Gürtel blieb mir erhalten. Auch als ich später, schon im Kreißsaal, mal in die – bei der Vorbesichtigung so hochgelobte – Badewanne wollte, wurde mir das mit Hinweis auf die Herztöne meines Kindes verwehrt. Vielleicht war aber die Wanne auch besetzt, denn es herrschte noch immer Hochbetrieb, oder die Hebamme hatte keine Lust, mit mir ins Wasser zu gehen, denn sie reagierte nicht sehr erfreut auf meinen Vorschlag. Jedenfalls starrte ich weiter gemeinsam mit meinem Mann auf die Zuckungen des CTG's. Mein Mann warnte mich schon jedesmal vor einer neuen Wehe. Wir waren wie magisch auf diesen blöden Kasten fixiert. Und auf dem Ausdruck der endlos langen Fahne waren alle Wehen verzeichnet, zur Kontrolle für Hebamme und Ärzte. Bei mir waren die Wehenkurven nie ganz so, wie sie eigentlich hätten sein sollen. Nicht regelmäßig genug oder nicht stark genug. Immer, wenn sich jemand den langen Papierfetzen anschaute, wartete ich angespannt auf das ›Urteil‹. Dieser Apparat wurde für mich so etwas wie ›big brother is watching you‹. Angenehm, im Sinne von mehr Sicherheit, habe ich das Ding nicht empfunden.

Nach fünf Stunden im Kreißsaal war der Muttermund schließlich vollständig geöffnet, aber die Hebamme hatte mir schon vorher angekündigt, daß der Kopf des Babys noch nicht ganz richtig liegt (es hatte sich noch nicht ganz ins kleine Becken gedreht), und daher vollführte ich mit der Unterstützung meines Mannes und auf Anweisung der Hebamme die verschiedensten gymnastischen Übungen während der Wehen. Stunde um Stunde verging, doch der Kopf des Kindes bewegte sich nicht. Die Hebamme öffnete schließlich die Fruchtblase, was eine Verstärkung der Wehen zur Folge hatte. Sie wollte durch diese Aktion, so erklärte sie, den Druck auf mein Baby verstärken. Wenn ich mir das jetzt so überlege, könnte ich einen Wutanfall bekommen. Damals habe ich nicht weiter darüber nachgedacht. Es dauerte auch nicht lange, da setzten bei mir Preßwehen ein, aber die Hebamme erklärte, ich solle jetzt noch nicht aktiv mitpressen. Der Kopf war noch immer nicht in der richtigen Lage. Zwischendurch war noch gütig lächelnd der Oberarzt erschienen, der nach ein paar netten Worten und einem eiligen Blick auf die ›Papierwehen‹ auch schon wieder draußen war. Schließlich durfte ich mich auf einen riesigen hölzernen Geburtsstuhl setzen und wurde zum Pressen angehalten. Und wie ich preßte! Aber nichts bewegte sich. Rein gar nichts. Die Zeiger der riesigen Uhr über der Tür krochen vorwärts, aber die Geburt ging nicht vonstatten. Schon lange war es zwei Uhr vorbei. Für diesen Zeitpunkt hatte die Hebamme ursprünglich die Geburt angekündigt; einmal hatte sie sogar schon die Wärmelampe über der Babykommode eingeschaltet, und ich hatte gehofft, es ist gleich soweit.

Nach dem Hebammenwechsel um 18 Uhr (seit neun Uhr war ich im Kreißsaal) verließ mich mein Mut. Bis dahin hatte ich tapfer gekämpft, jetzt konnte ich nicht mehr. Vielleicht, so denke ich jetzt manchmal, habe ich auch zuviel gekämpft, vielleicht hätte ich es mehr geschehen lassen müssen. Aber in der Situation war mir damals irgendwie eher nach kämpfen. Die neue Hebamme versuchte mich wieder zu mobilisieren, aber ich konnte nicht mehr, und sie ging mir mit ihrem penetranten Optimismus enorm auf die Nerven. Am liebsten hätte ich sie rausgeschmissen. So quälte ich mich noch zwei weitere Stunden, bis die Herztöne des Babys unter den Wehen deutlich litten, und der Oberarzt (auch ein neuer) mir den Kaiserschnitt empfahl. Er erzählte noch, er wäre einige Jahre in Afrika als Arzt gewesen, und dort hätte er einer Frau das Kind schon noch aus dem Bauch gepreßt, aber ich solle nicht fragen, wie Mutter und Kind danach ausgesehen hätten. Schon diese Aussage allein ist an sich eine Frechheit! Er legte mir also die Entscheidung zum Kaiserschnitt ans Herz. Zu dem Zeitpunkt war ich so fix und fertig, daß ich allem zugestimmt hätte. Zwar schrie in mir eine Stimme laut und entsetzt ›NEIN‹, trotzdem sagte ich ›ja‹. Körperlich konnte ich nicht mehr, ich fühlte mich, als ob ich gleich sterben würde. Der Seelenschmerz betäubte mich, irgendwie verlief jetzt alles wie im Traum. Es ging auf einmal unheimlich schnell. Die Klinikmaschinerie rollte mit unerbittlicher Routine über mich hinweg. Noch ehe ich ganz begriff, wie mir geschah, wurde ich auf ein Rollbett verfrachtet und in den OP geschoben. Ich hatte mich für eine Vollnarkose entschieden. Eine PDA habe ich mir nicht mehr zugetraut. Ich wollte nur, daß bald alles vorbei ist. Der Abschied von meinem Mann fiel mir unendlich schwer, und ich fing an zu weinen. So hatte ich es nicht gewollt.«

Gisela liefen jetzt, dreieinhalb Jahre später, wieder die Tränen über das Gesicht. Das Gefühl, etwas Wichtiges verpaßt zu haben, konnte sie die ganze Zeit über nie loswerden.

»Damals war für mich eine Welt zusammengebrochen. Natürlich freute ich mich über mein gesundes Kind – es hatte von den Wehen und dem langen Pressen auf dem Kopf eine dicke Rille, die aber nach ein paar Tagen abgeschwollen war – aber mit mir selbst war ich noch lange nicht im reinen. ›Warum mußte es soweit kommen? Was ist nur falschgelaufen?‹ fragte ich mich immer wieder. Eine Antwort fand ich nicht. Es blieb mir absolut unerklärlich, daß gerade ich – ich, die so sensibel gegenüber meinen Körpersignalen zu sein meinte, ich, die immer so gut wußte, was mir guttat, und ich, die immer so gut auf die eigene Stimme meinte hören zu können, bei der Geburt meines Kindes, da, als es wirklich darauf ankam, total versagt hatte. Es war mir auch peinlich meiner Verwandtschaft und meinen Freundinnen gegenüber. Deren Geburten waren alle glatt gelaufen, und sie konnten sich in der Bewunderung der anderen sonnen. Hier aber war ich, mit Schläuchen im Bauch, das Blutsäckchen mühsam hinter mir herschleifend. Bei mir gab es keinen Anlaß, stolz auf irgend etwas zu sein. Die Hebamme besuchte mich noch mal am Tag nach der Operation und versicherte mir, sie sei selbst ganz erstaunt, daß es schließlich ein Kaiserschnitt geworden war. Ich wäre doch so tapfer gewesen, so lange ohne Schmerzmittel und so. Aber das half mir auch nicht weiter.

Nach der OP war ich auf dem Flur einer Wachstation aufgewacht. Niemand weit und breit. Aus einem gegenüberliegenden Zimmer konnte ich die Unterhaltung der Ärzte und Krankenschwestern hören, das muß so eine Art Aufenthaltsraum gewesen sein. Irgendwer erzählte irgendwelche blöden Witze und alle gröhlten. Ich hatte fürchterliche Schmerzen, ich wußte nicht einmal, was aus meinem Kind geworden war. Ich wollte rufen, aber mein Mund ging nicht auf. Ganz verschwommen, so wie an einen Traum, meinte ich mich zu erinnern, daß mir jemand im Fahren (war das mein Mann gewesen?) ein Bündelchen kurz vor das Gesicht gehalten hatte und etwas von einem Sohn gefaselt hatte. War das mein Sohn gewesen? Oder bildete ich mir das nur ein? Die

Ärzte beschlossen offensichtlich, daß sie etwas Ordentliches zu essen brauchten. Kurz darauf zog der Duft von Hamburgern und Pommes in meine verschlauchte Nase. Mir wurde ganz übel von dem Gestank. Schließlich kam jemand, um sich um mich zu kümmern. Aber es war nur eine Schwesternschülerin, die verzweifelt versuchte, mir Blut abzunehmen für irgendwelche Tests. Ich hatte aber kein Blut mehr abzugeben. Es kam jedenfalls nichts mehr heraus. Also versuchte sie es an mehreren anderen Venen, immer ohne Erfolg. Sie konnte es offenbar auch noch nicht so gut, denn ihre Versuche taten höllisch weh. Ich konnte schließlich mit größter Kraftanstrengung flüstern: ›Bitte aufhören, nicht weitermachen, bitte hören Sie auf damit.‹ Aber es half alles nichts, sie war besessen von der Idee, mir Blut abzunehmen. Als alles nichts brachte, holte sie schließlich einen Arzt, der mir einige Male in den Fuß pickte, und sofort wieder verschwand. Kurz darauf kam eine andere Schwesternschülerin. Die fing an, mich zu waschen. Da ich inzwischen schon stotternd vor mich hinflüstern konnte, fragte ich sie, was denn mit meinem Kind sei. Das wußte sie leider nicht. Sie war nur gekommen, um mich zu waschen. Was auch sehr weh tat.

Erst am nächsten Morgen brachte mir eine Krankenschwester meinen Sohn. Als sie durch die Tür kam, fragte ich mich automatisch ›Hoffentlich haben sie ihn nicht vertauscht‹ – aber er hatte eine kleine Perlenkette mit unserem Namen drauf. Als ich ihn im Arm hielt, war ich ganz erstaunt. ›Das ist also dein Kind. Meine Güte, ist er klein.‹ Dann versuchte ich ihn anzulegen. Das war ziemlich kompliziert, denn ich lag noch am Tropf, hatte noch immer die riesige Kanüle in der Hand und das Hemdaufknöpfen ging auch nicht so leicht. Schließlich hatte ich es geschafft, aber Markus schien kein großes Interesse an meiner Brust zu haben. Erst nach vielem hin und her fing er an, zaghaft zu saugen. Meine Milch schoß erst ziemlich spät ein, aber ich war von dem Gedanken, mein Kind wenigstens zu stillen, wie besessen. Da konnten mich keine Schwestern und keine Mutter von abbringen, die immer meinte, der Kleine würde so schreien, weil er Hunger habe und ich noch nicht genügend Milch, und ein kleines Fläschchen würde doch wohl nicht schaden. Aber ich ließ mich dabei nicht beirren und bin auch froh darüber, denn nach ein paar Tagen klappte es ganz hervorragend mit dem Stillen. Das hat vieles wieder gutgemacht für mich. Ich hatte das Gefühl, endlich für mein Kind da zu sein und es versorgen zu können. Ja, es gab mir wieder das Selbstbewußtsein, trotz aller Pannen doch eine ›echte Mutter‹ zu sein.«

1.1. Der Einfluß der Geburtsumgebung auf den Geburtsverlauf

Das Beispiel von Gisela zeigt ganz deutlich, wie viele kleine Faktoren offensichtlich eine Rolle spielen können, um eine gebärende Frau, die zuversichtlich und guten Mutes in die Klinik kommt, derart zu verunsichern, daß sie schließlich ›dicht macht‹ und nicht mehr an ihre Geburtsinstinkte herankommt, auch wenn sie sich noch so sehr bemüht. »Erst zwei Zentimeter«, bekommt sie zu hören, anstelle eines aufmunternden »Prima, zwei Zentimeter sind schon geöffnet«. Dann diese Nacht, zu zweit in ein enges Krankenhausbett gepfercht. Die Reaktionen der Krankenschwestern am nächsten Morgen waren sicherlich auch nicht sehr ermunternd. Im Kreißsaal bindet man sie die ganze Zeit an den Wehenschreiber und schränkt damit ihre Bewegungsfreiheit völlig ein. Wie soll sie so ihre eigene Geburtsstellung finden? Für ein Krankenhaus, das besonders die »natürliche Geburt« vermarktet, sind diese Vorkommnisse schon verwunderlich. Als Gisela schließlich noch der Wunsch abgeschlagen wird, in die Wanne zu gehen, um besser entspannen zu können, ist das eigentlich schon keine Überraschung mehr. Dabei betont nicht nur der französische Gynäkologe Michel Odent die große Hilfe, die Gebärenden schon allein der Anblick von Wasser bieten kann.

Auf Giselas Wünsche und Bedürfnisse wird wenig geachtet; sie muß sich immer mehr fremdbestimmt gefühlt haben. Die Hebamme sagt ihr, welche »gymnastischen Übungen« sie zu vollführen habe. Auch pressen darf sie nicht, als es ihr danach ist. Und bei den zahlreichen Untersuchungen bekommt sie immer nur zu hören: »Ist noch nicht so weit ... Liegt noch nicht ganz richtig ...

Jetzt noch nicht ...« Das sind alles Botschaften, die – gerade bei einer sensiblen Frau – ankommen. Sie hört immer wieder, daß es so nicht stimmt, daß sie offensichtlich nichts richtig macht. Irgendwann kommt auch noch die Angst dazu ›wird es überhaupt noch klappen?‹. Auch die Angst um die Gesundheit des Kindes wird geschürt, wenn wegen der Herztöne »besser mal« der Wehengürtel permanent installiert wird. In dieser Situation braucht es nicht einmal vieler invasiver technischer Maßnahmen (bei vielen Frauen wird noch – vorsichtshalber – die Kopfschwartenelektrode gelegt, vielleicht noch mal das Fruchtwasser »gespiegelt«, wehenverstärkende Mittel eingesetzt) um den natürlichen Geburtsablauf so sehr zu stören, daß nichts mehr geht.

Gisela merkte schon, daß da etwas nicht richtig lief, denn sie fühlte sich »nach kämpfen«. Sie wollte die Situation noch retten, aber sie war so sehr damit beschäftigt, sich gegen die fremden Einflüsse zur Wehr zu setzen, daß sie es nicht mehr schaffte, sich auch gehenzulassen. Wundern braucht sich da eigentlich niemand. Und doch kann sie es sich selbst hinterher nicht erklären. Sie nimmt – genau wie Amelie – die gesamte Verantwortung und »Schuld« für die gescheiterte Geburt auf sich. Und damit verhält sie sich so, wie sich Frauen eben verhalten in solch einer Situation. Untersuchungen in verschiedensten Berufsgruppen zeigen immer wieder, daß Frauen eher bereit sind, die Schuld für eine Panne auf sich zu nehmen, als Männer. Es scheint, als würden Frauen gesellschaftlich darauf trainiert, bei der Schuldfrage »Hier, ich war's« zu rufen. In diese Falle laufen viele Frauen auch bei der Geburt. Wenn dabei etwas nicht klappt, sind sie stets bereit, die Fehler dafür einzig bei sich selbst zu suchen.

Michel Odent, Autor vieler Bücher zum Thema Geburt, betont immer wieder, wie wichtig es ist, der Frau Gelegenheit zu geben, sich ihren Instinkten, ihrem »alten Teil des Gehirns« hinzugeben, und daß Stimulanzen, die das sogenannte »neue Gehirn« – die Neocortex – anregen, möglichst vermieden werden sollten, da diese die Instinkte der Frau verdrängen und ausschalten. Inzwischen ist es auch durch mehrere voneinander unabhängige Studien und Statistiken als bewiesen zu erachten, daß die feste Etablierung des Wehenschreibers im Geburtsverlauf die Kaiserschnittrate steigen läßt.[2] Erst in letzter Zeit rückt wieder die Gebärende ins Blickfeld der WissenschaftlerInnen. Es werden Fragen gestellt nach den Einflüssen und Bedingungen für ihr Verhalten während der Geburt, die nicht allein technisch-medizinisch orientiert sind. Die Psyche der Frau und der Einfluß der Geburtsumgebung werden Thema. Die Humanbiologin Dr. Gudrun Prinz hat an einer Wiener Frauenklinik eine detaillierte Studie über Verhaltensabläufe bei Frauen im Zusammenhang mit physischen, sozioökonomischen, medizinischen und situationalen (die Umstände bei der Geburt) Bedingungen durchgeführt und kommt darin zu dem Ergebnis, »daß beim Umgang der Gebärenden mit der schwierigen, krisenhaften Geburtssituation Einflüsse auf allen Ebenen, der biologischen, der psychischen und der sozialen eine Rolle spielen«.[3] Sie fordert deshalb Hilfen für die Gebärende, die ihre Person als Ganzes berücksichtigen.

Die Rationalisierungsversuche vieler GynäkologInnen, die bei stagnierenden Geburten die Frau in ihrer Angst und ihr »das Kind nicht hergeben wollen« allein für den Geburtsausgang verantwortlich machen wollen, greifen vor diesem Hintergrund viel zu kurz und sind auch als Alibi zu verstehen, sich selbst von allen Vorwürfen reinzuwaschen. In ihrer Selbsteinschätzung wollten sie der Frau helfen, ihr Kind sicher und problemlos zu gebären. Doch in letzter Zeit müssen sich ÄrztInnen immer häufiger der Frage stellen, wer da wen gebärt. Prof. G. J. Kloostermann von der Universität Amsterdam meinte dazu bereits 1972: »Spontane Wehen bei einer gesunden Frau sind ein Ereignis, das durch eine Vielzahl von Prozessen gekennzeichnet ist, die so komplex und perfekt aufeinander abgestimmt sind, daß jeder Eingriff sie beeinträchtigen würde. Der Arzt, immer auf der Suche nach dem Pathologischen (dem Krankhaften, Anm. d. Verf.) und bereit, in den Geburtsvorgang einzugreifen, verändert zu häufig das Physiologische (das normale Funktionieren des Organismus, Anm. d. Verf.) zum Pathologischen. Viele westliche Ärzte glauben fest daran, daß wir alles verbessern können, sogar die natürliche Geburt bei einer gesunden Frau. Diese Philosophie ist die Philosophie jener, die glauben, daß es bedauernswert ist, daß sie bei der Erschaffung Evas nicht hinzugezogen wurden, weil sie es besser gemacht hätten ...«[4)]

Frauen spüren offenbar sehr genau, wenn die Umstände es ihnen nicht gestatten, in ihrem eigenen Rhythmus zu bleiben oder ihn gar erst zu finden. Nur können sie es nicht immer im Detail benennen, weil ihnen die Macht der Gewohnheit den Blick auf die Wahrheit versperrt. »Gewohnheit und gesellschaftliche Respektabilität der Geburtsmedizin verhüllt selbst vielen betroffenen Frauen die Gewalt, die dort gegen ihren Körper, gegen sie als Frau geübt wird. In der Geburtshilfe von Macht, Herrschaft und Gewalt zu sprechen, mag befremdlich und übertrieben erscheinen. Die Schwierigkeit, hier Kritik anzusetzen, besteht ja gerade darin, daß die Geburtshilfe – gesellschaftlich als ›Hilfe‹ betrachtet und institutionalisiert – hohes Ansehen genießt«, schreibt die Soziologin Hanne Beittel, Mitbegründerin des Geburtshauses in Berlin.[5)]

Die Beispiele von Gisela und Amelie zeigen aber auch, wie sehr Frauen nach einem Kaiserschnitt alleine gelassen werden. Die Versorgung beschränkt sich auf das Physische, die psychische Komponente, der gerade bei einer Sectio so viel Bedeutung zukommt, bleibt außen vor. Das führt dazu, daß sich Frauen jahrelang mit ihrem Erlebnis herumquälen, ohne eine Antwort darauf zu wissen, ob und welche Spuren diese Geburt bei ihrem Kind hinterlassen hat, und inwieweit ihre Mutter-Kind-Bindung davon betroffen ist. Schlimmer noch, sie haben Befürchtungen, daß sie keine »guten« Mütter sind – sein können. Sie sind überzeugt, wie Amelie, »das Kind gar nicht verdient zu haben«, da sie die Geburtsschmerzen nicht erlitten haben. Frauen, so scheint es unsere patriarchale Gesellschaft zu wollen, müssen Schmerzen bei der Geburt ertragen, so steht es sogar in der Bibel bei Adam und Eva. Nur durch die »richtigen« erlittenen Schmerzen können Frauen offenbar zur Mutterschaft »geadelt« werden. Andererseits bestehen vielfältige Bemühungen in der modernen Geburtshilfe, Frauen immer weiter zu medikalisieren, ihnen ihren Schmerz durch Schmerzmittel zu nehmen und sie dadurch vom Geburtserlebnis zu entfremden.

1.2. Die Frau muß sich sicher fühlen können

Auch wenn *viele* Frauen Schwierigkeiten haben, den Kaiserschnitt anzunehmen, so plagen sich nicht *alle* Frauen mit Gewissensbissen vor oder nach einem Kaiserschnitt, das sollte nicht verschwiegen werden. Einige finden sich sehr schnell mit der Kaiserschnittgeburt ab. Karins Baby lag in Beckenendlage (Steißlage, das Kind liegt mit dem Po nach unten) und ihr Frauenarzt hatte ihr mitgeteilt, daß sie einen Kaiserschnitt brauche. Noch bevor sie einen »Termin« zur Kaiserschnittgeburt hatte, ging bei ihr eines Abends der Schleimpfropf ab, und sie hatte leichte Wehen, was sie aber nicht weiter störte:

»Mir ist bis heute nicht klar, warum ich so ruhig war, aber wahrscheinlich hatte ich mich schon seit Wochen mit dem Gedanken ›Kaiserschnitt‹ beschäftigt und auch damit abgefunden. Im Krankenhaus angekommen wurden wir vom operierenden Arzt mit den Worten ›Na, da sind sie ja schon, damit hatte ich ja noch gar nicht gerechnet‹ empfangen. Mit Gelassenheit ließ ich alle Formalitäten und sonstigen Vorbereitungen über mich ergehen und entschied mich für eine Vollnarkose. Ich akzeptierte mein ›Schicksal‹, und das war vielleicht auch der Schlüssel dazu, alles recht gut zu bewältigen. Ich erwachte schon nach einer guten halben Stunde aus der Narkose und werde wohl nie den Anblick meines strahlenden Mannes mit einem winzigen Bündel auf dem Arm vergessen. Den ersten Tag als Mutter verschlief ich zum großen Teil, Schmerzen hatte ich kaum. Nur meine Bewegungsunfähigkeit durch die vielen Schläuche machte mir zu schaffen. Leider hatte ich mein Kind in den ersten Tagen nicht bei mir im Bett oder zumindest auf dem Zimmer – aber es hieß ›Das können Sie noch nicht‹, und ich akzeptierte das einfach. Wenn mein Mann mich besuchte, hatten wir immer unser Baby bei uns, und mit jedem Tag verbrachte ich mehr Zeit mit unserem Sohn. Besonders das Stillen wurde sehr wichtig für mich. Leider hatten wir das frühzeitige Anlegen versäumt, aber trotzdem entwickelte sich schließlich eine sehr glückliche und lang andauernde Stillbeziehung. Mich mit dem Kaiserschnitt abzufinden machte mir keine Probleme, und ich meine auch immer, den Frauen mit einer ›normalen‹ Geburt in nichts nachzustehen. Heute würde ich allerdings an einen geplanten Kaiserschnitt sehr viel kritischer herangehen.«

Bei Manuela war die Situation anders. Für den Arzt im Krankenhaus war es keine Selbstverständlichkeit, bei Beckenendlage routinemäßig einen Kaiserschnitt zu machen. Manuela aber fühlte sich dadurch zu einer spontanen Geburt gezwungen, da sich bei ihr im Schwangerschaftsverlauf Ängste vor einer natürlichen Geburt bei Steißlage aufgebaut hatten, die auf entsprechenden Informationen ihrer Frauenärztin beruhten:

»Ria ist unser erstes Kind. Ich durchlebte eine schöne und beschwerdenfreie Schwangerschaft. Besonders als ich unser Kind in meinem Bauch spüren konnte, durchströmte mich ein wahres Glücksgefühl. Ich war sehr stolz auf meinen ›Zustand‹. Als es bis zum errechneten Entbindungstermin noch zehn Tage hin waren, stellten die Ärzte fest, daß sich unser ›Kleines‹ von der Schädellage in die Beckenendlage gedreht hatte. In diesem Moment brach eine Welt für mich zusammen. Mein Mann und ich hatten einen Geburtsvorbereitungskurs besucht, und wir hatten uns auf eine natürliche Geburt gefreut. Für mich stand nach diesem Befund fest, daß es nun ein Kaiserschnitt werden würde. Meine Frauenärztin war davon überzeugt, daß ich in der Klinik einen Termin für die Sectio bekommen würde, was mir sehr recht war. Doch als ich mich dann in der Klinik vorstellte, um mir einen Termin geben zu lassen, mußte ich erfahren, daß eine Beckenendlage noch keine Indikation für eine Sectio sei. Obwohl mein Mann und ich eine Sectio wollten, da uns das Risiko einer Vaginalentbindung zu groß erschien (möglicher Sauerstoffmangel, der dann letztendlich einen Notkaiserschnitt nach sich zieht), ging der diensthabende Oberarzt dieser Uniklinik nicht auf uns ein. Er bemühte sich nicht einmal, uns unsere Ängste bezüglich einer vaginalen Entbindung zu nehmen oder zumindestens darüber zu sprechen. Kategorisch bestand er auf einem vaginalen Entbindungsversuch. Ich war mit der ganzen Behandlung sehr unzufrieden, und wir kamen zu dem Entschluß, die Klinik zu wechseln. Doch als wir wieder zu Hause angekommen waren, platzte mir vor lauter Aufregung die Fruchtblase. Ich wurde von einem Rettungswagen liegend in das nächste Krankenhaus gebracht und landete wieder in den ›Fängen‹ dieses unsensiblen und arroganten Arztes. Ich kam gleich an den Wehentropf, da ich noch keine eigenen Wehen hatte. Nach sechs Stunden starker Wehenschmerzen war ich am Ende meiner Kraft. Der Muttermund war zu diesem Zeitpunkt knapp zwei Zentimeter geöffnet, und ich erlebte einen Alptraum, der kein Ende zu nehmen schien.

Doch plötzlich: Schichtwechsel, ein anderer Oberarzt übernahm den Dienst, und er schlug uns vor, eine Sectio durchzuführen, da ansonsten die gesamte Geburt viel zu lange dauern würde, als daß ich eine Chance hätte, dies kräftemäßig durchzustehen. Von diesem Zeitpunkt an war ich entspannt, und ich hatte das Gefühl, der Alptraum sei vorüber. Der Tropf wurde entfernt, und ich wurde eine halbe Stunde später in den OP geschoben, wo ich eine Vollnarkose bekam. Meine ersten Worte nach dem Erwachen waren: ›Schmerzen, kalt.‹ Kein Wort und kein Gedanke an das Kind. In diesem Moment war mir alles egal. Auch als mein Mann kam und mir sagte, daß wir eine gesunde Tochter hätten. Nach einer Schmerzspritze und ein paar weiteren Decken legte mir mein Mann das Kind in den Arm. Wie hatte ich mir diesen Moment immer vorgestellt. Weinend vor Glück und Seligkeit. Jetzt lag da ein Bündel in meinem Arm, mein Bauch war weg und ich konnte mir nicht so recht erklären, wie es dazu gekommen war – es war wie ein Filmriß. Als ich zwei Stunden später auf die Station verlegt wurde, konnte ich Ria fünf Minuten anlegen, dann wurde sie ins Kinderzimmer gebracht. Inzwischen war es schon 23 Uhr, und mein Mann ging nach Hause. In den folgenden Stunden war ich nicht sehr glücklich. Ich hatte das Gefühl, versagt zu haben. Dieses überwältigende Glücksgefühl, von dem die anderen Mütter immer berichteten, warum stellte es sich bei mir nicht ein? Leise weinte ich in mein Kopfkissen und schlief dann ein.

Am nächsten Morgen stellten sich erste Muttergefühle ein. Ich konnte mein Kind anfassen und streicheln, es an die Brust nehmen. Ich hatte es lieb! Als mich mein Mann dann besuchte, wollte ich alles genau wissen. Wie lange ich im OP gewesen war, wie die Plazenta ausgesehen hatte, wer das Kind gebadet und angezogen hatte. Ich habe ihm Löcher in den Bauch gefragt. Obwohl die Sectio nur wenige Minuten gedauert hatte, hatte ich das Gefühl, unendlich viel versäumt zu haben. Als mit den Tagen die Schmerzen weniger wurden und ich Ria gut stillen konnte, wurde unsere Beziehung immer intensiver. Jetzt verspürte ich echtes ›Mutterglück‹. Ich stillte Ria fast ein Jahr. Wir genossen beide diese Einigkeit. Vor acht Tagen habe ich unser zweites Kind auf ganz natürliche Weise im Krankenhaus ohne Schmerzmittel entbunden. Es war ein unbeschreiblich schönes Gefühl, nach all den Schmerzen unseren Sohn Christian in den Armen zu halten. Die Stunden nach der Geburt erlebte ich sehr intensiv. Ich werde keinen Moment vergessen. Hätte das zweite Kind allerdings auch in der Beckenlage gelegen, so hätte ich aus Sicherheitsgründen keinen Moment gezögert, auch dieses Kind mit einem Kaiserschnitt auf die Welt zu bringen.«

Für Karin stellte die Indikation zum Kaiserschnitt kein Problem dar, da sie sicher war, daß es offensichtlich für sie keinen anderen Weg gab. Ihrer Erwartung wurde im Krankenhaus auch entsprochen. Sie konnte sich sicher fühlen, da bei ihr Erwartung und Erfahrung übereinstimmten. Manuelas Wünsche und Ängste wurden einfach übergangen. Der Arzt entschied ganz alleine, wie die Geburt vonstatten gehen sollte. Unter diesen Umständen – also gegen den Willen der Mutter – ist eine ›natürliche‹ Geburt so gut wie ausgeschlossen. Es kommt einer Vergewaltigung gleich, eine Frau ohne ihr Wollen an einen Wehentropf anzuschließen, um das Kind aus ihr herauszupressen. Manuela hatte Angst, ihr Kind könne durch eine vaginale Geburt geschädigt werden. Deshalb – und nur deshalb – wünschte sie sich einen Kaiserschnitt, obwohl sie sich eigentlich auf eine natürliche Geburt vorbereitet und gefreut hatte. Woher aber kommt diese Angst? Manuela hatte sich natürlich vorher informiert. Und in den meisten gängigen Geburtsbüchern ist die Beckenendlage bei Erstgebärenden als eindeutige Indikation zum Kaiserschnitt gekennzeichnet. Auch ihre Frauenärztin bestätigte diese Einschätzung.

Letztendlich läuft es auf die Frage hinaus, wobei sich eine Frau *sicher* fühlt. Wird sie gegen ihre Überzeugung zu einer bestimmten Geburtsmethode gezwungen, kann sie sich nicht sicher fühlen. Entscheiden kann nur die Frau. Allerdings stehen Frauen oft ziemlich alleingelassen da, wenn es heißt, andere Vorgehensweisen als die der traditionellen, sprich konservativen, Geburtsmedizin zunächst nur kennenzulernen. Inzwischen ist die Indikation zum Kaiserschnitt bei Beckenendlage bei Erstgebärenden längst nicht mehr so eindeutig. Immer mehr Kliniken machen zunächst den Versuch einer vaginalen Geburt – mit sehr guten Ergebnissen (dazu später mehr).

1.3. Das medizinische Überprüfungssystem

Die Frau ist von Beginn ihrer Schwangerschaft an in ein medizinisches Überprüfungssystem eingebunden, das nichts mehr dem Zufall oder gar der Natur überläßt. Bei der festgestellten Schwangerschaft bekommt die werdende Mutter sofort einen ›Mutterpaß‹, in den nun kontinuierlich alle Risikofaktoren eingetragen werden – und seien sie auch noch so gering: In der Bayerischen Perinatalerhebung 1994 wurden 63 Prozent aller Schwangeren als risikobelastet eingestuft! Nur 37 Prozent aller Schwangeren in Bayern konnten also ihre Schwangerschaft in dem Bewußtsein genießen, risikolos, das heißt sicher zu sein.[6)]

Die Autorin Eva Schindele steht der sich ausweitenden Technisierung in der Schwangerschaftsüberwachung sehr kritisch gegenüber: »Innerhalb der letzten 20 Jahre haben sich ärztliche Leistungen rund um die Schwangerschaft um rund 500 Prozent gesteigert. Sei es mit Labortests oder häufigem Wiegen und Blutdruckmessen, sei es mit dem permanenten sonographischen Blick in die Gebärmutter oder dem genetischen Check-up des Fötus – der Mediziner fahndet, ähnlich einem Kriminalinspektor, unablässig nach Risiken beziehungsweise nach Abweichungen von der Norm. (...) Trotz des engmaschigen Fahndungsnetzes haben mütterliche Erkrankungen, die Frühgeburtlichkeit zur Folge haben können – wie vorzeitige Wehen oder Gestosen –, in den letzten Jahren immer mehr zugenommen. Statt aber bereits in der Praxis bewährte psychosomatische Konzepte der Schwangerenbetreuung anzuwenden, schwört die Medizinerzunft auf noch mehr medizinische Interventionen und noch mehr Kontrolle der Frauen. (...) Statt die Frau in ihrer Potenz, Kinder zu gebären, zu bestätigen, tut die Überwachungsmedizin alles, um dieser Stärke den Anschein von Schwäche zu geben. Mit Erfolg. Schwangere Frauen sind bereits so verunsichert, daß schon kleinste körperliche Veränderungen, ein Stirnrunzeln des Gynäkologen beim Ultraschall, unklare Eintragungen im Mutterpaß oder Verdachtsdiagnosen zu panischen Ängsten führen können. So kann es schnell passieren, daß sie sich immer mehr in das Netz medizinischer Versorgung verstricken.«[7)] Dies führt dazu, daß eine normale, gesunde Umbruchzeit der Frau – wie es eine Schwangerschaft sicherlich darstellt – zu einem risikobelasteten Lebensereignis stilisiert wird, das dringend ärztlicher Aufsicht bedarf. Nochmals Schindele: »Vor allem durch die Einführung des Risikobegriffes in die Gynäkologie ist es gelungen, die Frauen an sich (die GynäkologInnen, Anm. d. Verf.) zu binden. Denn wen schüchtert die Vielzahl von Risiken (...) nicht ein? Dabei sind ja Risiken (...) nichts weiter als Wahrscheinlichkeitsberechnungen für ein Ereignis, das eintreten kann, aber auch nicht. Die Gynäkologie bietet an, diese statistischen Risiken nun durch ständige Überwachung bei der individuellen Frau zu bändigen, nicht selten ohne daß mit wissenschaftlichen Studien wirklich belegt wäre, daß diese oder jene medizinische Maßnahme auch wirklich sinnvoll wäre.«[8)]

Eine Angsthierarchie stellte der Münchner Geburtshelfer Professor Dr. Manfred Stauber zusammen.[9)] Danach haben Schwangere häufig Angst (in der Reihenfolge von am meisten zu weniger Angst) vor: Mißbildungen beim Kind, Komplikationen bei der Geburt, einer langen Geburtsdauer, dem Verlust der Selbstkontrolle, Schmerzen, der Narkose, davor, allein gelassen zu werden, dem Ausgeliefertsein, chirurgischen Instrumenten, dem eigenen Tod, Untersuchungen in der Klinik, Unruhe im Kreißsaal und dem Geburtspersonal. Stauber rät Geburtshelfern deshalb, der Schwangeren, die in dieser Zeit für Ängste besonders sensibel ist, hauptsächlich positive Auskünfte zu erteilen, um die Unsicherheit nicht noch weiter zu schüren. Es gibt inzwischen erste Studien, die darauf hindeuten, daß sich die Ängste einer Frau durch die technischen Schwangeren-check-ups nicht verringern, wie lange Zeit angenommen wurde, sondern sich im Gegenteil sogar verstärken können. Eine Frau, die schon während der Schwangerschaft das Vertrauen in sich selbst und die natürlichen Selbstregulationskräfte verliert, wird es sehr schwer haben, sich während der Geburt vertrauensvoll ihren Instinkten zu überlassen, um so das natürliche Geburtserlebnis zu erfahren, daß sie sich so sehr wünscht. »In guter Hoffnung sein ist aus der Mode gekommen. In diesem permanenten Prozeß des Sich-Versichern-Müssens übersehen viele Frauen, daß nicht sie, sondern die Dynamik der Technik (der übrigens auch der Arzt unterworfen ist) den Ablauf der Schwangerschaft bestimmt.«[10)]

Der Arzt Ulrich Geibel-Neuberger, der sich mit ethnomedizinischer Forschung zum Thema des Elternwerdens beschäftigt, beklagt, daß die medizinischen Untersuchungsprozeduren in unserer Gesellschaft an die Stelle schwangerschafts- und geburtsbegleitender Rituale und Bewußtseinsinhalte, wie sie aus traditionellen Kulturen bekannt sind, getreten sind: »Das Medizinsystem übernimmt als Teil unserer Kultur die Regie in diesem Prozeß des Elternwerdens. Aus seinem medizinischen Blickwinkel heraus bewertet es das ganze Geschehen, verteilt aktive und passive Rollen, legt fest, wer Akteur und wer Zuschauer ist. Dabei wird verkannt, daß der Familien- und Freundeskreis für die Interaktion mit dem Kind auf Dauer von unvergleichlich größerer Bedeutung als das Medizinsystem ist.«[11)] Geibel-Neuberger ist überzeugt, daß zu viele äußere Regelungen und Eingriffe der Schwangeren und gebärenden Frau die Möglichkeit nehmen, Vertrauen in die biologische Eigensteuerung der Geburt und in sich selbst zu entwickeln. Vielleicht sollten wir die stetig steigenden Kaiserschnittraten auch unter diesem Aspekt betrachten.

2. Sind Ärzte heute zu schnell mit dem Messer zur Hand?

Die erste Antwort, die Ärzte für eine solche Frage stets parathalten, ist die der juristischen Haftung. Die Angst vor einem möglichen Haftungsfall führe dazu, daß Ärzte lieber kein eigenes (Haftungs)-Risiko eingehen, und deshalb den (vorschnellen) Weg in den Operationssaal vorziehen. Es koste einen Arzt also häufig mehr Zivilcourage, eine natürliche Geburt zu Ende zu bringen, als die Abkürzung durch Sectio zu wählen. Eva Schindele glaubt, daß heute mindestens 50 Prozent aller Kaiserschnitte nur aus Gründen der juristischen Absicherung ausgeführt werden. Diese Überreaktion der Ärzte sei allerdings nicht zu rechtfertigen, weil – so Schindele – Arzthaftungsprozesse im Vergleich zur Geburtenzahl nur höchst selten vorkommen: »Der Bremer Jurist Prof. Dieter Hard, Fachmann auf dem Gebiet des Arzthaftungsrechts, meint denn auch, daß Ärzte sich möglicherweise im Schatten des Rechts bewegen und hinter gerichtlichen Entscheidungen verstecken. Eine Vermutung, die nicht von der Hand zu weisen ist, da, wie Statistiken zeigen, Kunstfehlerprozesse im Vergleich zu den durchgeführten Behandlungen höchst selten angestrengt werden.«[12)]

2.1. Der »Faktor Arzt«

Verschiedene amerikanische Studien über den »Faktor Arzt« bei den Kaiserschnittraten zeigen, daß es große Unterschiede von Arzt zu Arzt gibt. Über ein Jahr lang wurden die Patientinnendaten in einem Gemeindekrankenhaus eines wohlhabenden Vororts von Detroit auf einen möglichen Zusammenhang zwischen Kaiserschnittentbindung und Arztcharakteristika hin untersucht.[13] Jeder der elf untersuchten Ärzte leitete mehr als 100 Geburten. Das Krankenhaus nahm nur Schwangere mit niedrigem Geburtsrisiko und mit ausreichendem Versicherungsschutz an (in den USA gibt es ein ausgeprägtes Mehrklassen–Versicherungssystem, Anm. d. Verf.). Die durchschnittliche Sectiorate aller Geburten im Krankenhaus lag im Untersuchungszeitraum bei 27 Prozent. Der Verteilungsschlüssel der einzelnen Ärzte ergab aber einen gewaltigen Unterschied: Der Arzt mit der niedrigsten Kaiserschnittrate entband 19 Prozent per Sectio, der mit der höchsten lag bei 42 Prozent.

Durch statistische Rückschlußmethoden fand man heraus, daß der Einfluß des Arztes auf die Entscheidung zum Kaiserschnitt die zweithöchste Signifikanz hatte. Das heißt, es hing fast hauptsächlich vom jeweiligen Arzt ab, wie hoch die Wahrscheinlichkeit einer Gebärenden war, durch Kaiserschnitt zu entbinden. Ein weiteres Ergebnis dieser Studie war, daß die Morbiditätsrate (zahlenmäßiges Verhältnis zwischen Kranken und Gesunden, Anm. d. Verf.) durch den Einsatz des Kaiserschnitts nicht geringer ausfiel.[14] Hieraus kann der Schluß gezogen werden, daß das Argument vieler Ärzte – durch den Einsatz des Skalpells Risiken für das Kind zu verringern – nicht nachweisbar ist.

Andere Studien kommen zu ähnlichen Ergebnissen. Eine Studie aus New York zwischen 1983 und 1985 fand noch eine weitere Arztvariable, die Einfluß auf die Entscheidung zum Kaiserschnitt hat: Je älter der Arzt, desto höher lag seine Quote für operative Eingriffe.[15]

Ärzte eines Krankenhauses in Chicago reduzierten über eine Periode von zwei Jahren die Kaiserschnittrate um ein Drittel – von knapp 18 Prozent auf knapp elf Prozent –, ohne daß es deshalb negative Auswirkungen für Mutter und Kind gegeben hatte.[16] Alle Ärzte des Krankenhauses hatten sich freiwillig dazu entschlossen, die Kaiserschnittrate während zwei Jahren auf elf Prozent zu senken. Um dieses Ziel zu erreichen, setzten sie sich eine Reihe von Regeln. Unter anderem bedurften Entscheidungen zum Kaiserschnitt zunächst einer zweiten Kollegenmeinung. Bei allen Frauen mit Wiederholungskaiserschnitt wurde zunächst versucht, die Geburt vaginal durchzuführen; das heißt, die Frauen hatten alle zunächst Wehen. Das gleiche galt für die meisten Beckenendlagen. Des weiteren wurden alle gynäkologisch erhobenen Daten von Kollegen durchgesehen und kommentiert. Auf diese Art und Weise gab es einen sehr imposanten Rückgang von Erstkaiserschnitten von zwölf Prozent auf sieben. Die Diagnosen »schwieriger Geburtsverlauf« und »fötaler Streß« – sonst zwei der häufigsten Gründe für einen Erstkaiserschnitt – wurden um die Hälfte gesenkt. Ein weiteres positives Ergebnis dieser Bemühungen um eine niedrigere Kaiserschnittrate war, daß auch die Vaginalgeburten mit ärztlicher Intervention (wie zum Beispiel Zange und Saugglocke) von zehn auf vier Prozent sanken. All dies wurde auch hier erzielt ohne signifikanten Einfluß auf die Mortalitätsrate. Während des Verlaufs der Studie wurde das Krankenhaus vermehrt als Perinatales Center genutzt, was eine Erhöhung der Anzahl von Patientinnen mit Risikofaktoren mit sich brachte. Der Vergleich zur US-Gesamtkaiserschnittrate von 23 Prozent zeigt eindrucksvoll den Verdienst der Studie. Apropos Verdienst. Ein weiteres sichtbares Reduktionsresultat der Studie: Der Verdienst des Krankenhauses war deutlich rückläufig. Denn eine vaginale Geburt kostete damals für Kassenpatienten 3000 Dollar weniger als eine Sectio. Und auch die Ärzte verdienten 250 bis 500 Dollar weniger an einer natürlichen Geburt im Vergleich zur Kaiserschnittgeburt.

2.2. Der Faktor Geld

Der monetäre Aspekt ist in der Tat zu berücksichtigen, zeigt es sich doch, daß Privatpatientinnen öfter ein Kaiserschnitt »passiert« als Kassenpatientinnen. So »erzielte« ein Privatspital in Wien eine Kaiserschnittrate von knapp 20 Prozent verglichen mit den 16 Prozent der Wiener Universitätsklinik.[17)] Vielleicht werden Privatpatientinnen aber auch nur als klagefreudiger eingeschätzt – wer weiß? Eine kalifornische Studie von 1986 untersuchte sämtliche Wiederholungskaiserschnitte des Jahres auf außermedizinische Gründe für die Entscheidung zur Sectio.[18)] Danach spielte die Trägerschaft des

Krankenhauses (for-profit hospitals hatten eine sechsmal höhere Kaiserschnittrate als non-profit hospitals!), die Größe der Klinik (die Chancen auf eine vaginale Entbindung nach einem vorausgehenden Kaiserschnitt waren am höchsten in Häusern mit über 3500 Geburten pro Jahr) und die Versicherungsart (Privatpatienten hatten auch hier höhere Sectioraten) eine entscheidende Rolle.

Die zitierten Studien zeigen die verschiedenen Einflußvariablen auf die Kaiserschnittrate für die USA, doch auch in Deutschland sind die Unterschiede zwischen den verschiedenen Krankenhäusern beträchtlich. In 1994 lag die Streuung in Bayern zwischen 12 und 26 Prozent, je nach Klinik. Allerdings wurden die Mindest- und Höchstwerte angeglichen; das bedeutet, daß zehn Prozent aller Kliniken unter zwölf Prozent lagen, aber eben auch zehn Prozent über 26 Prozent. Der durchschnittliche Mittelwert in Bayern 1994 betrug 18 Prozent.[19)] Beachtenswert auch hier die Tatsache, daß Ausbildungskrankenhäuser meist höhere Kaiserschnittraten erzielen als Häuser, in denen nicht ausgebildet wird. Erklären ließe sich das mit zwei sich ergänzenden Faktoren. Zunächst wird ein unerfahrener Arzt lieber den (für ihn!) sicheren Weg einschlagen und schneller zum Messer greifen, als zu riskieren, daß ihm hinterher der Vorwurf gemacht wird, er hätte zu lange gewartet und notwendige medizinische Hilfestellung unterlassen. Zum anderen muß jeder angehende Gynäkologe für seine Facharztzulassung eine bestimmte Anzahl von Operationen nachweisen. Der Katalog umfaßt folgende Spezifikationen: 40 Gebärmutterentfernungen, 15 größere operative Eingriffe an der Brust einschließlich fünf Amputationen sowie 120 Operationen im geburtshilflichen Bereich.[20)] Vor diesem Hintergrund kann eine Entscheidung, in der die Frage der Indikation noch nicht ganz so sicher ist, eventuell schneller in Richtung Kaiserschnitt ausfallen.

Eine Beweisführung dürfte in den meisten Fällen sehr schwierig sein, denn Gründe für einen Kaiserschnitt finden sich mittlerweile fast immer. Der Berliner Geburtshelfer Professor Erich Saling ist davon überzeugt, daß heute jeder dritte Kaiserschnitt überflüssig ist. Trotzdem glauben die Mütter hinterher meist, daß er notwendig war: »(...) ihr wird dann (von den Ärzten, Anm. d. Verf.) gesagt: Wir haben ihn noch gerade zum richtigen Zeitpunkt gemacht. Darüber freut sie sich und erzählt allen, mein Kind war in akuter Gefahr, die Ärzte haben wunderbar geholfen. In Wirklichkeit waren es Dilettanten (...). Viele Ärzte sind sicher davon überzeugt, so Gefahren abzuwenden. Nur, wenn sie nicht alle Möglichkeiten nutzen, den unnötigen Kaiserschnitt zu verhindern, sind sie eben keine guten Geburtshelfer.«[21)]

Leider gibt es hierzulande noch keine Studie, die sich die Mühe machte, die Gründe für die unterschiedlichen Kaiserschnittraten zu ermitteln. Der Chefarzt des Vinzenz-Pallotti-Krankenhauses in Bensberg bei Köln, Dr. med Gerd Eldering, glaubt, daß es jedes Krankenhaus schaffen könnte, die Rate für den Kaiserschnitt auf rund 14 Prozent zu senken (in seiner Klinik lag die Rate 1994 bei 14 Prozent, in Nordrhein-Westfalen bei 18 Prozent). »Wir machen hier nichts, was nicht auch jedes andere Krankenhaus machen kann. Wichtig ist einzig und allein, sich auf die Bedürfnisse der Gebärenden wirklich und ernsthaft einzustellen.«

Die WHO (World Health Organisation) fordert sogar einen weltweiten Richtwert, der elf Prozent nicht überschreiten sollte. Bei knapp 770000 Geburten 1994 in Deutschland lag die durchschnittliche Kaiserschnittrate bei 17 Prozent, also gut 131000 Kaiserschnittgeburten im Jahr.[22)] Legen wir den WHO-Richtwert zugrunde, bedeutet dies, daß jährlich circa 36 Prozent Kaiserschnitte zuviel gemacht werden. Das heißt, 46700 Frauen und noch mehr Kinder haben unnötigerweise die Erfahrung Kaiserschnitt machen müssen (denn viele Mehrlingsschwangerschaften werden – fast schon routinemäßig – durch Kaiserschnitt entbunden). Selbstverständlich ist dies ein reines Rechenbeispiel, das in der Praxis sicherlich nicht direkt übertragbar ist. Es soll lediglich als Denkanstoß dienen, die hohen Kaiserschnittraten kritisch zu hinterfragen und Maßnahmen einzuleiten, die steigende Sectiofrequenz wieder zu senken.

Zu denken geben auch ländervergleichende Statistiken. Eine extrem hohe Kaiserschnittrate mit 32 Prozent aller Krankenhausgeburten (1981–1986) weist Brasilien auf.[23)] Dort ist es insbesondere in höheren sozialen Schichten üblich, daß sich Frauen von vorneherein einen Kaiserschnitt wünschen (und – da sie dafür bezahlen können – auch bekommen). Der Geburtsmodus der Frauen der brasilianischen Oberschicht ist eindeutig der Kaiserschnitt. In den größten Städten Brasiliens haben zwei Drittel der Oberschichtfrauen eine Kaiserschnittentbindung und einige Privatkrankenhäuser weisen Kaiserschnittraten um die 90 Prozent auf.[24)] Einerseits wird dies so begründet, daß die brasilianischen Frauen ihre »Flitterwochenscheide« behalten möchten, andererseits setzt die hohe Sectiorate fast eine Norm, nach der eine vaginale Geburt als Abweichung betrachtet wird und dementsprechend negativ besetzt ist. Die natürliche Geburt mit ihren Schmerzen wird mit Armut gleichgesetzt und zum Schreckgespenst hochstilisiert. Natürlich geboren wird in den Armutsvierteln und auf dem Land.

Auch wenn das Beispiel Brasilien ein extremes ist, so zeigt es doch deutlich, wie sehr kulturelle und soziale Faktoren bei der Entscheidung zum Kaiserschnitt eine wichtige Rolle spielen. In abgeschwächter Form dürften die für Brasilien beschriebenen Einflußgrößen auch auf andere Länder zutreffen, seien sie nun »Entwicklungsland« oder Industrienation. Kaiserschnitthöchstwerte erreichen auch die USA (1993: 23 Prozent) und Kanada. Traditionell niedrige Kaiserschnittraten werden aus Japan und Tschechien (beide unter zehn Prozent) berichtet. Auch in den Niederlanden – als große Ausnahme bei den »entwickelten« Ländern überall zitiert – liegt die Kaiserschnittrate sehr niedrig (1993 knapp neun Prozent) und wird auf die hohe Akzeptanz von Hausgeburten (1993: 30 Prozent)[25)] zurückgeführt.

Die Entscheidung zum Kaiserschnitt ist offenbar von Faktoren abhängig, die außerhalb der medizinischen Notwendigkeit zu suchen sind. Deshalb müßte es auch möglich sein, die Kaiserschnittraten, die in fast allen Ländern, mit Ausnahme von Dänemark und Schweden, wo sie leicht rückläufig sind, weiterhin steigen, wieder zu senken. Daß dies möglich ist, hat das Beispiel aus Chicago gezeigt.

3. Wann muß ein Kaiserschnitt gemacht werden?

Es ist ohne Zweifel, daß es viele Frauen gibt, für die der Kaiserschnitt, wenn er während der Geburt notwendig wird, eine Erleichterung ist. Sie sind froh, endlich von den Schmerzen befreit zu sein und eine Hilfe für ihr Kind zu bekommen, wenn es ihm nicht gutgeht. Es gibt jedoch sehr viele Frauen, die trotzdem unter Schuldgefühlen leiden. Sie haben das Gefühl, versagt zu haben, keine richtige Frau zu sein, nicht genug für ihr Kind getan zu haben. Diese Gefühle entstehen zum Teil vielleicht deshalb, weil diesen Frauen in der Geburtsvorbereitung vermittelt wurde, wie eine »richtige« Geburt abzulaufen hat. Sie entstehen aber auch, weil die Frauen in die absolute Passivität gedrängt werden, weil ihnen Informationen fehlen und weil sie mißtrauisch sind, ob der Kaiserschnitt wirklich notwendig ist.

Es gibt allerdings Situationen, da ist der Kaiserschnitt lebensrettend für die Mutter und öfter noch für das Kind. Die Tatsache, daß der Kaiserschnitt möglich ist, ist mit Blick auf die Rettung von Mutter und Kind unter den heutigen, sicherer gewordenen Bedingungen ein Segen. Dies ist *auch* einer der Gründe für die Steigerung der Kaiserschnittrate. Doch trotz aller technischen und chirurgischen Perfektion und der Möglichkeit, Infektionen durch Antibiotika aufzufangen, ist und bleibt der Kaiserschnitt für die Frau eine Operation, mit allen Risiken, die eine Operation mit sich bringt. Das Risiko, während einer Kaiserschnittgeburt durch Narkosezwischenfälle oder an den Folgen von Infektionen zu sterben, ist immer noch höher als bei »normalen« Geburten. Auch gibt es einige postoperative Komplikationen (Nahteiterungen, Bauchfellentzündung, Embolie, Lungenentzündung), die Mütter erst einmal zu »Patientinnen« machen und deshalb einer längeren Erholungszeit bedürfen, abgesehen von der ohnehin längeren Erholungszeit, die ein Kaiserschnitt im Vergleich zu anderen Geburten meistens nach sich zieht. Als Langzeitfolgen können Anämie und dadurch bedingte Müdigkeit und Erschöpfung, psychische Probleme (siehe auch das Kapitel über Depressionen), und Sterilität auftreten.

Bei Müttern mit Kaiserschnitt sind Stillprobleme manchmal schon vorprogrammiert. Besonders, wenn die Frau eine Vollnarkose bekommen hat und entweder daraus noch nicht aufgewacht ist, wenn der Saugreflex beim Kind am stärksten ist, oder wenn das Stillen ihr zunächst untersagt wird, weil Medikamente in die Milch gehen könnten. Auch eine gerade aus der Narkose aufwachende Frau hat nicht immer gleich das Bedürfnis, das Kind zu stillen (siehe auch das Kapitel Stillen).

Probleme jedoch gibt es nicht nur für die Mutter, sondern auch für das Kind. In meinen Geburtsvorbereitungskursen spreche ich (Gabriele), wenn es um Eingriffe in den Geburtsverlauf geht, immer von dem »geringeren Übel«, das es zu wählen gilt. So kann der Kaiserschnitt, wenn Mutter oder Kind in Gefahr sind, natürlich Leben schützen.

Zu wissen, daß ein Kaiserschnitt tatsächlich notwendig ist, erhöht die Chance, daß der Eingriff besser verkraftet wird und später bei den Müttern keine Schuldgefühle auftreten. Die Frauen sollten deshalb, wenn es eben möglich ist, in die Entscheidung für den Kaiserschnitt mit einbezogen werden.

Es gibt Gründe, die in jedem Fall einen Kaiserschnitt erforderlich machen: Gesundheitsprobleme der Mutter (zum Beispiel eine schwere Schwangerschaftsvergiftung, ein unkontrollierter Diabetes), aktiver genitaler Herpes zur Zeit der Geburt, Plazenta praevia (die Plazenta verdeckt teilweise oder vollständig den Muttermund), großflächige Ablösung der Plazenta, Nabelschnurvorfall und Querlage des Kindes. In den meisten anderen Fällen ist es Auslegungssache der Hebamme und der ÄrztInnen, ob ein Kaiserschnitt gemacht wird oder nicht, und es kommt auf das Bewußtsein an, unter dem die Geburtshilfe angeboten wird. An anderer Stelle haben wir gesehen, von welcher Bedeutung es ist, ob einer Frau zugetraut wird, ihr Kind aktiv und selbständig zu gebären, oder ob sie entbunden wird. Die sehr stark variierenden Kaiserschnittraten (zwischen sechs und 30 Prozent) sind ein Beleg für die unterschiedliche Einschätzung dafür, wann ein Kaiserschnitt notwendig wird.

3.1. Geplanter oder Notkaiserschnitt

Indikationen für einen Kaiserschnitt können sich entweder vor der Geburt ergeben (primäre Sectio), dann fällt die Entscheidung zum Kaiserschnitt, ohne den Geburtsverlauf abzuwarten, oder sie ergeben sich erst während der Geburt (sekundäre Sectio). Im folgenden werden noch einmal alle Indikationen aufgeführt, die zu einem Kaiserschnitt führen können.

Gründe für einen *geplanten* Kaiserschnitt von *seiten des Kindes* können sein:

- Querlage des Kindes, wenn es sich nicht drehen läßt.
- Beckenendlage (Steißlage), wenn eine spontane Geburt ausgeschlossen ist.
- Frühgeburten bis zur 32. Schwangerschaftswoche, und wenn aufgrund einer ausgeprägten Plazentainsuffizienz das Kind mangelernährt ist.
- Nabelschnurvorfall, d. h., die Nabelschnur liegt zwischen dem Kopf des Kindes und dem Beckenausgang. Rutscht das Kind tiefer, würde die Nabelschnur abgedrückt. Oft wird darunter jedoch auch verstanden, daß der Körper oder der Hals des Kindes von der Nabelschnur umschlungen ist. Dies ist dagegen selten ein Grund für einen Kaiserschnitt.
- Leidet eine Frau unter Diabetes, und ist sie nicht gut eingestellt – was eigentlich nicht vorkommen sollte –, kann das Kind durch die Erkrankung der Mutter sehr groß sein, was Grund für einen Kaiserschnitt sein könnte.
- Zwillinge, wenn der erste Zwilling in Beckenendlage liegt, da sich die Kinder mit dem Kopf behindern können.

Von *seiten der Mutter* können folgende Gründe für einen *geplanten* Kaiserschnitt ausschlaggebend sein:

- Plazenta praevia, wenn der Mutterkuchen (Plazenta) ganz oder teilweise vor dem Muttermund liegt und ihn dadurch verdeckt. Liegt die Plazenta lediglich tief, kann das Kind spontan zur Welt kommen. Eine tiefliegende Plazenta kann sich im Laufe der Schwangerschaft noch hochziehen, deshalb kann die Diagnose für den Kaiserschnitt erst kurz vor der Geburt gestellt werden.
- Löst sich die Plazenta vorzeitig, muß sofort ein Kaiserschnitt gemacht werden. Blutungen und starke Schmerzen können ein Hinweis hierfür sein.
- Schwere EPH-Gestose. Die Abkürzung »EPH« setzt sich zusammen aus den drei Symptomen, mit denen sich diese auch »Schwangerschaftsvergiftung« genannte Komplikation ankündigt: »E« für Ödeme, »P« für Protein im Urin und »H« für Hypertonie, das heißt Bluthochdruck. Sie wird auch Praeeklampsie genannt, weil sie die Vorstufe zur Eklampsie, gefährlichen Krampfzuständen, ist, die als Höhepunkt unbehandelter Schwangerschaftsvergiftungen auftreten können und Mutter und Kind gefährden.
- Enge oder verformte Becken gibt es heute meist nur nach einem Unfall, da die Rachitis sehr selten geworden ist. Vor der Geburt kann selbst durch Röntgenuntersuchungen nicht immer eindeutig beurteilt werden, ob eine spontane Geburt möglich ist, da nicht abzusehen ist, wie sich das Becken und der Kopf des Kindes bei der Geburt zueinander verhalten. Von daher führen Aussagen nach einem Ultraschall wie: »Der Kopf ist sehr groß« nur zu Verunsicherungen und haben in der Regel keine Bedeutung.
- Wenn eine Frau schon zwei Kaiserschnitte hatte, wird in vielen Kliniken beim dritten Kind in jedem Fall wieder ein Kaiserschnitt gemacht. Dies ist nicht immer notwendig. Wenn die ersten beiden Kinder beispielsweise in Beckenendlage waren und das dritte Kind in Schädellage liegt, so kann zunächst eine natürliche Geburt versucht werden.
- Myome (gutartige Gebärmuttergeschwulste) können eine Geburt erschweren und eventuell zu einem Kaiserschnitt führen.

- Aktiver Herpes im Genitalbereich zur Zeit der Geburt. Eine Ansteckung des Kindes kann zu schweren Erkrankungen führen.

Wird ein Kaiserschnitt geplant, sollte versucht werden, so nah wie möglich an den errechneten Geburtstermin zu gelangen. Bei Bekkenendlage spricht in der Regel nichts dagegen, erst mit Einsetzen der Wehen in die Klinik zu gehen. Mutter und Kind sind dann besser für die Geburt gewappnet.

Mögliche Gründe für einen Kaiserschnitt, der *unter der Geburt* erforderlich wird:
- Drohender Sauerstoffmangel des Kindes. Dies ist mit der häufigste Grund für einen Kaiserschnitt. Wie wir später zeigen werden, gibt es hier jedoch auch vorschnelle Reaktionen.
- Geburtsstillstand, wenn also die Eröffnung des Muttermundes über Stunden nicht vorangeht. Dabei kann es dem Kind durchaus gutgehen.
- Verlängerte Eröffnungsphase mit Anstieg der Temperatur. Der Temperaturanstieg kann auf eine Infektion hinweisen.
- Blutungen aufgrund einer vorzeitigen Plazentalösung während der Geburt.
- Drohender Schwangerschaftskrampf (Eklampsie).
- Hoher Gradstand des kindlichen Kopfes über lange Zeit. Das bedeutet, der Kopf des Kindes bleibt senkrecht zum Queroval des Beckens stehen, oder der kindliche Kopf dreht sich so in den Geburtskanal, daß der Kopf nicht tiefer rutschen kann, zum Beispiel bei Gesichtslage.
- Das Kind rutscht nicht weiter im Geburtskanal, liegt aber noch zu hoch für eine Saugglocke oder Zange.
- Wenn der Muttermund sich nicht öffnen will, und die Mutter nach vielen Stunden Geburtsarbeit erschöpft ist. Manchmal hilft hier schon eine PDA (Periduralanästhesie).

Der häufigste Grund für einen geplanten Kaiserschnitt ist die Bekkenendlage des Kindes. Etwa fünf Prozent aller Babys befinden sich am Ende der Schwangerschaft in dieser Position.

3.2. Beckenendlage – Welche Wendungsmöglichkeiten gibt es?

»Ihr Kind liegt falsch, da müssen wir wohl einen Kaiserschnitt machen!« Diesen Satz hören viele Schwangere schon in der 32. Schwangerschaftswoche von ihrem Gynäkologen. Der Begriff Beckenendlage fällt manchmal noch viel früher. Dies kann dazu führen, daß die Frauen sich aus Angst vor einer schwierigen Geburt verspannen, und die Kinder sich auch aus diesem Grunde nicht mehr drehen können. Die Angst kann sich auch negativ auf den weiteren Schwangerschaftsverlauf auswirken.

Anna beschreibt diese Situation:

»Mein Kind hat sich schon seit der 26. Woche nicht mehr gedreht. Seitdem habe ich mich mit dem Thema Beckenendlage beschäftigt. Ab der 32. Woche unternahm ich viele verzweifelte Versuche, mein Kind zum Drehen zu animieren. Ich denke, ich habe mich so angespannt, daß eine Wende gar nicht mehr möglich war. Das letzte Drittel der Schwangerschaft habe ich mit viel Angst und Sorgen verbracht.«

Bis zur 34. Woche legen sich viele Kinder von selbst in die geburtsgünstigere Schädellage. Manche Kinder tun dies auch noch kurz vor dem Geburtstermin. Die Chance, sich zu drehen, wird dann natürlich geringer, weil der Platz immer weniger wird. Bevor es zu einem Kaiserschnitt oder einer vaginalen Geburt in Beckenendlage kommt, gibt es verschiedene Methoden, mit denen das Kind angeregt werden kann, sich zu drehen. Hebammen, Ärzte, Ärztinnen und Geburtsvorbereiterinnen können über die einzelnen Möglichkeiten Auskunft geben, sie zeigen oder auch durchführen.

Die Indische Brücke

Das ist eine Übung, die die Schwangere selbständig zu Hause machen kann. Mit Hilfe von Kissen wird das Becken höher gelagert als der Kopf. Das Baby soll damit veranlaßt werden, sich aus dieser für es ungewohnten Lage zu drehen. Diese Hochlagerung des Bekkens kann zweimal am Tag für zehn Minuten mit leerem Magen durchgeführt werden. Ruhige Musik, Entspannung, Bauchatmung und Kontaktaufnahme mit dem Baby können unterstützend wirken.

Wendung mittels Moxibution

Eine alte Methode, das Kind in eine günstige Geburtsposition zu drehen, ist die Moxibution. Sie kommt aus China und wird dort mit großem Erfolg angewandt. Zwei Räucherstäbchen aus getrocknetem Beifuß, jedes etwa daumendick und 23 cm lang, werden oberhalb des »Zhiyin«-Punktes beider Füße abgebrannt (dieser Punkt stammt aus der Akupunktur und befindet sich etwa drei mm von der Wurzel des kleinen Zehennagels entfernt). Die Räucherstäbchen werden sehr nahe an diesen Punkt gehalten, aber nicht so nahe, daß Verbrennungen auftreten. Die Schwangere sitzt bequem oder liegt. Die Prozedur wird ein- bis zweimal täglich 10 bis 20 Minuten angewendet. Es ist sinnvoll, wenn der Partner die Moxa-Zigarren hält. Durch Streicheln kann dem Baby während dieser Zeit der Weg gezeigt werden (Kopf vorwärts nach unten). Ein Gespräch mit dem Partner über eventuelle Ängste und Sorgen kann entlasten und damit entspannen. Es ist möglich, das Moxen mit der Indischen Brücke abzuwechseln.

Nicht allen Frauen ist die Schräglage oder der Duft der Moxa-Zigarren angenehm. Sie können auch versuchen, ihr Kind durch Haptonomie (Wendung durch Berührung und Kontaktaufnahme mit dem Kind), Metamorphose (Massage bestimmter Bereiche des Fußes) oder Zilgrei (Kontakt zum Baby und Anwendung einer speziellen Atmung) zu wenden. Diese Methoden können nur mit Hilfe von dazu ausgebildeten Personen durchgeführt werden.

Die äußere Wendung

Hierbei wird versucht, das Kind durch Handgriffe von außen zu drehen. Die Wendung wird in der Klinik, in der Regel unter Kaiserschnittbereitschaft, durchgeführt. Die Frau sollte dabei entspannt sein, deshalb legen manche Kliniken eine Periduralanästhesie. Die Chance, daß sich das Kind in die Schädellage bewegen läßt, liegt bei 50 Prozent. Gegen eine äußere Wendung sprechen: ein kindlicher Steiß, der fest im Becken sitzt; wenig Fruchtwasser; ein sehr großes

Kind; wenn die Plazenta an der Vorderwand angewachsen ist; wenn die Frau Bedenken hat. Werden diese Kriterien mit einbezogen, sind die Risiken für Mutter und Kind gering. Läßt sich ein Kind nicht drehen, hat es vielleicht einen Grund, der manchmal erst nach der Geburt zu erkennen ist.

Die Gründe können auch in der Psyche der Mutter liegen. In diesem Fall können Gespräche, vielleicht auch Phantasiereisen, in denen die Geburt angeschaut wird, der Mutter helfen, an ihre Ängste heranzukommen. Möglichkeiten hierzu bieten Geburtsvorbereitungszentren, Hebammen und Geburtsvorbereiterinnen (Adressen hierzu finden Sie im Anhang). Es dürfen jedoch keine Schuldgefühle erzeugt werden, so wie Anna es erlebt hat: »Bei einer Vorsorgeuntersuchung schaute der Arzt, er nannte sich auch Therapeut, mir auf den Bauch und sagte nur: ›Bei solch einem harten Bauch kann sich auch kein Kind drehen!‹ Kein Nachfragen wie es mir geht, keine persönlichen Worte. Ich lief weinend nach Hause und machte mir Vorwürfe, daß ich nicht in der Lage war, mich zu entspannen. Der Bauch blieb natürlich hart, und mein Kind blieb in meinem Bauch sitzen.«

Bleibt das Kind bis zum Geburtstermin in Beckenendlage, raten die meisten Geburtshelfer im westlichen Teil Deutschlands Erstgebärenden zu einem Kaiserschnitt. In der ehemaligen DDR wurden zwei Drittel der Babys trotz Beckenendlage auf natürlichem Wege geboren. Auch in vielen anderen europäischen Ländern wird die Geburt erst einmal ohne Kaiserschnitt probiert. Am Beispiel von Helgas Geburtsbericht werden viele Probleme von Frauen, deren Kinder sich in Steißlage befinden, deutlich:

»Als meine Frauenärztin in der 25. Schwangerschaftswoche feststellte, daß mein Baby ›verkehrt‹ herum lag, machte ich mir keine allzu großen Sorgen. Ich hatte viel über die Schwangerschaft gelesen und wußte, daß manche Kinder, wenn nicht überhaupt die meisten, sich erst recht spät in die Geburtsposition mit dem Kopf nach unten drehen. Als aber auch in der 27., 30. und 34. Woche die Beckenendlage meines Kindes bestätigt wurde, begann ich doch, mir

Sorgen zu machen, zumal meine Frauenärztin mir dazu riet, mich mit einem Kaiserschnitt abzufinden, da den meisten entbindenden Ärzten eine Spontangeburt bei Beckenendlage zu risikoreich erscheint. Ich wollte aber keinen Kaiserschnitt und schon gar keine ›geplante‹ (also vom Arzt terminierte Geburt; ich wollte, daß mein Baby entscheidet, wann es auf die Welt kommen möchte. In einem Buch hatte ich über die ›äußere Wendung‹ gelesen, bei der versucht wird, das Baby von außen zu drehen. Meine Frauenärztin riet mir dringend ab; die äußere Wendung würde nur die Geburt auslösen. Trotzdem wurde ich in der Klinik, in der ich entbinden wollte, vorstellig, und als ich von der äußeren Wendung sprach, zeigte man zwar Erstaunen, riet mir aber nicht ab.

So bekam ich beim Chefarzt einen Termin zur äußeren Wendung. Es war meine 37. Schwangerschaftswoche. In der Nacht vorher war ich sehr aufgeregt, aber eigentlich zuversichtlich. Ich war überzeugt, daß mein Baby sich drehen lassen würde. Dann lag ich im Kreißsaal der Klinik, ein CTG war um meinen Bauch geschnallt, und die halbe Kreißsaalbelegschaft stand um mein Bett herum, um die äußere Wendung zu beobachten. Eine Schwester stand an meinem Kopfende und hielt eine Maske bereit, der ein Sauerstoff-Lachgasgemisch entströmte, das mir ein wenig über die zu erwartenden Schmerzen hinweghelfen sollte. Der Chefarzt erschien mit einem Assistenten, beide krempelten die Ärmel hoch und umfaßten meinen Bauch. Auf ein Kommando begannen sie an meinem Bauch zu schieben und zu drücken, daß ich dachte, meine sämtlichen Innereien würden von ihren angestammten Plätzen losgerissen. Insgesamt wurden drei Versuche gemacht, mein Kind vorwärts oder rückwärts zu drehen. Am CTG konnte ich sehen, daß mein Baby unter Streß geriet. Sein Herz schlug mit 200 Schlägen pro Minute. Nach einer Viertelstunde wurde der Versuch abgebrochen, und ich wußte, daß mein Baby zu denjenigen gehörte, die sich nicht drehen lassen, obwohl der Prozentsatz von geglückten Wendungen recht hoch ist. Das Klinikpersonal verschwand, mein Mann und ich waren allein im Kreißsaal. Ich war maßlos enttäuscht und heulte erst einmal. Als eine Schwester kam, um mich zur Beobachtung stationär aufzunehmen, lehnte ich ab, und wir fuhren nach Hause.

Abends mußte ich noch einmal ein CTG machen lassen, aber es war alles in Ordnung.

Bei der nächsten Vorsorgeuntersuchung wurde mir wieder die ›geplante‹ Geburt vorgeschlagen, aber ich lehnte ab. Bis zum errechneten Termin war ja noch viel Zeit! Zehn Tage nach dem Versuch der äußeren Wendung löste sich abends der Schleimpfropf. Nachts um drei platzte die Fruchtblase, ohne daß ich vorher auch nur eine Wehe gehabt hatte. Liegend, wie es bei Beckenendlagen empfohlen wird, wurde ich in die Klinik gebracht. In der Klinik traute ich mich wegen der falschen Lage unseres Kindes und des eventuell drohenden Nabelschnurvorfalls nicht mehr herumzulaufen. Hätte ich das getan, wäre die Geburt vielleicht anders verlaufen. Es dauerte fast zehn Stunden, bis der Muttermund vollständig eröffnet war, da der weiche Po des Babys die Geburtswege nicht so dehnt wie der harte Kopf. Als es soweit geschafft war, war ich ziemlich stolz. Mein Mann konnte den Po unseres Kindes durch ein Rohr der Hebamme sogar schon sehen. Dann nahmen sie eine Blutprobe von unserem Kind, um den Sauerstoffgehalt in seinem Blut zu überprüfen, da die Geburt ja schon länger im Gang war. Der Chefarzt persönlich überbrachte das Ergebnis dieser Untersuchung. Er rauschte in den Kreißsaal, sagte: »Sectio!« und eilte wieder davon. In aller Eile wurde meinem Mann und mir erklärt, daß der Sauerstoffgehalt im Blut unseres Kindes an der unteren Grenze des normalen Wertes war und daß schnell gehandelt werden mußte. Im Operationssaal spürte ich noch den Schnitt, dann wurde es dunkel um mich ... Als ich aufwachte, meinte ich, mich übergeben zu müssen, aber jemand sagte zu mir: ›Sophia geht's gut‹, da wußte ich, daß unser Querkopf, wie wir das Baby nach der mißglückten Wendung immer genannt hatten, eine Tochter war.

Vor der Geburt war ich überzeugt gewesen, mein Baby auf ›normalem‹ Weg zur Welt zu bringen – das hatte nun nicht geklappt. Besonders enttäuscht war ich beim vorzeitigen Blasensprung gewesen, denn davor hatte ich mich immer gefürchtet. Ich hätte gern selbst bestimmt, in welchem Stadium der Eröffnungsphase ich ins Krankenhaus gehen wollte. Und ich hätte das Baby gern ohne Kaiserschnitt bekommen.

Das wirklich Schlimme am Kaiserschnitt war der Tag danach, an dem ich mit einem Tropf herumlaufen mußte, wie alle Kaiserschnittmütter. Trotzdem habe ich die Klinik mit unserer Tochter am fünften Tag verlassen. Die Narbe ist gut verheilt, und ich hoffe beim nächsten Kind auf eine ›normale‹ Geburt. Obwohl meine Frauenärztin ein wenig triumphierte, daß die äußere Wendung mißglückt war und mein Baby doch durch einen Kaiserschnitt zur Welt kam, würde ich die äußere Wendung immer wieder versuchen, sollte ich noch einmal in eine solche Situation kommen. Und wenn sich das Kind nicht drehen läßt, würde ich trotzdem wieder den natürlichen Geburtsbeginn abwarten. Diese erste Geburt hat mir gezeigt, wieviel Schmerzen ich aushalten kann, wozu ich fähig bin, wenn es wirklich sein muß. Sie hat mir auch gezeigt, daß man sich von den ÄrztInnen nicht ›vergewaltigen‹ lassen muß / darf, daß aber ein überlegter medizinischer Eingriff zur rechten Zeit sinnvoll und wichtig sein kann.«[26)]

Für Helga war es nicht möglich, ihr Kind zur Wendung anzuregen und es auf natürlichem Wege zu gebären. Sie hat jedoch das Gefühl, alles getan zu haben, was in ihrer Kraft stand. Für sie und ihr Kind war der Kaiserschnitt dann auch tatsächlich notwendig.

3.3. Vaginale Geburt bei Beckenendlage?

Der Kopf ist der umfangreichste Körperteil des Ungeborenen. Was ihn aber trotzdem so »geburtsfreundlich« macht, ist, daß die Schädelknochen noch nicht fest verwachsen sind und sich bei der Passage durch das knöcherne Becken und die Scheide der Mutter verformen können. Deshalb haben so viele Babys in den ersten Lebenstagen einen spitzen, langgezogenen Schädel. Ist der Kopf geboren, schlüpft der restliche Körper leicht hinterher. Rutschen aber der kleinere Po oder die Beine des Kindes zuerst heraus, kommt der dickere Kopf zuletzt. Aus dieser Richtung kann sich der Kopf nicht ganz so einfach an die Enge anpassen und hat dann größere Schwierigkeiten, geboren zu werden. Außerdem kommt es nach Austritt des Steißes immer einen Moment lang zum Sauerstoffmangel, weil die Nabelschnur, die neben dem Kopf im kleinen Becken liegt, zusammengedrückt wird. Wenn diese Phase der Geburt schnell vorübergeht, kommen die Kinder mit dieser Gefahrensituation in der Regel gut zurecht.

Zweifellos ist aus den oben genannten Gründen eine vaginale Beckenendlagengeburt riskanter als eine Geburt bei Schädellage. Es kommt auf die Erfahrung und das Können der Geburtshelfer an, wie gefährlich die Geburt tatsächlich ist. Eine Ärztekommission hat Kriterien für vaginale Beckenendlagengeburten festgelegt[27]:

- Während der Schwangerschaft sollen keine ernsthaften Risiken wie Diabetes, Plazenta-Schwäche oder Gestose aufgetreten sein.
- Das Baby soll reif, also älter als 38 Wochen sein, nicht weniger als 2500 Gramm und nicht mehr als 4000 Gramm wiegen.
- Der Kopfdurchmesser soll kleiner als zehn cm sein.
- Das Baby soll entweder in der Steiß-Fußlage, einer Art Hocke, oder in der einfachen Steißlage, mit am Körper hochgeklappten Beinen im Bauch der Mutter liegen.

Obwohl die Einhaltung dieser Kriterien und moderne Überwachungsmöglichkeiten des Babys im Mutterleib das Risiko auf ein vertretbares Maß herunterschrauben, gibt es im westlichen Deutschland nur sehr wenige Kliniken, die bei Erstgebärenden eine vaginale Geburt zulassen. Eine dieser Kliniken ist das Vinzenz-Pallotti-Hospital in Bensberg. In einer Sprechstunde, die speziell für Frauen eingerichtet ist, deren Baby in Beckenendlage liegt, werden die Frauen beraten, mit welchen Methoden eventuell doch noch eine Wendung des Babys möglich ist. Es werden dort die für eine spontane Geburt notwendigen Untersuchungen gemacht, und den Frauen und Paaren werden alle Fragen beantwortet, die ihnen auf der Seele liegen.

Diese Sprechstunde schafft gute Voraussetzungen für eine spontane Geburt in Beckenendlage. Inzwischen werden in dieser Klinik nur noch 60 Prozent aller Kinder mit Beckenendlage durch Kaiserschnitt geboren, gegenüber mindestens 90 Prozent in den meisten anderen Kliniken. Auffallend ist, daß sich die Kaiserschnittrate in den letzten Jahren um so mehr verringert hat, je mehr Frauen ihr

Kind in einer stehenden Position geboren haben. Zahlen belegen hier, was wir eigentlich schon lange wissen; in einer aufrechten Gebärposition ist der Beckenausgang weiter als im Liegen, und die Schwerkraft hilft mit, das Kind wesentlich gleichmäßiger auf den Muttermund zu drücken. Aus diesem Grund sollte gerade die Bekkenendlagengeburt in solch einer Position stattfinden, besonders dann, wenn die Frau es wünscht, und es ihr in dieser Position gutgeht. Häufig begibt sich die Mutter – wenn sie nicht gehindert wird – während der letzten Wehen aus eigenem Antrieb in eine vertikale Position.

Dennoch werden die Frauen immer wieder auf dem Rücken liegend mit den Beinen festgeschnallt, wenn es zu einer spontanen Beckenendlagengeburt kommt. Oft erscheint dann auch noch die halbe Belegschaft der Geburtshilfe zum Zuschauen, weil dies ein so seltenes Ereignis ist. Wie soll eine Frau da loslassen? Die Gefährlichkeit einer solchen Geburt wird dann natürlich noch bestätigt. Die Fähigkeit, sich zu entspannen, und das furchtlose Herangehen an die Geburt ist bei einer Beckenendlage besonders wichtig, denn es kann immer sein, daß Ängste die Öffnung des Muttermundes behindern und gerade bei dieser Geburt zu Komplikationen führen. Deshalb darf sich eine Frau auch nicht zu einer spontanen Geburt gezwungen fühlen. Wie wir bei Manuelas Geburtsbericht gesehen haben, kann die psychische Einstellung der Schwangeren für den Verlauf der Geburt entscheidend sein. Auch die Einstellung des Mannes ist von Bedeutung, da auch seine Ängste und sein Verhalten einen Einfluß auf das Gebärverhalten der Frau haben können.

Da Steißgeburten in der Regel mit Kaiserschnitt durchgeführt werden, gibt es immer weniger GeburtshelferInnen, die Erfahrungen haben, diese Geburt auf natürlichem Wege geschehen zu lassen. Vor allem Geduld und Vertrauen in die Gebärende und den natürlichen Geburtsverlauf sind hier unerläßlich. Hinzu kommt das Wissen um die nötigen Handgriffe, wenn das Köpfchen tatsächlich nicht weiterrutscht. Die Prinzipien der *Privacy*, wie sie von Michel Odent beschrieben wurden (siehe das Kapitel über Psychologie, Soziologie und Physiologie der Geburt), einzuhalten ist gerade bei einer Geburt in Beckenendlage wichtig. So wie ein niedriger Adrenalinspiegel die Eröffnungsphase der Geburt erleichtert und beschleunigt, so fördert ein Ausstoß von Adrenalin am Ende der Geburt das Loslassen des Kindes. Odent nennt diesen Moment der Adrenalinausschüttung »Fötus-Ausscheide-Reflex«[28]. Geduld und Geschehenlassen werden jedoch von den Krankenkassen nicht honoriert. So kann es sein, daß sich Geldinteressen über die Gesundheit von Mutter und Kind schieben und den Geburtshelfern wichtige Erfahrungen verlorengehen.

3.4. Wann kann ein Kaiserschnitt vermieden werden?

Die Ursachen, die zum Kaiserschnitt führen, liegen oft nur scheinbar im medizinischen Bereich, sie müßten eigentlich viel häufiger auch im psychischen Bereich gesucht werden. Es ist inzwischen in mehreren Studien nachgewiesen, daß Geburten mit absoluter technischer Geburtsüberwachung häufiger mit einem Kaiserschnitt endeten, als menschlich und mit Hörrohr begleitete Geburten.[29] Oft ist der Kaiserschnitt das Ende eines Kreislaufs, der mit dem unnötigen Eingreifen in den natürlichen Geburtsverlauf begonnen hat (Einleitung – starke Wehen – starke Schmerzen – Periduralanästhesie – Wehenschwäche – Kaiserschnitt). Es kommt viel zu oft vor, daß das Krankenhauspersonal trotz guter Herztöne des Kindes nicht den natürlichen Geburtsverlauf abwartet, beziehungsweise der Frau bestimmte Positionen nicht ermöglicht (Stehen, Hocke, Vierfüßlerstand) und künstlich in den Verlauf eingreift. Diese Eingriffe wirken sicher nicht nur funktional auf den Geburtsablauf, sondern auch psychisch. So ist es auffallend, daß gerade Frauen, die sich in der Schwangerschaft sehr gesund gefühlt haben, keine Probleme hatten und die Geburt als etwas völlig Natürliches ansahen, ihr Selbstvertrauen in dem Moment einbüßten, wo sie Kontakt hatten mit der fremden Umgebung Krankenhaus und »weißem« Krankenhauspersonal. War eine Hausgeburt oder eine Geburt im Geburtshaus geplant, kann die Angst vor der fremden Umgebung sich verstärken. Mit dem Verlust des Selbstvertrauens kann auch die Stärke und das Bewußtsein verlorengehen, »es allein zu schaffen«.

Zu häufig wird ein Kaiserschnitt geplant, wenn die Frau ein enges Becken hat, anstatt es ihr zu ermöglichen, in einer Position zu gebären, in der der Geburtsausgang erweitert wird. Es wird deutlich, wie schnell ÄrztInnen Eingriffe in den Geburtsverlauf plausibel machen können. Denn wer beginnt schon sich zu wehren, wenn der Satz fällt: »Sie schaden Ihrem Kind, wenn Sie sich weigern.« Zwillingsschwangere werden nicht selten durch die Einstufung in die Kategorie »Risikoschwangerschaft« und die daraus resultierenden Verunsicherungen zu einem Kaiserschnitt gedrängt. Der Begriff Risikoschwangerschaft erhöht auch die Bereitschaft der ÄrztInnen zu einem Kaiserschnitt.

Auf Grund von Untersuchungen in Holland stellt Michel Odent fest, »daß der Stempel *Risikoschwangerschaft* an sich schon eine Gefahr darstellt, löst er doch Befürchtungen aus, die über Monate aufrechterhalten werden«.[30)]

Bei sogenannten »Spätgebärenden« wird oft schon in der Schwangerschaft von einem Kaiserschnitt gesprochen. Ich (Gabriele) erinnere mich vor allem an zwei 40jährige Schwangere, die während der gesamten Schwangerschaft durch zusätzliche Untersuchungen und den Hinweis, daß in ihrem Alter bestimmt eine Kaiserschnittgeburt notwendig sei, verunsichert wurden. Beide Frauen hatten glücklicherweise unkomplizierte natürliche Geburten, doch die Schwangerschaft war bei beiden mit großer Angst besetzt.

Hatte eine Frau einmal einen Kaiserschnitt, erhöht sich die Gefahr, daß schneller wieder zum Skalpell gegriffen wird – vor allem bei Beckenendlage, doch auch in vielen anderen Situationen. Dies hängt nicht unbedingt mit der »Schneidewut« der Ärzte zusammen, sondern mit dem fehlenden Vertrauen in die physiologischen Ressourcen der Frauen und Kinder, also in die Gebärfähigkeit der Frau.

»Mit den heutigen chirurgischen Techniken und mit Hilfe moderner Betäubungsmittel durchgeführt, gilt die Entbindung durch Kaiserschnitt als der wichtigste Fortschritt auf dem Gebiet der Geburtshilfe in unserem Jahrhundert. Ein solcher Fortschritt verdient es, daß man ihn beibehält. Der Kaiserschnitt dient als Modell, er stellt den Bezugsrahmen für jede andere Notoperation dar: Jedes chirurgische Notfallteam sollte in der Lage sein, ihn auszuführen. Doch er sollte nicht zur normalen Entbindungsweise werden. Er sollte uns nicht als Vorwand dienen, um unsere Ignoranz gegenüber den physiologischen Geburtsprozessen aufrechterhalten zu können.«[31)]

3.5. Physische Folgewirkungen des Kaiserschnitts für das Kind

Untersuchungen und Erfahrungen haben gezeigt, daß Kaiserschnittkinder gegenüber Kindern nach einer vaginalen Geburt einige Nachteile haben. Die Sterblichkeitsrate ist in den letzten 20 Jahren zwar drastisch gesunken, sie liegt aber immer noch höher als bei Kindern, die ohne Schnittentbindung auf die Welt kommen. Eine Reihe von Komplikationen treten häufiger auf als nach vaginalen Geburten, wie vermehrter Sauerstoffmangel beim Kind durch die Rückenlage der Mutter auf dem OP-Tisch (dem kann vorgebeugt werden durch Schräglagerung der Mutter), häufigere Atemnotsyndrome und niedrigere Apgar-Werte (Test direkt nach der Geburt, bei dem Atmung, Herzschlag, Hautfarbe und Muskeltonus des Kindes beurteilt werden). Einige Blutstoffe, wie Serumeiweiß und Serumcalcium wurden bei Kaiserschnittkindern weniger gefunden. Kinder, die durch Kaiserschnitt ohne vorherige Wehentätigkeit zur Welt kamen, produzieren weniger Zucker. Diese schlechte Anpassung an die Außenwelt wird auch als »Kaiserschnitt-Schock-Syndrom« bezeichnet, ausgelöst durch fehlende Wehen und Hormoneinflüsse.

Bei einer spontanen Geburt produziert der mütterliche Körper Hormone, welche die Reifung der kindlichen Niere und Leber fördern. Die intensive Massage durch die Wehen, während das Kind sich im Geburtskanal befindet, stimuliert das gesamte Nervensystem; Atmung und Reflexe kommen besser in Gang. Auf ganz mechanische Weise wird auch das Fruchtwasser aus den Lungen gepreßt, es bleibt eigentlich nur ein Schleimrest in den oberen Atemwegen, den das Kind leicht ausniesen kann. Kaiserschnittkinder müssen in der Regel abgesaugt werden, denn das Fruchtwasser in den Lungen begünstigt Infektionen.

Hauptursachen für die Anpassungsschwierigkeiten der Kaiserschnittkinder sind der Mangel an Hautstimulierung und ein Mangel an Hormonaustausch mit der Mutter. Mütter, die nach längerer Wehentätigkeit einen Kaiserschnitt bekommen, sollten – auch aus diesem Grund – die Wehen nicht als vertane Mühe ansehen. Bei geplanten Kaiserschnitten wie bei Beckenendlage sollten deshalb möglichst die Wehen abgewartet werden. Weil man inzwischen weiß, daß die Hautstimulierung so wichtig ist, sollte dafür gesorgt werden, daß alle Kaiserschnittkinder einen entsprechenden Ersatz bekommen. Hier wird die Bedeutung des Körperkontaktes und der Massage nach der Geburt deutlich. Der Vater sollte ermutigt werden, das Kind gleich nach dem Kaiserschnitt – noch im Kreißsaal – an die nackte Brust zu nehmen und zu massieren bis die Mutter versorgt ist, bzw. nach einer Vollnarkose aufgewacht ist. Bei einer Periduralanästhesie können Vater und Kind im Operationssaal bleiben, bis der Schnitt wieder genäht ist. Während dieser Zeit können Mutter und Vater das Kind streicheln und dann später massieren. Bei einem Kaiserschnitt mit Periduralanästhesie kann das Kind sogar schon im Operationssaal zum Stillen angelegt werden, wenn sich die Mutter dazu in der Lage fühlt. Doch auch bei einer Vollnarkose kann sie gleich nach dem Aufwachen das Kind anlegen, vorausgesetzt, sie hat die Kraft dazu. Massage und Stillen können so einiges von dem Fehlenden wieder ausgleichen.

3.6. Wahl der Narkose

»Durch die Periduralanästhesie konnte ich den letzten Teil der Geburt zumindest akustisch verfolgen, was ich im nachhinein als positiv empfinde. Ich war mit meinem Bewußtsein präsent, wenn auch nicht aktiv selbst tätig. Während der OP konnte ich nichts sehen, weil ein Tuch vor meinen Bauch gespannt war (das war gut so), aber ich konnte alles hören, fragen und mitbekommen. Neben mir saß die Anästhesistin, die mir alle Fragen beantwortete.

Ich spürte den leichten Druck, als die Bauchdecke und die Gebärmutter aufgeschnitten wurde. Ich hörte den ersten Schrei des Kindes und spürte, wie jemand auf meinen Oberbauch drückte und das Kind herausrutschte. Meine erste Frage war: ›Ist das mein Kind, was da schreit?‹«

Laura bekam eine Vollnarkose: »Peter begleitete mich in den OP. Viel Personal, alle hantierten herum, Rasur, Schläuche, Spritzen, alles, was ich nicht wollte. Dann wurde Klara geholt. Und ich war nicht dabei! Als ich wieder aufwachte, hörte ich Peter singen, er hielt unser Kind auf dem Arm. Aber konnte es unser Kind sein, ich war doch gar nicht dabei gewesen? Mir fehlt die Zeit heute noch. Eine Zeit, die ich niemals zurückholen kann.«

In vielen, jedoch nicht in allen Kliniken können Frauen wählen, ob sie eine Vollnarkose haben möchten, also die Entbindung »verschlafen«, oder lokal betäubt werden wollen und so die Geburt miterleben. Wichtig ist eine möglichst umfassende Information der werdenden Eltern über die zur Verfügung stehenden Anästhesieformen. Beide Anästhesiemethoden haben Vor- und Nachteile. Die Periduralanästhesie (Leitungsanästhesie), abgekürzt PDA, wird lokal gegeben und bewirkt, daß die Leitung der Schmerzempfindungen, die ans Gehirn »gemeldet« werden, unterbrochen wird und gleichfalls die Befehle des Gehirns, die Muskeln zu bewegen, gestört sind. Die Betäubung erreicht nicht das Gehirn der Frau, so daß diese bei der Geburt des Babys wach bleibt. Von der Entscheidung bis zur Wirkung der PDA vergeht eine längere Zeit (ca. 40 Minuten), so daß diese Form der Anästhesie für ungeplante Kaiserschnitte manchmal nicht in Frage kommt. Eine Vollnarkose wirkt wesentlich schneller und wird deshalb bei Notkaiserschnitten in jedem Fall eingesetzt. Bei der Vollnarkose (Allgemeinanästhesie) wird die Frau während des Kaiserschnitts in einen schlafenden Zustand versetzt. Das Narkosemittel bewirkt eine Entspannung von Teilen der Muskulatur – so auch der Bauchdecke –, die Ausschaltung des Schmerzempfindens, ermöglicht das Einschlafen und blockiert das Erinnerungsvermögen. Für manche Frauen kommt wegen der Gefahr eines starken Blutdruckabfalls die PDA nicht in Frage. Bei einer Präeklampsie (zu stark erhöhter Blutdruck) ist aus diesen Gründen die PDA besonders geeignet.

Bei der Wahl einer Anästhesiemethode sollten nicht nur medizinische Gründe eine Rolle spielen. Befürchtungen und Ängste der Frau sollten immer in die Entscheidung für eine Narkoseform mit einbezogen werden. Fatal wird es, wenn die Frauen Angst vor der eigenen Angst bekommen, so wie es bei Beate der Fall war. Ihr hatte die Anästhesistin im Vorgespräch gesagt, daß Angst schlecht sei für die Narkose: »Je negativer das Gefühl vorher ist, desto schlechter ist die Narkose und desto schlechter fühlen Sie sich nach dem Aufwachen.« Für Beate ließ das Wissen, daß durch die Angst alles schlimmer werden würde, ihre Angst noch viel stärker werden.

Viele Frauen, die einen Kaiserschnitt bekommen, hatten vorher noch nie eine Operation. Sie müssen also auf Erfahrungen von anderen zurückgreifen oder sich auf die Empfehlungen des medizinischen Personals verlassen. Oft haben Frauen vor einer Vollnarkose Angst, weil sie befürchten, nie wieder aufzuwachen. Auch die Tatsache, vollständig ausgeliefert zu sein, läßt Frauen vor dieser Betäubung zurückschrecken. Untersuchungen über die Wahrnehmung während einer Narkose zeigen, daß die Frauen zusätzlich zu den Eindrücken, die eine Operation per se hinterläßt, oft auch noch der Belastung ausgesetzt sind, Gespräche im Kreißsaal unbewußt mitzubekommen. Häufiger als angenommen, so belegen Experimente in München, sickern Sinneseindrücke ins Unterbewußte von narkotisierten Patienten auf dem OP-Tisch.[32)] Vor allem, wenn die Narkose sehr flach gehalten wird, wie es beim Kaiserschnitt der Fall ist, ist die Wahrscheinlichkeit sehr hoch, daß die Frau mehr vom Operationsverlauf und den Gesprächen des OP-Teams mitbekommt, als dieses es sich vorstellt. Die Erlebnisse werden nach der Geburt nicht selten in Alpträumen verarbeitet. Es ist bekannt, daß Gespräche in Operationssälen oft nicht für die Ohren der Patienten bestimmt sind. Diese Erkenntnisse zeigen, daß die Hoffnung, »von allem nichts mehr mitzubekommen«, welche oft mit ein Grund für die Entscheidung zur Vollnarkose ist, nicht tatsächlich zu erfüllen ist.

Für Beate war es kein Erleben, das nur unterbewußt wahrgenommen wurde; sie wurde während der Operation tatsächlich wach:

»Dann wurde ich wach, konnte mich nicht bewegen, nicht atmen, hatte wahnsinnige Schmerzen im Bauch und hörte, wie jemand sagte: ›Da ist noch was, das muß noch weg.‹ Ich dachte: ›Scheiße, die sind noch bei der Ausschabung und die Narkose wirkt nicht mehr.‹ Das Schlimmste war, daß ich nicht atmen und nicht sprechen konnte. Ich versuchte verzweifelt, auf mich aufmerksam zu machen, schaffte es aber nicht. Ich wurde zwar mit Sauerstoff versorgt, aber das war mir in dem Moment nicht bewußt. Das Gefühl, nicht atmen zu können, versetzte mich in Todesangst. Dann verlor ich wieder das Bewußtsein und später wurde ich weinend unter Angst und Schmerzen wach und sollte mich über die Geburt meiner Tochter freuen. Von dem Erlebnis mit dem Aufwachen mochte ich nichts erzählen, weil es so existentiell war und ich es nicht ausgehalten hätte, wenn man mir nicht geglaubt hätte und es als Traum abgetan worden wäre.«

Beate wurde vor der Geburt von der Anästhesistin darüber informiert, daß manche Frauen träumen, sie seien während der Operation aufgewacht. Für Beate hatte diese Aussage zur Folge, daß sie sich nicht traute, über ihr Erlebnis zu sprechen. Die Anästhesistin schien nicht zu wissen, daß ein Traum die Verarbeitung von Erlebtem ist. Frauen, die diese Träume haben, waren wahrscheinlich kurz vor dem Erwachen, in jedem Fall aber hatte ihr Unterbewußtsein die Erlebnisse gespeichert. Dies ist mit ein Grund, weshalb es gerade bei einem Kaiserschnitt unter Vollnarkose wichtig ist, daß der Partner oder eine andere vertraute Person die Frau in den Operationssaal begleitet. Außerdem können diese Begleitpersonen nachher helfen, die Lücke zu schließen, die durch die Narkose entsteht. Nach einer Vollnarkose überwiegt häufig das Gefühl, eine Operation hinter sich zu haben und nicht ein Geburtserlebnis.

Bei der Periduralanästhesie können sich Frauen vor Schmerzen und dem Gefühl »bei lebendigem Leib« operiert zu werden, fürchten. Auch die Sorge, später weiterhin gelähmt zu sein, läßt manche Frauen vor einer PDA zurückschrecken. Viele Frauen empfanden jedoch, daß sowohl die körperliche als auch die emotionale Erholung nach einer Geburt mit Periduralanästhesie schneller voranging. Für sie war es ein tolles Erlebnis, das Baby gleich nach der Geburt sehen zu können, es zu beschnuppern und zu berühren.

Der verständliche Wunsch, nicht miterleben zu müssen, wie der eigene Bauch aufgeschnitten wird, aber auch der Wunsch zu erleben, wie das Kind geboren wird, stehen gleichberechtigt nebeneinander. Letztendlich kann nur jede Frau für sich ganz alleine entscheiden, was sie sich zumuten kann. Vor einer solchen Entscheidung sollten die Frauen ausführlich, aber einfühlsam aufgeklärt werden, damit sie Vertrauen zu den Ärzten und zur gewählten Narkoseart finden. Deshalb werden wir nun beide Verfahren beschreiben und ihre Vor- und Nachteile auflisten.

Periduralanästhesie

Bei geplanten Kaiserschnitten oder bei Schnittentbindungen, bei denen keine akute Gefahr für Mutter oder Kind besteht, können die rückenmarksnahe Leitungsanästhesie (Periduralanästhesie oder PDA) oder die schneller wirkende, etwas tiefer gespritzte Spinalanästhesie angewandt werden. Der Ablauf ist folgendermaßen: Bevor die PDA gesetzt wird, bekommt die Frau einen intravenösen Zugang in die Hand oder den Arm gelegt, da durch die PDA der Blutdruck sehr stark abfallen kann und so schnell ein blutdruckstabilisierendes Medikament gegeben werden kann. Nach einer lokalen Betäubung rund um die Einstichstelle wird dann im mittleren Bereich der Lendenwirbelsäule ein Katheter in den Periduralraum zwischen Wirbelkanal und Rückenmarkshaut geschoben und am Rücken der Frau mit Pflaster befestigt. Durch diesen Katheter werden Lokalbetäubungsmittel gespritzt, die eine vollständige Beseitigung des Geburtsschmerzes ermöglichen. Auf dem Operationstisch wird ein Tuch vor der Brust aufgespannt, damit die Frau das Operationsfeld nicht sehen kann.

Vorteile der Periduralanästhesie:

- Die Mutter ist durch die lokale Betäubung wach. Sie kann das erste Schreien ihres Kindes hören. Das Baby wird ihr sofort nach der Geburt gezeigt. Sie kann es fühlen, sehen und liebkosen.
- Mutter und Vater können gemeinsam erleben, wie ihr Kind geboren wird. In immer mehr Kliniken darf heute der Vater im OP dabeisein.
- Schon im Operationssaal ist ein erstes Anlegen zum Stillen möglich. So kann auch bei einer Kaiserschnittgeburt die Stillbeziehung zwischen Mutter und Kind mit dem starken Saugreflex des Babys in den ersten Minuten beginnen. Natürlich müssen Mutter und Kind dazu in der Lage sein (siehe Kapitel Stillen).
- Geht es dem Kind nicht so gut, kann die Mutter ihr Kind wenigstens kurz sehen und berühren und weiß, warum es eventuell verlegt werden muß. Etwas nicht zu wissen schafft manchmal größere Probleme, weil die Phantasien schlimmer sein können als die Realität.
- Frauen haben durch das bewußte Miterleben nicht das Gefühl von einer »Lücke«. Deshalb sollte bei der Medikamentenauswahl während der PDA darauf geachtet werden, daß die zur Beruhigung gegebenen Medikamente nicht das Erinnerungsvermögen einschränken.
- Die medikamentöse Belastung des Körpers ist geringer als bei einer Vollnarkose. Auch entfallen Nachwirkungen wie Schläfrigkeit, Übelkeit und Schüttelfrost.
- Das Betäubungsmittel kann bei Bedarf nachdosiert werden.
- Der Katheter kann nach der Geburt liegenbleiben. So kann bei Schmerzen nach der Operation das Betäubungsmittel leicht nachgespritzt werden. Das hat den Vorteil, daß nicht zu Medikamenten gegriffen werden muß, die einen schläfrigen Zustand hervorrufen und über das Stillen zum Kind gelangen.
- Das Kind wird nach heutigen Erkenntnissen durch die Anästhesie kaum belastet.
- Das erste Stillen ist oft einfacher und früher möglich, weil Mutter und Kind wacher sind.
- Die Frauen können eher aufstehen, was zur Thrombosevorbeu-

gung wünschenswert ist, und sie gesunden dadurch schneller.

Nachteile der Periduralanästhesie:

- Die Zeitdauer bis zur vollständigen Wirkung der PDA ist relativ lang. Deshalb ist sie im Notfall nicht einzusetzen.
- Das Stillhalten mit rundem Rücken, wenn der Katheter gelegt wird, fällt den Frauen oft schwer, vor allem wenn sie Wehen haben, die durch wehenhemmende Mittel nicht ganz gestoppt werden können. Oft ist es in der »Embryohaltung« in Seitenlage für die Frau einfacher.
- Es kommt vor, daß die Narkose nicht vollständig wirkt und die Frauen noch Schmerzen haben. Dies kann bedeuten, daß während des Zunähens doch noch eine Vollnarkose notwendig wird.
- Sehr selten passiert es, daß das Betäubungsmittel in die falsche Richtung gelangt. Die Frau bekommt in diesem Fall Luftnot. Eine Vollnarkose kann in dieser Situation helfen.
- Nicht jede Frau verkraftet das bewußte Miterleben der Operation. Das macht sich häufig dann bemerkbar, wenn das Kind geboren ist und die Frau dann »schlappmacht«. Die Anwesenheit des Vaters mit dem Kind auch während des Nähens kann hier eine Hilfe sein.
- Die Beine können sich auch nach der Operation noch taub anfühlen. Dies läßt in der Regel nach wenigen Stunden nach.
- Die Beeinträchtigung der mütterlichen Atmung und ihres Kreislaufs während der Operation kann sich »indirekt« schädlich auf das Kind auswirken. Manchmal wird aus diesem Grund noch eine Vollnarkose nötig.
- Manchmal können starke Kopfschmerzen auftreten, die einige Tage anhalten. Dies geschieht, wenn aus Versehen etwas zu tief gespritzt wurde und damit unbeabsichtigt eine Spinalanästhesie gesetzt wurde.

Spinalanästhesie

Bei der Spinalanästhesie wird die Nadelspitze durch die Rückenmarkshäute hindurchgestochen und liegt in der Rückenmarksflüssigkeit. Das Medikament gelangt direkt in den Rückenmarkskanal. Die Wirkung ist die gleiche wie bei der PDA.

Vorteile der Spinalanästhesie:
- Die Technik ist einfach.
- Sie wirkt schneller als die PDA und kann deshalb eher bei Notkaiserschnitten eingesetzt werden.
- Die Wirkung ist sehr zuverlässig.

Nachteile der Spinalanästhesie:
- Die Gefahr des Blutdruckabfalls ist größer als bei der PDA.
- Die Frauen dürfen sich nach der Geburt nicht so viel bewegen, da sonst starke Kopfschmerzen auftreten können.
- Das Medikament kann nicht mehr nachgespritzt werden.

Vollnarkose

Die Vollnarkose (Allgemeinnarkose) ist das Mittel der Wahl bei eiligen Kaiserschnitten in Notfällen, aber auch dann, wenn keine PDA möglich ist. Die Frau wird in einen schlafenden Zustand versetzt. Nicht nur das Bewußtsein ist dann ausgeschaltet, sondern auch die Schmerzempfindung; ebenfalls die »Abwehrspannung« von Teilen der Muskulatur – zum Beispiel der Bauchdecke –, die das Operieren erschweren würde.

Zum Ablauf: Über einen Venenzugang an der Hand oder am Arm wird zuerst ein Einschlafmittel vom Narkosearzt gespritzt. Danach wird ein Mittel zur Muskelerschlaffung gegeben, welches die Bauchmuskulatur, aber auch die Atemmuskulatur lähmt. Die Frau muß deshalb künstlich beatmet werden. Hierfür wird ein Tubus (Gummi- oder Plastikschlauch) durch den Mund in die tieferen Luftwege geschoben. Über diesen Tubus erfolgt dann die Beatmung mit einem sauerstoffreichen Gasgemisch. Wenn das Baby aus der Gebärmutter heraus ist, wird die Narkose für die Dauer der Naht vertieft. Um die Zeit bis zur Geburt des Kindes möglichst kurz zu halten, wird die Narkose erst gegeben, wenn alles für die Operation bereit ist. Deshalb erlebt die Frau noch einige Operationsvorbereitungen bei Bewußtsein mit, das Kind jedoch wird möglichst wenig durch die Narkosemedikamente belastet.

Nach Beendigung der Narkose wacht die Frau manchmal noch im Operationssaal auf, in der Regel ist sie aber eine viertel bis spätestens eine halbe Stunde nach Verlassen des OPs wieder bei Bewußtsein. Es ist abhängig von der Narkosetiefe und der subjektiven Wirkungsdauer der Narkose, wann die Frau ihre »Sinne wieder beieinander hat«. Manche sind schon bald nach dem ersten Aufwachen wieder ansprechbar und das Erinnerungsvermögen bleibt, andere »verdösen« den ganzen ersten Tag. Vollnarkosen können heute minimal dosiert werden. Dadurch sind die Frauen eher wach und Nebenwirkungen treten seltener auf.

Vorteile der Vollnarkose:
- Die Vollnarkose ist auch in Notsituationen anwendbar, weil sie rasch und zuverlässig wirkt.
- Die Frau ist völlig schmerzfrei.
- Die Operation selbst und die Umgebung werden nicht bewußt erlebt.
- Das Narkosemittel kann bei Bedarf jederzeit nachdosiert werden.

Nachteile der Vollnarkose:
- Nebenwirkungen wie Schüttelfrost, Erbrechen, Übelkeit können auftreten. Das Kältezittern erhöht auch den Wundschmerz, deshalb sollte nach der Operation für genügend Wärme gesorgt werden.
- Bei der Vollnarkose geht das Narkosemittel auf das Kind über und kann zu Beeinträchtigungen führen. So kann das Kind in den ersten Tagen schläfrig und sein Saugreiz geschwächt sein.
- Erlebnisse bei der Geburt werden vom Unterbewußten gespei-

chert und können später Angstträume auslösen. Ein kurzes Aufwachen ist möglich, wenn das Kind geboren ist, bevor für das Nähen die Narkose noch einmal vertieft wird.

- Das größte Problem für die Frauen stellt oft die »Lücke« dar, welche durch den Erinnerungsverlust entsteht. Die Frauen schlafen ein und haben ihr Kind noch im Bauch, sie wachen wieder auf, und das Kind ist nicht mehr dort. Von daher ist es besonders schlimm für Frauen, deren Kinder gleich in die Kinderklinik gebracht wurden. Manche haben aus diesem Grund Probleme, ihr Kind nachher als ihres zu erkennen und anzunehmen.
- Durch das Intubieren kann nach der Operation ein Hustenreiz auftreten. Die Bewegungen beim Husten führen zu Schmerzen an der Wunde.

Verbesserungen der Narkosezusammensetzung und mehr Erfahrung beim Setzen der PDA führen dazu, daß bei beiden Narkoseformen die Frauen und Kinder nicht mehr so stark belastet sind wie noch vor 15 Jahren. Viele Frauen fühlen sich relativ schnell wieder »fit«. Die körperliche Erholung hängt natürlich auch damit zusammen, wie erschöpft die Frau schon vor dem Kaiserschnitt war. Befragt man Frauen, die beide Narkosearten erlebt haben, welches Anästhesieverfahren sie vorziehen würden, so tendieren weniger Frauen zur Vollnarkose und mehr zur Periduralanästhesie. Für sie war es ein schönes Erlebnis, ihr Baby sofort nach dem Verlassen ihres Bauches zu sehen und zu fühlen. Die Probleme, welche die OP-Atmosphäre mit sich bringt, konnten für sie in den Hintergrund treten. Für manche Frauen war die Angst beim Miterleben des Kaiserschnitts jedoch so groß, daß sie sich bei einem weiteren Kaiserschnitt für eine Vollnarkose entschieden. Keine Frau sollte sich für ihre Ängste schämen. Sie kann nur ganz allein für sich entscheiden, was sie sich zutraut.

4. Geschichte der Geburtshilfe

In der Antike und im Mittelalter gehörte die Geburtshilfe ausschließlich zur Domäne der Frauen.[33] Auch die medizinische Versorgung der Bevölkerung lag bis weit ins Mittelalter hinein fast ausschließlich in den Händen von Frauen. Schon in frühen europäischen Mythologien begegnen wir priesterlichen und göttlichen Ärztinnen. Bei den Germanen waren die Frauen Trägerinnen der Volksmedizin. Kräuterkundige Frauen behandelten Frauen und Männer gleichermaßen, sie hatten das Wissen um Schwangerschaft, krampfstillende und wehenfördernde Pflanzen und Kräuter wie Wacholder, Kamille, Beifuß oder Mutterkorn. Frauen verfügten über Verhütungs- und Abtreibungswissen und waren so in der Lage, ihre Fruchtbarkeit zu kontrollieren. Ihnen wurden seherische Kräfte zuerkannt, da sie auf Grund ihrer Gebärfähigkeit, die als Symbol der Fruchtbarkeit der Natur angesehen wurde, in einem engen Verhältnis zu der von Dämonen beherrschten Natur gesehen wurden. Durch ihren ständigen Umgang mit Pflanzen und Kräutern schufen sie ein empirisches Wissen über deren Wirkungsweise und legten so den Grundstein für eine empirische Medizin, noch lange bevor die sich im 13. Jahrhundert an den Universitäten etablierende Buchmedizin über dieses aus der Praxis abgeleitete Wissen verfügte.

Mit der Entwicklung der Buchmedizin konnten die Frauen immer mehr aus der Heilkunde verdrängt werden, da diese an ein Universitätsstudium gebunden war. Frauen allerdings blieb der Zugang zu den Universitäten versperrt. Die Lehre an den Universitäten wurde in dieser Zeit durch die Kirche bestimmt, und sie war es auch, die die Frauen von einem Studium abhielt und dadurch immer mehr aus dem Heilberuf verbannte, denn sie erklärte jegliche Heilkunde, die nicht an einer Universität erworben war, als Ketzerei: »Wenn eine Frau es wagt zu heilen, ohne studiert zu haben, ist sie eine Hexe und muß sterben.«[34)]

Die wenigen studierten Ärzte waren nur für die Behandlung der Oberschicht da (diese zog allerdings oft eine Behandlung durch Heilkundige vor). Neben den studierten Ärzten gab es vor allem in der Landbevölkerung noch zahlreiche Heilkundige – zum größten Teil Frauen –, die im Volk tätig waren. So wurden jahrhundertelang das Wissen um Schwangerschaft und Geburtsvorgänge und die Kenntnisse über die Geburtenregelung ausschließlich von Frauen gesammelt, denn für die Vertreter der Kirche war es undenkbar, daß Männer den Genitalbereich einer Frau untersuchten, geschweige denn berührten. Dies mag der Grund dafür sein, daß sich die Geburtshilfe – im Gegensatz zur allgemeinen Heilkunde – noch bis ins 17. Jahrhundert in den Händen der Frauen halten konnte.

Hebammen waren auf Grund ihrer vielen Erfahrungen gynäkologisch-geburtshilfliche Spezialistinnen und Expertinnen. Sie besaßen eine weitgehende Autonomie, da sie die einzigen waren, die Zugang zum weiblichen Körper hatten. Da kein Arzt eine Gebärende zu Gesicht bekommen durfte, führten Hebammen komplizierte Operationen durch, sie machten den Kaiserschnitt und nähten einen Dammschnitt. Diese Alleinherrschaft veranlaßte die Kirchenobrigkeit wie auch die akademische Medizinerschaft zu sehr ambivalenten Gefühlen und zu großer Skepsis ihnen gegenüber. Einerseits war man von ihrer Unersetzlichkeit überzeugt, andererseits fürchtete man vor allem ihren Einfluß auf die Frauen und ihre Kenntnisse über Geburtenregelung. Für die Ärzteschaft bestand die größte Gefahr in ihrem medizinischen Wissen, denn die Ärzte hatten ja alles, was in ihren Büchern über die Geburtshilfe zu finden war, von den Hebammen.

Es dauerte nicht lange, da wurde eine Hetzkampagne gegen alle Hebammen inszeniert. Einzelne Hebammen wurden als Hexen verfolgt. Im »Hexenhammer« heißt es dazu: »Niemand schadet der katholischen Kirche mehr als die Hebammen«, außerdem findet man dort den Hinweis, daß die Hebammen alle anderen Hexen an Bosheit überträfen.[35] Die Kontrolle über die Gebärfähigkeit sollte nicht länger unbeaufsichtigt in den Händen von Frauen bleiben. Diese Bestrebungen fanden ihren Ausdruck in der Einrichtung von Hebammenordnungen. Mit Entstehung der ersten Hebammenordnungen im Jahre 1452 lag die Kontrolle der Hebammenpraxis zwar noch in den Händen der Frauen, doch seit Beginn des 16. Jahrhunderts setzte sich in den Städten immer mehr die Prüfungspflicht durch Ärzte durch. Den Ärzten gelang es so, immer mehr Wissen über die Geburtshilfe zu erlangen und auf diese Weise ihre mageren Kenntnisse in diesem Bereich zu erweitern. Bislang war die Gebärfähigkeit für die Frauen etwas Positives, ein Ausdruck weiblicher Macht gewesen. Durch den Eingriff der männlichen Ärzte, deren Haltung stark geprägt war durch die Einstellung der Kirche vom Fluch Evas zur Geburt, entstanden wahrscheinlich die Schreckensbilder über die Geburt, wie wir sie heute noch kennen.

Das Verbot der Geburtenregelung in den Hebammenordnungen nahm den Frauen den letzten Schutz vor der Ausbeutung ihrer Gebärfähigkeit. Ab dem 16. Jahrhundert waren dann 20 Geburten im Leben einer Frau die Regel. Bei schweren Geburten mußte jetzt ein Wundarzt hinzugezogen werden, auch wurde den Hebammen immer mehr die Verabreichung von Arzneien untersagt, bis es ihnen schließlich gänzlich verboten wurde. Chirurgische Eingriffe, unter anderem auch der Kaiserschnitt, den sie bis dahin ausgeführt hatten, durften jetzt nur noch Ärzte durchführen. Den Ärzten wurde der Zugang zum Wochenbett immer mehr geebnet.

Der entscheidende Vorstoß der Ärzte in die Gebärstuben gelang durch die Erfindung der Geburtszange und ihrer öffentlichen Bekanntwerdung im Jahre 1723. Die Hebammen konnten jetzt noch stärker ausgeschlossen werden, da die Geburtszange als chirurgisches Instrument galt und es den Frauen generell untersagt war, solche Instrumente zu benutzen. Den Hebammen wurde vorgeworfen, daß sie technisch rückständig seien, doch was die neuen Geburtshelfer mit den Frauen machten, bedeutete trotz des scheinbaren »technischen Fortschritts« eine enorme Verschlechterung.

Für die Ärzte wurde es geradezu Mode, die Kinder mit der Zange auf die Welt zu holen. Die Zange diente Ärzten dazu, ihre Geschicklichkeit und Schnelligkeit gegenüber anderen Kollegen unter Beweis zu stellen, auch wenn dadurch das Leben von Mutter und Kind stark gefährdet wurde. Operative Eingriffe bedeuteten oft die Zerstückelung des Kindes, für die Mutter erhebliche Verletzungen oder gar den – meist tödlichen – Kaiserschnitt. In der Zeit, in der die Ärzte in das Wöchnerinnenzimmer eindrangen, wurde auch die aufrechte Gebärstellung abgeschafft und die für die Ärzte bequeme Rückenlage eingeführt. Was für den Arzt eine Erleichterung seiner Arbeit bedeutete, führte bei den Frauen zur Passivität und somit zu einer weiteren Entfremdung von ihrem Körper: Durch die Rükkenlage war ihnen eine selbstbestimmte aktive Steuerung des eigenen Körpers beim Geburtsvorgang unmöglich gemacht worden. Seit diesem Zeitpunkt erleiden Frauen größere Schmerzen bei der Geburt, da die natürliche Gebärstellung die Hocke oder eine aufrechte Haltung ist.

4.1. Historische Entwicklung der Kaiserschnittindikation

Auch wenn die Kaiserschnittoperation erst in den letzten hundert Jahren soweit entwickelt wurde, daß eine Massenanwendung möglich war, gab es Schilderungen davon schon in der Antike. So sollen nach griechischer Göttersage sowohl Aesculapius (der Gott der Heilkunde) als auch Dionysos durch die geöffnete Bauchdecke ihrer Mütter das Licht der Welt erblickt haben. Damit nicht genug der Prominenz: Auch Buddha wurde aus der Seite seiner Mutter geboren, schließlich soll auch Julius Cäsar auf diese Art zur Welt gekommen sein, wovon angeblich der Name »Kaiserschnitt« stammt. Da aber sicher ist, daß damals keine Frau diese Operation überlebt hat, und von Cäsars Mutter auch noch Jahre nach der Geburt ihres Sohnes die Rede ist, kann diese Theorie getrost verworfen werden. Genannt werden heute meist zwei Möglichkeiten der Begriffsherkunft. Eine besagt, der Name Kaiserschnitt sei abzuleiten von den lateinischen Worten caedere und secare, welche beide »schneiden«

bedeuten. Eine weitere Erklärung wäre das römische Gesetz »lex caesarea« aus dem Jahre 715 nach Christi Geburt, welches besagte, daß das Baby aus dem Bauch einer toten oder sterbenden Mutter herauszuschneiden sei.

Bis gegen Ende des 19. Jahrhunderts war der Kaiserschnitt eine extrem gefährliche Operation, besonders was die Überlebenschancen der Mutter anging, und wurde dementsprechend selten eingesetzt. Von 1900 bis 1920 lag der Anteil von Kaiserschnittgeburten an allen Geburten zwischen 0,1 und 2,5 Prozent.[36)] Auch wenn die Sectio-Rate kontinuierlich stieg, so geschah es doch langsam und zögerlich und erreichte erst gegen Ende der 50er Jahre eine Häufigkeit zwischen 1,2 und 7,4 Prozent – auch damals war die Streuung schon beträchtlich.

Heiß umstritten war die Notwendigkeit beziehungsweise die Häufigkeit der Anwendung allerdings schon früher. Auf dem Leipziger Gynäkologenkongreß 1929 setzte sich Max Hirsch dafür ein, weitgehend alle vaginalen Operationen (wie Zange und Saugglocke) durch Kaiserschnitt zu ersetzen. Auch wenn es heute inzwischen fast soweit ist, lehnten damals die meisten Gynäkologen dieses Vorgehen ab, da die Risiken der Mutter bei vaginalen operationalen Eingriffen deutlich geringer waren als beim Kaiserschnitt. Erst als in den fünfziger Jahren die Fortschritte in der allgemeinen Medizin, einer verbesserten Operationstechnik, der Einführung des Antibiotikums und der Asepsis Infektionen (bislang die größte Komplikation bei der Operation für die Mutter) geringer werden ließen, entschieden sich immer mehr Ärzte für den Kaiserschnitt – und zwar auch in Situationen, die nicht mehr dem absoluten Notfall zugerechnet werden konnten. Auch deutliche Verbesserungen in der Narkosetechnik führten dazu, daß der Kaiserschnitt öfter angewandt werden konnte. In den sechziger Jahren erreichte die Sectiofrequenz Werte bis zehn Prozent. Danach stieg der Anteil der Kaiserschnittgeburten schneller.

Von besonderem Interesse ist der Wandel der Kaiserschnittindikationen über die Jahre, wie sie Hans-Joachim Schaal in seiner Doktorarbeit beschreibt.[37)] Anfänglich wurde ein Kaiserschnitt nur angewandt, wenn das Leben von Mutter (hauptsächlich) und Kind auf dem Spiel stand. Zum Einsatz kam der Kaiserschnitt damals vorwiegend bei den sogenannten »klassischen Indikationen«. Dabei handelt es sich hauptsächlich um das Mißverhältnis zwischen Kopf und Becken, eine vor dem Muttermund liegende Placenta und Schwangerschaftsvergiftungen. In den fünfziger Jahren schließlich erweiterten immer mehr vorbeugende Indikationen das Spektrum und drängten schließlich die klassischen Indikationen in den Hintergrund. Allerdings blieb bis in die sechziger Jahre die Indikation wegen Mißverhältnisses zwischen Kopf und Becken mit über 40 Prozent Hauptursache aller Kaiserschnittgeburten. Diese Indikation wurde dann von 1966 bis 1975 an Häufigkeit übertroffen von der Indikation zum wiederholten Kaiserschnitt. Damals entstand der – auch heute oft noch fälschlicherweise zu hörende – Satz: »einmal Kaiserschnitt – immer Kaiserschnitt«.

Inzwischen werden die meisten Kaiserschnitte nicht mehr zur Rettung des mütterlichen Lebens, sondern vorbeugend zur Sicherheit des Kindes durchgeführt. Das kommt daher, daß durch bessere Untersuchungstechniken, auch noch im Bauch der Mutter, Gefahrensituationen schneller erkannt werden können. Oft wurden und können allerdings Herztonveränderungen auch falsch gedeutet werden (dazu später mehr). An erster Stelle der kindlichen Indikationen steht der Verdacht auf Sauerstoffunterversorgung (intrauterine Asphyxie). Weitere kindliche Indikationen sind Herztonveränderungen unter der Geburt, Beckenendlage, verzögerte Geburt und Geburtsstillstand, die alle ab den sechziger Jahren in dramatischer Weise zugenommen haben. Diese Entwicklung beschreibt Schaal so: »Die klassischen Indikationen sind in ihrer absoluten Bedeutung, abgesehen von kleineren Schwankungen, ungefähr konstant geblieben. Jedoch auf Grund der Zunahme der Kaiserschnittfrequenz trat ihre relative Bedeutung ab den 30er Jahren immer weiter in den Hintergrund (...). Neben den im Einzelfall vorliegenden Gründen zum Kaiserschnitt gibt es eine Reihe subjektiver Kriterien, die eine Veränderung in der Indikationsstellung zum Kaiserschnitt bewirken. So hängt es von der Einstellung und Neigung des Operateurs ab, ob im Einzelfall eine (...) Schnittentbindung durchgeführt wird, oder ob die Geburt auf vaginalem Wege beendet werden soll. Aber auch die Fähigkeiten und Erfahrungen des Arztes tragen zu der unterschiedlichen Auffassung bei, wann ein Kaiserschnitt indiziert sein soll (...). Auch zum Beispiel die Ausstattung oder die Größe des Krankenhauses können die Zahl der (...) Schnittentbindungen beeinflussen (...). Die Verbesserungen der apparativen Ausstattung, überwiegend in den 50er und 60er Jahren, wirkten sich in den einzelnen Kliniken in erster Linie auf die kindlichen Indikationen aus. Die Einführung des Cardiotokogramms (CTG – Herztonüberwachung, Wehenschreiber, Anm. d. Verf.), der Amnioskopie, der Kopfschwartenelektrode, des fetalen EKGs, Hormonbestimmungen und nicht zuletzt der fetalen Blutgasanalyse haben es ermöglicht, fetale Gefahrenzustände rechtzeitiger als mit den bis dahin üblichen vorwiegend manuellen Methoden zu erkennen, und die Schwangere dann entsprechend der Kaiserschnittentbindung zuzuführen. In diesen Maßnahmen, die im Grunde durch eine Höherbewertung des kindlichen Lebens und des kindlichen Gesundheitszustandes resultieren, dürfte der Hauptgrund für die überproportionale Ausweitung der kindlichen Kaiserschnitt-Indikation ab den 60er Jahren, und damit auch der Anstieg der Kaiserschnittfrequenz zu suchen sein.«[38)]

Keine historische Betrachtung der Kaiserschnittzunahme wäre vollständig, würden wir nicht auch auf die gesunkenen Sterblichkeitsraten von Mutter und Kind im Zeitverlauf hinweisen, was für viele Ärzte die wichtigste Komponente in der gesamten Kaiserschnittdiskussion überhaupt ist. Sicherlich sind von Beginn des Jahrhunderts bis 1994 die Sterblichkeitsraten für Mütter und Kinder drastisch gesunken. Diese Tatsache kann aber sicherlich nicht in alleinigem ursächlichen Zusammenhang mit den zunehmenden Kaiserschnittraten in dieser Zeit gesehen werden. Viele andere Faktoren spielen hierbei ebenfalls eine wesentliche Rolle: Sei es die allgemein bessere medizinische Versorgung, aber auch im wesentlichen eine drastische Weiterentwicklung der Technik im Frühgeborenenbereich. Gerade bei den unreifen Kindern konnte in den letzten Jahrzehnten die Sterblichkeitsrate deutlich gesenkt werden. Natürlich sanken auch im Bereich Kaiserschnittsterblichkeit die Raten deutlich. Noch in den Jahren 1946–1950 starben zwischen 2,6 bis 16,5 Prozent aller Kaiserschnittkinder und 0,4 bis 7,1 Prozent aller Mütter an den Folgen des Eingriffs. Heute sterben nur noch ein bis zwei von tausend Frauen bei, durch oder nach einem Kaiserschnitt.[39] Auch der Krankheits- und Behinderungsanteil der Kinder sank in den letzten Jahrzehnten wesentlich. Allerdings, so verweist Schaal, haben die Krankheitsraten der *Mütter* mit der Zunahme der Kaiserschnittfrequenz nicht *ab-*, sondern *zugenommen*. Ob diese beiden Größen allerdings miteinander in Zusammenhang stehen, läßt sich im Rahmen von Schaals Arbeit nicht nachweisen. Gesonderte Untersuchungen in diesem Bereich wären sicherlich in Zukunft sehr interessant, denn das Risiko für die Mutter, an den Folgen eines Kaiserschnitts zu sterben, ist viermal so hoch, verglichen mit dem Risiko bei einer vaginalen Geburt. Mit Sicherheit sterben viele Frauen auch an den Ursachen, die letztendlich zum Kaiserschnitt geführt haben. Allerdings weist bei Frauen, die nur deshalb einem geplanten Kaiserschnitt unterzogen werden, weil sie bei der ersten Geburt auch einen hatten (geplante Wiederholungskaiserschnitte also), sonst aber keinerlei weitere Risiken aufzuweisen hatten, jeder Todesfall in erster Linie auf die Operation selbst. Die Müttersterblichkeitsrate für Wiederholungskaiserschnitte liegt jedoch doppelt so hoch wie für vaginale Geburten.[40]

Einer der Gründe, weshalb diese schockierende Tatsache nicht besser bekannt ist, hängt auch damit zusammen, daß Todesfälle durch Kaiserschnitt extrem unterdokumentiert sind. Eine amerikanische Fallstudie belegt, daß fünf von sechzehn Todesfällen der Mütter nach Kaiserschnitt (also fast ein Drittel) nicht dokumentiert wurden.[41] Bei neun dieser sechzehn Todesfälle war der Kaiserschnitt der alleinige Todesgrund. Auch Komplikationen bei den Müttern nach der Kaiserschnittoperation werden offenbar nicht ernst genommen, obwohl sie nicht auf die leichte Schulter zu nehmen sind: Verletzung der Gebärmutterblutgefäße, versehentliche Erweiterung des Schnitts in der Gebärmutter, Verletzung der Blase (Folge: Harninkontinenz), Narkose»unfälle«, Wundinfektionen, verringerte Fruchtbarkeit bis hin zur Sterilität. Wurden diese Komplikationen in den 60er Jahren durch die Verbesserung der Operationstechnik gesenkt, scheint inzwischen wieder ein leichter Anstieg zu verzeichnen zu sein. 1991 ermittelte die Bayerische Perinatalerhebung Komplikationen bei Müttern während und nach der Sectio in einer Streuung von 2,3 Prozent bis 33,7 Prozent; 1994 hingegen schon zwischen 2,8 Prozent und 38,8 Prozent. Und auch bei dieser Streuung gilt: Jeweils 10 Prozent aller Kliniken lagen unter 2,8 Prozent, aber 10 Prozent kamen über 38,8 Prozent. Vor diesem Hintergrund ist eine Verharmlosung der Kaiserschnittoperation, wie es heute in vielen Kliniken üblich ist, höchst verantwortungslos.

Die Weltgesundheitsorganisation (WHO) vertritt inzwischen den Standpunkt, daß Kaiserschnittraten und kindliche Sterblichkeitsraten nicht in direkter Verbindung zueinander gesehen werden können.[42)] Eine Untersuchung über Kaiserschnittraten in der Europäischen Gemeinschaft kam ebenfalls zu dem Ergebnis, daß die Anzahl der Kaiserschnitte nur sehr geringe Auswirkungen auf den Zustand der Kinder nach der Geburt habe.[43)] Nun ist es sicherlich richtig und wahr, daß ein Kaiserschnitt auch Kinderleben rettet. Weshalb wurde dann kein Zusammenhang zwischen Kaiserschnittrate und Säuglingssterblichkeitsrate gefunden? Dazu Marsden Wagner, ehemals leitender WHO-Mitarbeiter zuständig für Mütter- und Kindergesundheit in Europa: »In dem Maße, in dem die Indikationen für den Kaiserschnitt zunehmen und die Raten steigen, werden die Prozente, in denen Leben durch den Kaiserschnitt gerettet wird, kleiner und kleiner. Aber die Risiken der Operation verringern sich nicht mit ihrer Zunahme. Irgendwann ist es deshalb logisch, daß ein Punkt erreicht wird, an dem die Operation fast so viele Babys tötet, wie sie rettet. Diese Möglichkeit ist – in den meisten Fällen – unsichtbar für die Gynäkologen; sie sehen die Fälle, in denen die Leben von Babys gerettet werden, aber den Tod eines Babys, das zum Beispiel an einem Atemnotsyndrom auf einer Neonatalen Intensivstation, Stunden oder Tage nach dem Kaiserschnitt, stirbt, sehen sie oft nicht.«[44)]

5. Geburt und Gebären. Welche Faktoren spielen eine Rolle?

Wie wir in den vergangenen Kapiteln bereits gesehen haben, beeinflussen weit mehr Faktoren den Verlauf einer Geburt, als allgemein bekannt. Es sind eben nicht nur medizinische Aspekte, die bestimmen, ob eine Geburt einfach und »natürlich« verläuft. Leider werden in unserer technisierten Gesellschaft Geburt und Gebären häufig auf den medizinischen Aspekt reduziert. Das zeigt sich schon daran, welche Möglichkeiten Schwangeren angeboten werden, sich auf die Geburt vorzubereiten. Meist beschränkt sich die Vorbereitung auf regelmäßige medizinische Kontrollen, die fast jede Schwangere durchläuft (Mutterpaß). In den Geburtsvorbereitungskursen wird vielfach das Augenmerk hauptsächlich auf Schwangerschaftsgymnastik und das Erlernen verschiedenster Entspannungs- und Atemtechniken gelegt. Das ist zweifellos wichtig, aber Geburtsvorbereitung sollte mehr sein. Diese Notwendigkeit wurde Anfang der achtziger Jahre durch Mütter und Väter erkannt und führte mit zur Gründung der Gesellschaft für Geburtsvorbereitung (GFG) e.V. Dort wurde auch der Begriff »Geburtsvorbereitung« geprägt, der beinhaltet, daß es werdenden Eltern ermöglicht wird, etwas über ihre eigene aktive Rolle im Geburtsvorgang zu erfahren – ebenso wie über das Zusammenwirken von Körper, Psyche und sozialem Umfeld und ihre Verantwortung für die Geburt und das Leben mit den Kindern.

Selbst wenn es in unserer Gesellschaft noch immer als »normal« angesehen wird, den Geburtsablauf vorwiegend als medizinisch-technisches Unterfangen zu betrachten, spielen psychische, soziokulturelle und nicht zuletzt physiologische Faktoren immer ihre Rolle. Werden diese allerdings im Bewußtsein heutzutage weitgehend »ausgeblendet«, führt dies zu einer Verfremdung des Geburtsvorganges, die weitreichende Konsequenzen nach sich ziehen kann.

5.1. Die Psychologie, Soziologie und Physiologie der Geburt

Nun beginnt die Geburt ja nicht ohne »Vorwarnung«, sondern kündigt sich schon acht oder sieben Monate vorher an. Wie eine Schwangere deshalb Schwangerschaft und – beim ersten Kind – die Auseinandersetzung mit dem neuen Lebensabschnitt der bevorstehenden Elternschaft erlebt und sich bewußt oder unbewußt damit beschäftigt, hat sicherlich auch Einfluß auf den Geburtsvorgang. Gerade die erste Zeit der Schwangerschaft ist oft durch eine gewisse Ambivalenz gekennzeichnet – dabei ist diese bei gewünschten Schwangerschaften sicherlich nicht so groß wie bei ungeplanten, aber nichtsdestotrotz besteht sie auch da. Es ist dieses Gefühl, daß sich von nun an alles ändern wird, daß nichts so bleiben wird, wie es war: Die wirtschaftlichen Verhältnisse, die Berufstätigkeit, die Partnerschaft, die Beziehungen zu Freunden und Familie, alles wird von der bevorstehenden Geburt des Kindes berührt. Wie eine Frau letztendlich damit umgeht, hängt von ihrer Persönlichkeitsstruktur und von ihrem bisherigen Lebensweg ab.

Elke beschreibt ihre Situation so:

»Über die Nachricht der Schwangerschaft war ich sehr erschrocken. Zwar war mein Kinderwunsch seit langem sehr groß, aber eine Schwangerschaft in meiner ungeklärten Wohn- und Lebenssituation und in der kurzen Beziehung war nicht geplant. Ich brauchte vierzehn Tage, um die großen Veränderungen in meinem Leben zu realisieren und für mich zu entscheiden: Ja, ich will dieses Kind, ob mit Beziehung oder ohne. Nachdem ich diese Klarheit für mich gewonnen hatte, ging es mir für eine kurze Zeit gut. Auch Martin brauchte seine Zeit, in der er sich fürs Vatersein entschied. Nachdem wir uns beide für die Beziehung und für das Kind entschieden hatten, kam auf uns die große Frage zu:

Wo werden wir zusammen leben? Ich wollte in Frankfurt bleiben, beziehungsweise dorthin zurückgehen; Martin wollte aufgrund der Attraktivität seines Arbeitsplatzes in Weimar bleiben. Die Entscheidung über unseren Lebensort hat die Schwangerschaft ein halbes Jahr lang begleitet. Sie wirkte sich so aus, daß ich sehr mit Übelkeit zu kämpfen hatte. Tag und Nacht war mir schlecht. Ich erbrach viele Mahlzeiten und mußte zu meinem Glück nicht ins Krankenhaus, sondern bekam in der Arztpraxis Infusionen. Durch die Übelkeit – hinzu kam eine große Geruchsempfindlichkeit – war ich wie gelähmt. Über viele Wochen war ich krank geschrieben und hielt mich in meiner Wohnung in Frankfurt auf, während Martin in Weimar arbeitete. Am Wochenende kam er nach Frankfurt. Erst Anfang des siebten Schwangerschaftsmonats – inzwischen war auch die Standortfrage geklärt – ließ die Übelkeit langsam nach.«

Standen einer Frau früher auch in unserem Kulturkreis vielfältige soziale Hilfen im weitesten Familienkreis zur Verfügung, so ist sie heute mehr oder minder mit ihren Ängsten und Unsicherheiten alleine (oder hat bestenfalls ihren Partner). Auch wenn die formellen Dinge wie Mutterschutz und Erziehungsurlaub gesetzlich geregelt sind, so findet die westliche Frau heute fast nur in guten Geburtsvorbereitungskursen oder Gesprächskreisen eine Möglichkeit, sich über ihre Gefühle und ihren »Schwangerschaftskonflikt«[45] auszutauschen. Hat sie diese Möglichkeit nicht, oder nimmt sie diese – vielleicht auch in Unkenntnis der Möglichkeit – nicht in Anspruch, kann dies bedeuten, daß sich die schwelenden Konflikte über die gesamte Schwangerschaft hinziehen können, sich vielleicht währenddessen noch verstärken und auch noch bei der Geburt vorhanden sind, um sich dort – je nach Situation unterschiedlich – auszuwirken. Die einzige »sichere« Unterstützung, die Schwangere erfahren, ist das System der medizinischen Vorsorge, das durch das fehlende soziale und psychologische Netz als noch wichtiger und allmächtiger erlebt wird. Ebenfalls von Bedeutung ist auch der in Industrienationen weit verbreitete Glauben und das Vertrauen in die medizinische Machbarkeit. Damit einhergehend schwindet bei der Schwangeren und Gebärenden das Vertrauen in die eigenen Fähigkeiten und Kräfte.

Geburt – das unbekannte Erlebnis

Geburt, das ist für die meisten Erstgebärenden eine völlig neue Situation, auf die sie sich nicht durch das gesellschaftliche System langsam haben vorbereiten können. Früher – aber auch heute noch in vielen Kulturen – haben junge Frauen ganz selbstverständlich bei der Geburt von Verwandten mitgeholfen und dadurch wertvolle Erfahrungen gesammelt. Heute stehen Frauen der »entwickelten« Welt (Holland durch seinen hohen Anteil an Hausgeburten – 30 Prozent in 1993 – ausgenommen) vor einer unbekannten Situation. Und so wie wir uns in der westlichen Welt in anderen unbekannten Situationen verhalten, verhalten wir uns auch in der Geburtsvorbereitung: Wir suchen Informationen, um das »richtige« Verhalten zu erlernen. Woher holen wir uns diese Informationen? Bei den Experten, sprich den ÄrztInnen, die seit geraumer Zeit für die Geburt »zuständig« sind. Dabei wird die Wichtigkeit und das Potential der Hebammen viel zu geringgeschätzt und zu wenig in Anspruch genommen.

Hebammen beschränken sich in Deutschland leider weitgehend auf Geburtsvorbereitung für eine Krankenhausgeburt, die Zeit unter der Geburt und auf eine sporadische Nachbetreuung. In den meisten Fällen ist es jedoch nicht *eine* Hebamme, die eine kontinuierliche Betreuung leistet (was wünschenswert wäre, um eine gute Beziehung aufzubauen), sondern es sind drei oder vier verschiedene. Meist sind die Hebammen, die die Gebärende unter der Geburt begleiten, gänzlich unbekannt. Sie wurden durch den Personalplan der Klinik bestimmt. Auf Sympathie oder Antipathie kann so keine Rücksicht genommen werden. Die Gebärende wird von einer »Fremden« betreut. Auf diese Weise kann das bei der Geburt so wichtige Vertrauensverhältnis nicht geschaffen werden. In unserem Gesundheitssystem ist die größte Kontinuität in der Betreuung wiederum von ärztlicher Seite möglich. Der oder die Gynäkologin betreut die Schwangere über die gesamte Zeit der Schwangerschaft, sie sind aber in der Regel auch nicht in der Lage, während der Geburt selbst dabeizusein. Eine oft glückliche Ausnahme machen da Belegärzte und auch einige sogenannte Praxengeburten.

Von den Experten nun meinen die Frauen, das Gebären erlernen zu müssen. Sie haben sich die als männlich einzustufende Ansicht zu eigen gemacht, daß Gebären etwas ist, das erlernt werden müsse. Der männliche Arzt muß es ja schließlich auch erlernen, er hat keine Möglichkeit, am eigenen Körper gemachte Erfahrungen weiterzugeben, sondern ist darauf angewiesen, eine Lehrmeinung zum Thema Geburt zu vermitteln. Die ehemals auf Erfahrungen aufgebaute weibliche Geburtshilfe wurde immer weiter durch ein intellektuelles männliches Lehrsystem ersetzt. Und genau das ist es auch: Ersatz.

Unsere verschütteten Geburtsinstinkte – die entfremdete Geburt

Nach Michel Odent brauchen Frauen das Gebären nicht zu erlernen: »Fernand Lamaze, der Vater der sogenannten Lamaze-Methode, beliebte zu sagen, eine Frau müsse das Gebären lernen, gerade so, wie wir das Sprechen, das Lesen, oder das Schwimmen lernen müssen. Diese irrtümliche Vorstellung ist auf der ganzen Welt akzeptiert worden und hat letztendlich die Krise hervorgerufen, in der wir uns heute befinden (...). Betrachtet man die Geburt hingegen als unwillkürlichen Vorgang, der die alten, primitiven Säuger-Strukturen des Gehirns beansprucht, dann ist die Vorstellung, daß eine Frau das Gebären lernen müsse, nicht länger aufrechtzuerhalten. Bei dieser Betrachtungsweise versteht es sich von selbst, daß man einer Frau beim Gebären nicht aktiv helfen kann. Das Bemühen geht vielmehr dahin, sie vor jeder unnötigen Störung zu schützen.«[46)]

Frauen, so Odent, haben bei der Geburt das Bedürfnis, sich an einen ihnen wohlbekannten, vertrauten Ort zurückzuziehen, an dem ihre Privatsphäre (Odent spricht von »Privacy«) ungestört bleibt. Je kleiner und kuscheliger der Ort, um so besser. Er berichtet von Frauen, die sich – wenn sie die Gelegenheit hatten – kurz vor der Geburt in das kleinste Zimmer oder eine recht abgeschirmte Ecke eines großen Zimmers zurückgezogen haben, um dort »in

Ruhe« zu gebären. Diese Verhaltensweise führt Odent auf unsere Instinkte als Säuger zurück. Auch bei anderen Säugetieren ist zu beobachten, daß sie sich bei der Geburt zurückziehen, um möglichst ungestört zu bleiben.

Wehen und Geburt aktivieren den primitiven (Säuger-)Teil des Gehirns, damit dieser die Hormone produzieren kann, die für wirksame Gebärmutterkontraktionen so notwendig sind. Im gleichen Maße, wie das »alte« Gehirn die Kontrolle übernimmt, und so für einen »natürlichen« Geburtsverlauf sorgt, wird das neue Gehirn, die Neokortex, außer Gefecht gesetzt. Es gibt allerdings viele Faktoren, die dieses naturgegebene, instinkthafte »Funktionieren« unterbrechen können. Jegliche Stimulanzen der Neokortex führen dazu, das »alte« Gehirn zu deaktivieren. Das können schon so einfache Fragen wie »Bei welcher Krankenkasse sind Sie denn versichert« auslösen. Auch eine technisierte Umgebung tut das ihrige, um die Neokortex anzuregen.

Ein weiterer wichtiger Stimulus für die Neokortex ist das Licht. Auch hier gilt die Devise: je weniger, um so besser. »Wenn wir daran denken, daß menschliche Wesen sich durch die riesige Entwicklung ihrer Neokortex auszeichnen – durch den Teil des Gehirns also, der die instinktiven unwillkürlichen Prozesse hemmt –, beginnen wir zu verstehen, daß Dunkelheit für die Geburt menschlicher Säuglinge wahrscheinlich sogar wichtiger ist als für die Geburt anderer Säuger.«[47] Vergleichen wir diese Geburtsbedingungen mit den situativen Gegebenheiten, wie sie – trotz vielfältiger Bemühungen um eine »sanfte« Geburt – auch heute noch in vielen Krankenhäusern in unserem Lande herrschen, wird schnell klar, weshalb Geburtsschwierigkeiten und Komplikationen während der Geburt zunehmen. Wir haben uns soweit von unseren Geburtsinstinkten entfernt, daß es uns meist schon gar nicht mehr auffällt, was alles »falsch« läuft.

Der kindliche Geburtsstreß

Der Psychoanalytiker Ludwig Janus betont den Streß, dem das Kind während der Geburt ausgesetzt ist.[48)] Stammesgeschichtlich, also in der Evolution des Menschen angelegt, führte die progressive Hirnentwicklung mit dem einhergehenden größeren Schädelvolumen zu Konsequenzen für den Geburtsvorgang. Einer Vergrößerung des Geburtskanals stand die Entwicklung zum aufrechten Gang im Wege, denn dies verlangte einen engen und festen Beckenring und eine Einbuchtung durch die S-förmige Wirbelsäule, die nur so eine aufgerichtete Körperhaltung ermöglichte. »Die ›Lösung‹ der Evolution lag offenbar in einer Verkürzung der Schwangerschaft um die Hälfte, so daß die besondere Hilflosigkeit des Menschen im ersten Lebensjahr eine Folge dieser stammesgeschichtlichen Gegebenheiten ist. Deshalb wird das erste Lebensjahr auch als ›extrauterines Frühjahr‹ bezeichnet (...). Die Enge des Geburtskanals bedingt weiter, daß der Mensch nicht wie die meisten Artverwandten mit stehender Fruchtblase, die den Wehendruck abfängt, geboren wird. Statt dessen überträgt sich der volle Wehendruck während der Austreibungsphase auf den kindlichen Kopf, der auf diese Weise Verformungen ausgesetzt ist, was zu sogenannten ›Massenverschiebungen des kindlichen Hirns‹ führt.«[49)]

Es gibt Ärzte, die sehen die Problematik der Geburtsmechanik im »fehlenden Zentimeter«. Sowohl der Kopfdurchmesser des Kindes als auch der Durchmesser des mittleren Beckens betragen zehn Zentimeter. Somit fehlt ein Zentimeter für die Weichteile. Dieser fehlende Zentimeter bedingt die Schädelverformung während der Geburt. Obwohl der Mensch also früher auf die Welt kommt, als es eigentlich für ihn gut wäre, ist er größeren Belastungen unter der Geburt ausgesetzt als alle anderen Säuger. Aus diesen Gründen ist es auch so wichtig, daß die Eltern im ersten Jahr für den Säugling eine Art »soziale Gebärmutter« bilden, um die Folgen der evolutionären »Frühgeburtlichkeit« zu mildern. Unter diesem Blickwinkel werden die Bemühungen um eine möglichst teilnehmende Begrüßung bei der Geburt eindrucksvoll unterstrichen.

Um die körperlichen Belastungen während der Geburt besser

verkraften zu können, werden Hormone freigesetzt, die das Geschehen besser erträglich machen. Der Sauerstoffmangel und der Druck auf den Kopf treiben den Adrenalin- und Noradrenalin-Spiegel des Kindes in extreme Höhen: Die Werte eines Babys während der Geburt liegen weit über denen seiner Mutter und weit über denen eines Erwachsenen bei einem Herzanfall. Diese hohen Adrenalinwerte aus der Klasse der Catecholamine lösen die sogenannten »Kampf-oder-Flucht-Reaktionen« aus und versetzen den Körper damit in erhöhte Leistungsbereitschaft. Zu hohe Konzentrationen dieser Hormone zeigen an, daß der Organismus in Gefahr ist. Trotzdem, so behaupten die Wissenschaftler Hugo Lagercrantz und Theodore Slotkin, schaden diese Belastungen bei einer normalen Geburt dem Kind gewöhnlich nicht. Im Gegenteil, so argumentieren sie, die Hormonschwemme bereitet das Kind auf das Überleben außerhalb des Mutterleibes vor: Sie reinigt die Lunge und bereitet sie zusätzlich auf das normale Atmen vor; sie mobilisiert schnell verfügbare Energiereserven, um die Zellen mit Nährstoffen zu versorgen und sie stellt eine gute Blutversorgung von Herz und Gehirn sicher.[50)]

Offenbar kann ein noch ungeborenes Baby besser mit Sauerstoffmangelsituationen fertig werden als Erwachsene, die nach Erstikkungsanfällen normalerweise nach einigen Minuten mit Herzrhythmusstörungen reagieren. Steigert sich bei Erwachsenen der Herzschlag in Streßsituationen, tritt beim Fetus das Gegenteil ein: Sein Herzschlag verlangsamt sich. Wie Slotkin nachwies, beschleunigt sich der Herzschlag eines Fetus erst unter weitaus höheren Adrenalin-Konzentrationen als bei Erwachsenen, und daher ist die Gefahr von Herzrhythmusstörungen durch einen Adrenalinstoß geringer. Die Forscher gingen daher der Vermutung nach, daß viele Kaiserschnitte im letzten Jahrzehnt überflüssig waren. Aufgrund modernster Herztonüberwachungsmethoden konnten auch geringfügige Veränderungen im Herzschlag des Fetus entdeckt werden. Komplexere Veränderungen des Herzschlages wurden (und werden auch heute noch) von den Ärzten dahingehend interpretiert, daß das Kind unter lebensbedrohender Erstickungsnot stehe, was häufig die Entscheidung zum Kaiserschnitt nach sich zieht. Sauerstoffmangel in der Gebärmutter ist eine der häufigsten

Kaiserschnittindikationen. Nach der Entbindung jedoch, so stellten die Forscher fest, ließen sich beim Kind nur geringfügige Symptome einer Erstickungsnot feststellen. Überdies verweist Prof. Saling darauf, daß 70 Prozent der (Hirn-)Schäden des Kindes durch Sauerstoffmangel schon aus der Zeit der Schwangerschaft herrührten, 20 Prozent in der Säuglingsphase verursacht würden und nur zehn Prozent während des Geburtsvorgangs selbst entstünden.

Lagercrantz entschloß sich zu untersuchen, wie sich die komplexen Herztonveränderungen aus der Freisetzung hoher (aber als normal einzuschätzender) Catecholamin-Stöße erklären ließen. In der Tat vermochten Catecholamin-Stöße, wie der normale Geburtsvorgang sie auslöst, die Herzfrequenz in einer Weise zu verändern, die sich sehr wohl als Gefahrensignal mißdeuten ließen, solange keine biochemischen Tests herangezogen wurden. Lange Zeit wurde angenommen, daß eine hohe Catecholamin-Konzentration im Blut einhergehen würde mit einer niedrigen Bewertung im Apgar-Test (der an allen Neugeborenen durchgeführt wird und Aufschluß über die körperliche Verfassung des Neugeborenen geben soll), denn an Erstickungsnot leidende Kinder wiesen gewöhnlich höhere Catecholamin-Werte auf als gesunde. Offenbar sind die Zusammenhänge aber differenzierter: »Kinder, die – nach dem ph-Wert des Blutes aus der Nabelschnur zu urteilen – während der Geburt einem mäßigen Sauerstoffmangel ausgesetzt waren, hatten einen normalen Apgar-Index, wenn sie gleichzeitig einen hohen Catecholamin-Spiegel aufwiesen; sie hatten aber einen niedrigen Index, wenn zugleich der Catecholamin-Spiegel niedrig war. Die Freisetzung von Catecholaminen wirkte offenbar den schädlichen Einflüssen des Sauerstoffmangels entgegen.«[51)] Die Autoren schließen aus diesen Beobachtungen, daß Catecholamine dem Säugling auch die Anpassung an das Leben außerhalb des Mutterleibes erleichtern.

Diese Zusammenhänge haben auch Auswirkungen für Kaiserschnittkinder. Kinder, die durch einen geplanten Kaiserschnitt auf die Welt kommen – also keine Wehen »mitgemacht« haben –, weisen niedrigere Catecholamin-Werte auf. Daraus wurde früher geschlossen, daß sie eine streßfreiere Geburt erlebt haben. Die neuere Forschung zeigt allerdings, daß sie durch das Fehlen der

Hormone schlechter auf das Leben außerhalb des Körpers der Mutter vorbereitet sind. Sie weisen im Vergleich zu vaginal Geborenen direkt nach der Geburt einen niedrigeren Blutzuckerwert auf (was bedeutet, daß die bevorzugte Energiequelle des Körpers, Glucose, nicht ausreichend vorhanden ist), es fehlen weitere wichtige Nähr- und Speicherstoffe, die Durchblutung wichtiger Organe ist geringer, und die Atemfunktionen sind häufig beeinträchtigt. Deshalb sind einige Geburtshelfer – insbesondere in den USA – dazu übergegangen, einen Kaiserschnitt solange wie möglich hinauszuzögern, bis die Wehen der Mutter eingesetzt und einen Catecholamin-Stoß ausgelöst haben. Die Hormon-Werte von Kaiserschnittgeborenen, die vor der Operation längere Zeit Wehen erlebt haben, unterscheiden sich meist nicht sehr von denen der »normal« Geborenen.

Geburt fordert »die ganze Frau«

Zurück zur Mutter. Für eine Frau ist die Geburt eines Kindes mehr als ein technisch-medizinischer Vorgang. Es ist ein Vorgang, bei dem in ganz besonderer Weise die »ganze Person« mit Leib und Seele gefordert ist, eingebunden in ihren ganz persönlichen biologischen, psychologischen und soziokulturellen Bezugsrahmen.

Nach Helene Deutsch ist die Geburt ein Ereignis von äußerst gesteigerter innerer Spannung, die bei der Mutter psychisches Material (z. B. innere Konflikte) heraufholt. Dieses kann sich auf den Geburtsvorgang auswirken. Beispielsweise stehen Frauen, die in der Vergangenheit ein Trauma im sexuellen Bereich erlitten haben (Vergewaltigung, Mißbrauch, etc.), vor einer inneren Hemmschwelle, die sich durch große Unruhe und Verkrampfungen aus Angst, die Kontrolle zu verlieren, ausdrücken kann. Mitgefühl, Akzeptanz dieser Ängste – ein symbolisches Festhalten – erleichtern es den Frauen häufig, die Vergangenheit von der Gegenwart zu trennen. Dadurch können sich auch die Verkrampfungen lösen, die den Geburtsverlauf behindert haben. In ähnlicher Weise könnte auch anderen vergangenen Traumata besser begegnet werden.

Bei der vaginalen Geburt haben die ersten Momente nach dem

Austritt des Kindes für die Mutter einen »Charakter der Ekstase« und sind von einem »Gefühl des Triumphes« begleitet. Die Mutter wird dadurch für ihre Schmerzen belohnt, was diese im nachhinein relativiert. Wie oft haben Kaiserschnittmütter mit innerer Verzweiflung zuhören müssen, wenn »normale« Mütter mit strahlenden Augen davon sprechen, daß in dem Moment, in dem sie das Kind gesehen hatten, aller Schmerz vergessen war. Bei einer Kaiserschnittgeburt ist die Mutter vor und nach der Geburt betäubt. Wurde sie ohne vorhergehende Wehen entbunden (also geplant), kommt es auch vorher zu keiner inneren Spannung und anschließend zu keiner Erlösung. In solch einer Situation ist die Mutter passiv und unbeteiligt. Das spürt sie natürlich auch. Ihr ist bewußt, daß sie eine wichtige Phase ihres Lebens nicht »erlebt« hat. Aus dieser Lücke in ihrer Erfahrung resultiert auch das Loch, in das sie nach der Operation fällt. Hinzu kommen – individuell in verschiedenen Abstufungen – die Angst um ihr Kind und um die eventuell vertane Chance der Bindung, der Selbstvorwurf, versagt zu haben und dem Leistungsanspruch in der Gesellschaft nicht gerecht worden zu sein. Die Zweifel an ihrer Tauglichkeit als Mutter sind dann meist nicht mehr weit entfernt. Viele Mütter quälen sich selbst mit der Frage nach dem *Grund* für all das Geschehene. *Warum hat es nicht bei ihr geklappt.* Die »natürlichste« Sache der Welt – die Geburt –, und sie hat versagt. Abgesehen von den Gründen, denen wir schon nachgespürt haben, wie den biologisch-medizinischen, aber auch den vielen Störfaktoren, die den natürlichen Ablauf der Geburt unterbrechen, gibt es noch andere mögliche Einflußfaktoren, die verhindern, daß die Geburt zu dem Ereignis wird, das sich die Frau gewünscht hatte.

5.2. Geburtshelfer Mann: Geschlechtsrollenkonflikte bei der Geburt

Vielleicht werden Sie sich verwundert fragen, welchen Einfluß das Geschlecht des Geburtshelfers auf den Verlauf einer Geburt nehmen kann. Wir hingegen wundern uns, daß diese Zusammenhänge nur so selten bei den Diskussionen rund um die Geburt berücksichtigt werden. Frauen- und Männerrollen werden in unserer Gesellschaft durch bestehende Normen und Werte sehr polarisiert festgeschrieben. Stereotype Geschlechtsklassifikationen halten sich erstaunlich hartnäckig in unseren Köpfen und beeinflussen auf subtile Weise unser Zusammenleben. Noch immer wird der Mann als aktiv, zupackend, dominant, logisch, emotionslos, unabhängig, stark, rational und selbstbewußt eingeschätzt. Frauen hingegen werden als passiv, abwartend, emotional – und deshalb als unlogisch –, charmant, abhängig, nachgebend, schwach, sensibel und sanft beschrieben.

Diese Zuordnung von Eigenschaften findet zwar inzwischen in den meisten Fällen nicht mehr im Bewußtsein, sondern im Unterbewußtsein statt, was jedoch ihre unverminderte Wirksamkeit nicht schmälert. Direkt darauf angesprochen, würden die wenigsten diese Geschlechtsstereotypen anerkennen. Wir kennen inzwischen zu viele Frauen und Männer, auf die diese Einschätzung nicht mehr zutrifft. Trotzdem – und das ist das Kuriose – handeln wir oft so, als wären die aufgelisteten Geschlechtsstereotypen noch allesamt gültig. Inzwischen erforscht und oft beschrieben finden wir Beispiele dafür in der Schule, wo Mädchen noch immer weniger Aufmerksamkeit ihrer Lehrerinnen und Lehrer bekommen, wo sich Mädchen in Naturwissenschaften als weniger kompetent einschätzen, wo Mädchen als »Puffer« zwischen aggressiv-dominante Jungen gesetzt werden. Und selbst in den Einschätzungen der Mädchen und Jungen sind Geschlechtsstereotypen noch immer lebendig, wie zahlreiche Untersuchungen in Grundschulen bis zu Gymnasien belegen.[52)] Gut erforscht und bekannt ist auch der Unterschied männlichen und weiblichen Denkens und Handelns im Berufsleben. Der »weibliche Führungsstil« ist ein Synonym für mehr Menschlichkeit und Kreativität im Arbeitsleben geworden.

Weshalb sollten Geschlechterrollen bei der Geburt keine Rolle spielen? Gerade bei der Geburt, die ein zutiefst weiblicher Prozeß ist, müssen sich unterschiedliche Modelle des Empfindens, Erlebens und Handelns auswirken. Die Geburtsatmosphäre und die gesamte Geburt, für die traditionell stets die Frauen alleine zuständig waren, hat sich verändert, seit Männer den Frauen die Verantwortlichkeit dafür abgenommen haben. Eva Schindle: »Über Jahrtausende waren die Gebärräume für Männer, überhaupt für Fremde, tabu. Heute gleichen die Kreißsäle eher Bahnhofshallen, wo fremdes Personal aus und ein geht, als daß sie Raum, Schutz und Geborgenheit für eines der intimsten menschlichen Ereignisse böten. Gebärende Frauen liegen wie hilflose Käfer auf dem Rücken und werden von vielerlei Apparaturen überwacht. Durch den Raum huschende Ärzte werfen kurze Blicke auf den entblößten Unterleib der Frauen oder inspizieren ihre Geschlechtsorgane.«[53)]

Die Atmosphäre rund um die Geburt ist wichtig – gar kein Zweifel. Gerade sensible Frauen bemerken Untertöne und unterschwelliges Machtgefüge sehr deutlich. Für Jasmin war das unsensible Benehmen ihres Arztes unerträglich: »Ich weiß, ich habe mich zugemacht, als der Arzt so geguckt hat, wieweit es denn so ist. Ich kam mir vor wie eine Kuh. Vielleicht habe ich mich in diesem Moment entschlossen, das Kind nicht zu gebären. Der Arzt kam daher wie ein Schlächter – in der Massenabfertigung.« Das hört sich jetzt etwas krass an, aber der Vergleich mit einem Schlachthof ist wohl auch Ärzten selbst nicht so ganz fremd. Nur, daß Ärzte die Frau in der Rolle der schreienden Kühe erleben. Ganz deutlich habe ich (Theresia) noch eine Situation vor Augen und im Ohr, die ich kaum für möglich gehalten habe. Nach einem Umzug war ich zum ersten Mal beim Gynäkologen zur Schwangerenvorsorge für mein zweites Kind. Da ich das erste per Kaiserschnitt entbunden hatte, äußerte ich meine Hoffnungen, das zweite natürlich zu gebären. Da fühlte sich dieser – in seiner Stadt wohlgeachtete – Frauenarzt doch tatsächlich bemüßigt, mir – ganz im Vertrauen – mitzuteilen: »Also seien sie doch froh, daß sie per Kaiserschnitt entbunden haben, das ist doch wenigstens noch eine zivile Art, ein Kind zu bekommen. Ich weiß wirklich nicht, was Frauen immer gegen einen Kaiserschnitt haben. Wenn ich mich an meine Assistenzarztzeit zurückerinnere, fand ich die Schreierei und Stöhnerei in den Kreißsälen immer ganz entsetzlich. Das ging da zu wie auf dem Schlachthof – so hörte sich das wenigstens an. Ich an ihrer Stelle würde auch beim zweiten Mal einen Kaiserschnitt vorziehen. Das geht schnell und ist sauber.« Ich an meiner Stelle verabschiedete mich schnell und unhöflich. An eine Anzeige wegen Beleidigung habe ich damals leider nicht gedacht.

Auswirkungen geschlechtsstereotypen Verhaltens

Die Cambridge-Psychologin Alice Katherine LoCicero hat die Auswirkungen geschlechtstypischen Verhaltens und Erlebens beim Geburtsprozeß untersucht und kam zu dem Schluß, daß geschlechtsunsensibles Verhalten, ein Verhalten also, das auf frauenspezifische Bedürfnisse nicht eingeht, oder diese sogar mißachtet, ein wesentlicher Faktor für zunehmende, unnötige Eingriffe im natürlichen Ablauf der Geburt sind.[54)] Daraus entwickeln sich, nach LoCicero, häufig Kaiserschnittgeburten und andere operative Eingriffe. Weil wir ihre Ergebnisse für so relevant und aufschlußreich halten, weil vielen Frauen so im nachhinein deutlich werden kann, was bei ihrer Geburt falsch gelaufen ist und weil diese Gedanken in der deutschen »Geburtsszene« noch recht unbekannt sind, möchten wir sie hier ausführlich vorstellen.

Das heute gültige System der Geburtshilfe in westlichen Industrienationen ist Teil eines männlich/maskulinen Wissenschaftsmodells. In diesem Modell wird Wert auf objektive und distanzierte Beobachtungen gelegt. Um zu akkuraten und überprüfbaren Ergebnissen zu kommen, ist es daher notwendig, auf Gefühle und persönliche Eindrücke weitgehend zu verzichten und eine Trennung von Emotion und Gedanken zu praktizieren. Dem Unpersönlichen, technisch Beweisbaren, wird größere Beachtung geschenkt und zugestanden als dem Persönlichen, technisch nicht Faßbaren. Dieses Modell männlich zu nennen, bedeutet nicht, daß *alle* Männer, oder *nur* Männer so denken und arbeiten. Es bedeutet lediglich, daß sich traditionell mehr Männer als Frauen so verhalten und daß diese Verhaltensweisen häufiger Männern als Frauen zugeordnet werden.

Auf die Geburtshilfe bezogen bedeutet das Modell, daß Ärzte, um optimale Versorgung zu leisten, versuchen, möglichst objektiv, emotionslos und daher distanziert von der Gebärenden zu urteilen und zu handeln. Frauen hingegen verbinden mit »versorgt werden« etwas ganz anderes. Sie fühlen sich gut aufgehoben, wenn sie eine persönliche Verbindung zu ihrem »Versorger« haben und von diesem als Individuum gefühlsmäßig wahrgenommen werden. Frauen wollen sensibel und rücksichtsvoll behandelt werden. Werden sie hingegen mit einem unpersönlichen, distanzierten Arztverhalten konfrontiert, wo der Ausdruck des Wehenschreibers mehr zählt als ihre subjektive Empfindung, folgern sie daraus, daß sie nicht »richtig« versorgt werden. Sobald jedoch eine Frau das Gefühl hat, nicht gut versorgt zu werden, wachsen ihre Angst, ihre Verkrampfung und ihr Ärger. Obwohl bekannt ist, daß diese drei Faktoren Wehen negativ beeinflussen, wird viel zu selten daran gedacht, daß dies Auswirkungen des wissenschaftlichen, technisch-medizinischen Verhaltens der Geburtshelfer sein können, die auf geschwächte Wehen wiederum mit mehr Technik antworten und so einen Teufelskreis in Bewegung setzen. Erfahrene Hebammen machen immer wieder die Beobachtung, daß eine gute persönliche Beziehung zur Muttter, die sich in den Monaten der Schwangerschaft hat aufbauen können, viel dazu beiträgt, daß eine Geburt komplikationsfrei verläuft.

Sehr unterschätzt wird bei der heute gängigen Krankenhausgeburtspraktik auch der hohe Wert des Gesprächs, beziehungsweise der verbalen Ermutigung. Statt dessen setzen Ärzte auf Technik und medizinische Interventionen. Da wird die Fruchtblase gesprengt, werden synthetische Wehenmittel verabreicht und das Kind wird genauestens technisch überwacht. Passiert dies nicht und geht etwas falsch bei der Geburt, ist der Arzt, der auf diese Möglichkeiten verzichtet hat, größter Kritik, wenn nicht gar einer gerichtlichen Anklage ausgesetzt.

Psychologische Faktoren, die die Geburt beeinflussen, passen selten ins wissenschaftlich-medizinische Modell. Ärzte werden heute ausgebildet, um den Körper oder – in der Spezialisierung – Teile des Körpers zu heilen. Die Einsicht, daß Körper, Geist und Seele zusammen für ein gesundes »Funktionieren« verantwortlich und nicht voneinander trennbar sind, setzt sich im männlichen Wissenschaftsmodell nur sehr zögerlich durch. Ein Arzt, der an die Technik glaubt, tut sich oft schwer, psychologischen Faktoren Bedeutung beizumessen. Frauen sind viel eher bereit, diese Verknüpfungen von Körper, Geist und Seele zu berücksichtigen, weil dies ihrem viel ganzheitlicheren Weltbild entspricht.

Auch wenn verschiedenste Studien gezeigt haben, daß sich moralische, psychologische Unterstützung unter der Geburt positiv auswirkt, wird nur wenig getan, um diese Erkenntnisse in der Praxis umzusetzen. Ärzte haben zwar gelernt, daß sie (unbeabsichtigt) durch technische, invasive Maßnahmen Ängste wecken, sie haben bislang jedoch kaum gelernt, auf diese hervorgerufenen Ängste adäquat einzugehen, um sie wieder abzubauen. Im männlichen Wissenschaftsmodell wird optimale Pflege noch immer gleichgesetzt mit optimaler technischer Überwachung und Ausrüstung. So wird der Arzt überzeugt sein, die besten Entscheidungen treffen zu können auf der Basis von normativen, objektiven Faktoren, wie durchschnittliche Wehenlänge, regelmäßiger Wehenrhythmus, regelmäßige Herztöne, die ihm seine Apparate liefern. Die Gefühle der Frau werden dabei als nicht so relevant eingestuft.

Es kann sogar noch einen Schritt weiter gehen. Die ärztlich-männliche Einstellung läßt ihn auch Partei für die Rechte des Kindes ergreifen, oft sogar gegen die Interessen der Frau. Die Hebamme Eva-Maria Müller-Markfort sieht darin einen durchaus gefährlichen Trend: »(...) die Frau (wird) bestenfalls zum Behältnis – austauschbar bald, ersetzbar – oder, schlimmer, zur Gefahr für ihr Kind. Was einst die Geborgenheit im Mutterleib war, ist heute ein Zustand der Bedrohung und erfordert den Schutz durch Dritte – die Mutter (...) (wird so) lästige Hülle, die man irgendwie noch wegrationalisieren muß. Die gläserne Gebärmutter läßt grüßen!«[55)]

Das weibliche Modell der Fürsorge tendiert hingegen dazu, immer beiden Parteien gerecht zu werden und die beiderseitigen Bedürfnisse in den Vordergrund zu stellen. Lösungen, bei der die Interessen einer Person über die einer anderen gestellt werden, sind im weiblichen Denken weniger akzeptabel. Auch deshalb wird sich eine Frau wohler fühlen, wenn sie bei anstehenden Entscheidungen mit entscheiden kann, um so ihre persönlichen, individuellen Vorlieben mit einzubringen.

Einen weiteren Unterschied zwischen männlichen und weiblichen Verhaltensweisen beschreibt LoCicero in der Fähigkeit zum Mitfühlen. Frauen sind in der Regel gesellschaftlich besser darauf vorbereitet, Leid und Schmerzen anderer mitfühlend zu begleiten. Sie können sich besser auf die Gefühle anderer einlassen als Männer. Männer hingegen tendieren viel eher dazu, aktiv helfend einzuschreiten. Auch deshalb paßt hier das medizinisch-technische Interventionsprogramm eher in die männliche Domäne. Abwarten, die Ängste der Mutter zuzulassen, damit sie diese besser einordnen kann, scheinen dem männlichen Aktivitätsdrang zu widerstreben. Männer scheinen eher dazu zu neigen, Frauen durch eine starke Betonung der Aktivität zu »überfahren«, sie aus ihrem eigenen Rhythmus zu reißen. Sie tun das nicht bewußt oder in schlechter Absicht, sondern weil sie die Bedeutung einer sich verlangsamenden Geburt oft falsch einschätzen. Ihnen fehlt die Ausbildung, psychische Faktoren zu erkennen und angemessen zu deuten. Hebammen berichten, wie sehr es dem Geburtsverlauf hilft, wenn sie mitfühlend auf die Mütter eingehen, ihre Ängste fühlen und gemeinsam mit den Frauen nach den Ursachen forschen.

Auch der Aspekt der Trennungsproblematik wird von Ärzten meist nicht berücksichtigt. Für eine Frau bedeutet die Geburt eine tiefgreifende biologische Trennung, die mit einer Neudefinition ihres eigenen Selbstbildes einhergeht. Auch wenn sich die Frau in der Regel mit den Gedanken der Trennung im letzten Schwangerschaftsdrittel auseinandergesetzt hat, kann es vorkommen, daß diese Thematik nochmals ganz akut unter der Geburt auftritt und zu einer vorübergehenden Verlangsamung des Geburtsprozesses führen kann. Für den Arzt, der diese Zusammenhänge nicht beachtet, »kommt lediglich ein Kind zur Welt«. Er erwartet von der gesunden Mutter, daß sie sich uneingeschränkt darauf freut, ihr Kind in Empfang zu nehmen. Wichtig ist hier, wie bei fast allen Faktoren, die die Geburt betreffen, daß jede Frau ganz individuell und persönlich empfindet, ihrer jeweiligen Geschichte und Situation angemessen, und daß deshalb die Erfahrungen und Empfindungen nicht unmittelbar von einer Frau auf die andere übertragbar sind. Werden die psychischen und geschlechtsspezifischen Einflüsse jedoch nicht beachtet und werden sie durch medizinische Interventionen verdrängt und überlagert, führt dies in der Regel zu einer Angstverstärkung.

LoCicero hat keine Unterscheidung im Verhalten von Gynäkologen zu Gynäkologinnen getroffen. Sie begründet dies damit, daß Gynäkologinnen durch ihre Ausbildung im männlich-wissenschaftlichen Modell sich diese Denkweise zu eigen gemacht haben und ebenfalls bemüht sind, ihre Gefühle und persönlichen, subjektiven Eindrücke »aus dem Spiel« zu lassen. Selbst Ärztinnen, die sich im bestehenden männlich-geprägten Medizinsystem unwohl fühlen und gerne etwas verändern würden, trauen sich dies oft nicht, weil sie befürchten, sich damit der Kritik ihrer Kollegen auszusetzen und ihre Karriere zu gefährden.

Inzwischen gibt es Ausnahmen. Die Bremer Gynäkologin Dr. med. Mura Kastendiek reflektiert, welchen Einflüssen Ärztinnen während ihrer Ausbildung unterworfen werden: »Bereits in den ersten Semestern haben wir eingeübt, Gefühle nicht zu zeigen bis zu der erfolgreichen Verdrängung hin, sie nicht einmal wahrzunehmen. (...) Nach dem Studium ging in der Facharztausbildung die Übung der Gefühlsverdrängung weiter. Wir Frauen mußten ›unseren Mann stehen‹. Wer von uns (Gynäkologinnen, Anm. d. Verf.) kennt nicht die Sätze, für eine Frau ist operieren zu schwer, Frauen schaffen es nicht, die Kraft aufzubringen, die in der Geburtshilfe erforderlich ist. Und wir haben uns angestrengt, um zu beweisen, daß wir eben doch alles schaffen. Das nicht selten um den Preis, unsere weiblichen Fähigkeiten der Einfühlung in die Patientin zurückzustellen und am Ende ›männlich sozialisiert‹ zu sein. Das heißt, wir haben uns den Normen der männlichen Kollegen angepaßt.«[56)]

Einige Frauenärztinnen, so auch Mura Kastendiek, versuchen bewußt, weibliche Denkstrukturen wiederzubeleben. Allerdings bekleiden Ärztinnen in der Machthierarchie der Krankenhäuser noch immer meist die unteren Ränge. Chefärztinnen von Frauenkliniken können mit der Lupe gesucht werden, und auch im niedergelassenen Bereich arbeiten nur circa 20 Prozent Frauenärztinnen. Veränderungen können jedoch nur aus einer Machtposition heraus erreicht werden. Im gegenwärtigen System der USA (aber auch in Deutschland) ist es demnach so, daß ein spezifisch weiblicher Bereich von Männern dominiert wird. Hebammen, die in Deutschland bei einer Geburt dabeisein *müssen* – denn ein Arzt darf hier ohne Hebamme keine Geburt betreuen (in den USA schon) –, stehen trotzdem unter der Weisung des Arztes, der auch die Verantwortung für die Geburt trägt. Unter diesem Einfluß praktizieren Hebammen vielfach eher technische Geburtsmethoden. Angestellte Krankenhaushebammen hören häufig den Vorwurf ihrer freien Kolleginnen, die Hausgeburten betreuen, daß sie Handlanger einer männlichen, technikorientierten Klinikmaschinerie geworden sind.

LoCicero folgert, daß das männlich-dominierte Geburtssystem in fundamentaler Weise unverträglich ist mit den Bedürfnissen der Frauen, für die es eigentlich Sorge tragen sollte. Sie fordert eine Trendwende zu einem weitaus unabhängigeren Hebammen-System, um an alte Traditionen wieder anzuknüpfen. Sensible Geburtshelfer, wie Peter MacNaugton Dunn, sehen in letzter Zeit, wie wichtig der Aspekt des Geschlechts ist: »Ein Problem ist, daß die meisten Geburtshelfer Männer sind. Die dem Gebären am nächsten kommende Erfahrung der Männer ist die Defäkation. Manchmal denke ich, es wäre begrüßenswert, wenn wir Ärzte nur ein einziges Mal in ein Krankenhaushemd gesteckt würden, eine genitale Rasur bekämen und dann gebeten würden, auf dem Rücken liegend eine Bettschüssel zu benutzen, während verschiedenes medizinisches Personal uns beobachtet.«[57]

5.3. Was bedeutet die eigene Geburt?

Es gibt wohl kaum Menschen, die sich ohne weiteres an ihre eigene Geburt erinnern können. Sogar die Erinnerung an unsere frühe Kindheit ist oft schwierig oder überhaupt unmöglich. Das »nicht-erinnern-Können« bedeutet jedoch nicht, daß wir die Erfahrungen unserer Geburt tatsächlich vergessen haben. Wurde vor einigen Jahrzehnten noch angenommen, daß Babys von ihrer Geburt gar nicht viel mitbekommen, da sie noch weitestgehend empfindungslos seien, wissen wir durch die Forschungen der Prä- und Perinatalen Psychologie (auf die Zeit vor und während der Geburt bezogen), daß bereits Ungeborene eine sehr hohe Wahrnehmungsfähigkeit besitzen und viele Situationen ihrer Mütter während der Schwangerschaft genau mitfühlen. Inzwischen gibt es auch kaum Zweifel, daß Babys ihre Geburt sehr detailliert und bewußt miterleben. Das, was Menschen erlebt haben, geht jedoch keineswegs verloren, sondern wird gespeichert.

Nicht alle Erlebnisse sind sofort wieder abrufbar und im alltäglichen Bewußtsein verfügbar. Über unsere frühesten Erfahrungen haben sich so viele Schichten »aktuelleren« Erlebens gelegt, daß die frühen Erlebnisse immer weiter in die Tiefe sacken. Bei der Erinnerung kommt erschwerend hinzu, daß Babys nicht in Worten denken, sondern alles in Gefühlen wahrnehmen. Diese Gefühle, gekoppelt an bestimmte Handlungen oder Situationen, müssen bei der Erinnerung erst in Worte »übersetzt« werden. Auch deshalb ist ein schneller, direkter Zugang zu unseren Anfangsjahren erschwert. Oft allerdings geschieht es in Träumen, daß uns »Urmaterial« wieder verfügbar wird.

In der psychologischen Literatur gibt es eine Fülle von Patientenberichten, die über früheste Erinnerungen berichten, die dem Träumer nicht bekannt waren, sich aber später durch Nachforschungen bei der Mutter oder den Geburtshelfern bestätigen ließen. Friedrich Kruse dokumentierte mehrere solcher Fälle. Oft sind die Erinnerungen erstaunlich real: »›Ich schwimme unter Wasser, es ist dunkel und sehr angenehm. Auf einmal merke ich, daß ich dringend Luft brauche. Ich kann aber nicht auftauchen, irgendein Gegenstand hindert mich daran. Ich versuche es krampfhaft weiter. Mit äußerster Anstrengung komme ich schließlich herauf, wie durch ein enges Loch im Wasser. Ich kriege aber immer noch keine Luft, denn ich hatte etwas über den Kopf gestülpt. Schließlich riß mir das jemand mit Gewalt ab, und ich bekam endlich Luft. Es schien helle Sonne. Beim Auftauchen schnaufte ich, als hätte ich tatsächlich getaucht.‹ Einige Wochen später erfuhr der Patient, daß er eine Sturzgeburt gewesen war und noch in den vollständigen Eihäuten steckte, in der ›Glückshaube‹. Das erste, was die zu spät kommende Hebamme tat, war, das Neugeborene von dem zu befreien, was ihm über den Kopf gestülpt war, ihm die Eihäute mit Gewalt abzureißen. Dann erst konnte er seinen ersten Atemzug tun.«[58)]

Viele Therapieformen (Rebirthing, Urschrei und andere) machen sich diese Fähigkeit zur Erinnerung zunutze, da sie davon ausgehen, daß viele Probleme und Schwierigkeiten der Patienten auf diese frühesten, unbewältigten Ereignisse zurückzuführen sind. Erst durch die Erinnerung können die Erfahrungen integriert und bewältigt werden, so daß das weitere Leben davon nicht mehr belastet ist. Des weiteren wird davon ausgegangen, daß gerade das Erlebnis der Geburt den weiteren Werdegang eines Menschen in höchstem Maße beeinflußt, da dieses als »Schlüsselerlebnis« zu betrachten ist. Untermauert wird diese Einsicht auch durch die Ergebnisse der Hormonforschung. Wie wir gesehen haben, ist unter der Geburt die Ausschüttung von Hormonen besonders groß, was auch dazu führt, daß die Wahrnehmungs- und Erlebnisfähigkeit gesteigert ist. Alles, was vor, während und kurz nach der Geburt passiert, kann infolge dieser erhöhten Erlebnisfähigkeit besonders gut aufgenommen werden.

Der Psychoanalytiker Ludwig Janus geht davon aus, daß das (vaginale) Geburtserlebnis in den meisten Fällen ein Trauma bedeutet. Er folgt damit den Einschätzungen von Rank, Freud und Chamberlein, um nur einige zu nennen. Die Auswirkungen der Geburt auf die Psyche werden vorwiegend unter dem Angst-Aspekt betrachtet: »Wie auch immer die Relation zwischen starkem und milderem Streß bei der Geburt nun sein mag, so spricht doch vieles dafür, daß auf der psychologischen Ebene die Geburt für viele Neugeborene einen traumatischen Aspekt hat, also durch überwältigende Angst und Vernichtungsgefühle und eine allgemeine emotionale Erschütterung bestimmt ist (...). Geburtstraumatische Belastung und anschließende familiäre und soziale Konflikte und Überforderungen strapazieren die Lebens- und Entwicklungsmöglichkeiten eines Menschen aufs äußerste.«[59)]

Die Vermutung, daß die Geburt in unserem Gefühl sehr eng mit dem Tod verbunden ist, und daß wir uns nur zu gerne weigern, uns den erschreckenden und überwältigenden Gefühlen der Kampfsituation unter der Geburt zu stellen, äußerte Phyllis Greenacre. Männer haben – aufgrund ihrer biologischen Ausstattung – eher die Möglichkeit, die Gefühle und Erinnerungen an ihre eigene Geburt tief in sich zu vergraben (was allerdings nicht bedeutet, daß sie deshalb davon »befreit« wären). Frauen werden – spätestens bei der Geburt ihres ersten Kindes – wieder unmittelbar betroffen und daran erinnert. Frauen, die heute ihre eigenen Kinder zur Welt bringen, wurden selbst in den 60er bis 70er Jahren geboren. Diese Zeitspanne war in der Geburtshilfe gekennzeichnet durch eine unkritische Anwendung jeglicher technisch verfügbarer Gerätschaften. Auf Geburtsatmosphäre wurde wenig Wert gelegt. Die Frauen waren mit hochgelegten Beinen im Gebärbett festgeschnallt und auf Gedeih und Verderb den Ärzten und Hebammen ausgeliefert. Auch der Umgangston in dem bis zur Decke weiß gefließten Kreißsaal war, wenn wir den Berichten unserer Mütter Glauben schenken (und es besteht kein Grund, dies nicht zu tun) eher ruppig und rauh. Frauen »sollten sich nicht so anstellen«. Mittels Wehentropf wurden Geburten nach einem »Stop-and-Go«-Verfahren exakt gesteuert und eingeleitet, wann immer es in die Klinikroutine und in die Freizeitpläne der Gynäkologen paßte. Die Frau wurde Verfügungsmasse – und sie fügte sich meist widerstandslos. Nach der Geburt wurden Kinder gewaschen – das Bestreben war, sie möglichst keimfrei zu wienern –, hübsch verpackt und, auf diese Weise »bestens versorgt«, ins Säuglingszimmer geschoben und alleingelassen, damit sie sich von den Strapazen der Geburt »erholen« konnten.

Kein Wunder, daß in der Gesellschaft die Geburt zur Horrorvision hochstilisiert wurde. Beim Kaffeekränzchen wurden die Schreckensgeschichten zum besten gegeben. Damals waren diejenigen, die »am meisten mitgemacht« haben, heimliche »Siegerinnen« des Wettbewerbs. Mädchen haben damals natürlich die Ohren aufgesperrt, wohl wissend, daß diese Torturen auch ihnen einmal nicht erspart bleiben würden.

Auch Gisela erinnert sich an die Berichte von ihrer eigenen Geburt:

»Meine Mutter sprach zwar nicht häufig von meiner Geburt, aber wenn sie es tat, konnte ich ihr den Schrecken noch immer anmerken. Ihre Stimme zitterte stets ein wenig und die Geschichte war auch wirklich übel. Nach zermürbenden Stunden kam es zum Geburtsstillstand. Obwohl meine Mutter brav alle Anweisungen des Klinikpersonals befolgt hatte, kam sie sich bald so vor, als könne sie es ihnen nicht recht machen. Auch massive Wehenmittel halfen nicht weiter. Mein Kopf war zwar schon in den Geburtskanal gerutscht, saß da aber irgendwie fest. Der Chefarzt, der vorher immer getönt hatte: ›Bei mir gibt es keine Kaiserschnitte, gebären ist das Natürlichste der Welt‹, wurde ganz blaß und murmelte panisch vor sich hin: ›Mein Gott – Kaiserschnitt verpaßt, das Kind kriegen wir da nicht raus, was machen wir bloß.‹ Dann herrschte plötzlich hektische Betriebsamkeit, und meine Mutter – die inzwischen natürlich auch ganz panisch geworden war – bekam eine Vollnarkose. Der Arzt hat mich dann wohl mit einer hohen Zange herausgezerrt. Bis auf eine Schramme auf der Backe soll ich keinen Schaden abgekriegt haben. Mein Vater, der vor den Türen des Kreißsaales wartete, merkte auch, daß offenbar etwas nicht stimmte, denn der Chefarzt stürzte auf einmal an ihm vorbei, in voller OP-Ausrüstung – aber rauchend und mit wirrem Blick –, ohne ein Wort zu sagen. Für meinen Vater stand fest, daß ihm Frau und Kind gestorben waren. Als meine Mutter aufwachte, lag sie in einem Zimmer mit weißen Stellwänden. Sie hatte Angst, in einer Totenhalle aufgebahrt zu liegen. Mich hat sie erst am nächsten Tag kurz einmal in den Arm gelegt bekommen. Zu allem Unglück streute eine Schwesternschülerin meiner Mutter DDP-Puder auf ihre Wunde und alles entzündete sich aufs schlimmste, so daß meine Mutter sechs Wochen im Krankenhaus bleiben mußte. Ich bekam am dritten Tag Ernährungsstörungen und wurde in eine Kinderklinik gebracht. Mein Vater konnte mich nur durch eine Glasscheibe sehen, meine Mutter nicht einmal das. Ich durfte auch nicht eher nach Hause, als bis meine Mutter aus dem Krankenhaus entlassen wurde, da man einem Mann damals nicht zutraute, einen Säugling fachgerecht zu versorgen. Nach mir hatte meine Mutter – obwohl sie sich sehnlichst noch mehr Kinder wünschte – nur noch Fehlgeburten, die sie stets in große Depressionen stürzten.«

Frauen mit solchen und ähnlichen Geburten gehen heute in die Krankenhäuser, die inzwischen mit bunten Vorhängen und netten Bildern an der Wand nicht mehr gar so garstig aussehen, mit dem Wunsch, möglichst natürlich zu gebären. In den Geburtsvorbereitungskursen und in den Medien haben sie meist gehört, daß die Geburt ein wunderbares Erlebnis ist und daß sie – ausgerüstet mit den richtigen Atemtechniken und Entspannungsübungen – eigentlich gar keine Angst zu haben brauchen. Das führt dazu, daß sich Frauen ihre Ängste vor der bevorstehenden Geburt nicht eingestehen und sie verdrängen. Sich in unserer Gesellschaft auf die natürlichen Instinkte der Frau beim Geburtsvorgang zu berufen, kann nur berechtigt sein, wenn der Frau auch die Möglichkeit gegeben wird, daß sie wieder an diese Instinkte herankommt. Das bedeutet im ersten Schritt, daß Frauen die Gelegenheit bekommen, sich mit ihren Ängsten auseinanderzusetzen, sie ins Bewußtsein zu holen, damit sie nicht, wenn es soweit ist, davon völlig unvorbereitet überrollt werden. Diese derart elementaren Ängste, ja Geburtstraumata, können nicht einfach »weggeatmet« werden. Erst wenn eine Frau mit ihrer eigenen Geburt im reinen ist, kann sie sich auf ihre Urkräfte besinnen und diesen bei der Geburt ihres Kindes freien Lauf lassen.

Marianne Krüll beschreibt in ihrem Buch »Die Geburt ist nicht der Anfang« die Situation von Frauen, die durch ihre eigene belastete Geburt kaum eine Chance haben, ihr Kind natürlich zu gebären: »Für eine Gebärende ist es ein geradezu überwältigender Kampf, gegen eine gefühlsfeindliche Welt anzutreten, die sie selbst in sich trägt, während sie gleichzeitig für einen anderen Menschen kämpft, den sie auf sanfte Weise auf die Welt bringen will. Es ist ein doppelter Kampf gegen die Welt draußen und gegen die Welt in sich selbst. Ich bin nicht sicher, ob ich mit meiner heutigen Einsicht es wirklich geschafft hätte, meine eigene, von Kind an erworbene Entfremdung in der Grenzsituation der Entbindung zu überwinden.«[60)]

Es sind aber nicht nur die Gebärenden selbst, die noch immer vom Einfluß ihrer eigenen Geburt beeinflußt werden. Auch GeburtshelferInnen, also ÄrztInnen und Hebammen, sind von ihren ins Unbewußte verdrängten Urängsten nicht frei. Insbesondere wenn sie sich dieser Situation nicht bewußt sind, besteht die Gefahr, daß sie ihre eigenen Geburtserlebnisse in gewisser Weise auf ihre Patientinnen übertragen. Sind Geburtshelfer allerdings für diese Zusammenhänge offen und beziehen diese Überlegungen mit ein, kann sich das sehr positiv auf den Geburtsverlauf auswirken. Marianne Krüll: »Doch genau dies ist für einen medizinisch geschulten Geburtshelfer tabu. Er darf seine eigenen Gefühle nicht zulassen, schon gar nicht die verborgenen, von seiner Geburt herstammenden Körperängste. Und so schafft er im Verein mit anderen Männern die medizinische Geburtskultur, mit der die eigene Angst zwar in Schach gehalten werden kann, mit der sich jedoch der Zirkel der Angstproduktion fortsetzt.«[61)]

Die Hebamme Joanna Simm stellte in ihrer langjährigen Praxis fest, daß ihre Patientinnen ihr erstes Kind häufig in ähnlicher Weise zur Welt brachten, wie sie selbst geboren wurden. Obwohl die Hälfte der Frauen nichts Genaues über ihren eigenen Geburtsverlauf wußte, stellte sich im nachhinein heraus, daß die Geburten vom Ablauf her sehr große Übereinstimmungen aufwiesen. Die Ähnlichkeiten waren aber nicht nur auf eine Generation beschränkt, also Mutter–Tochter, sondern häufig verliefen auch schon die Geburten der Groß- und Urgroßmutter vergleichbar. Diese Beobachtung läßt vermuten, daß es möglicherweise eine familienbezogene soziale Speicherung gibt. Die Eindrücke unserer Geburt sind demnach so stark, daß sie sich von Generation zu Generation »vererben«. Es gibt allerdings Hinweise, daß diese unbewußte »Zwangskette« durchbrochen werden kann, wenn die Zusammenhänge aufgedeckt, ins Bewußtsein geholt und verarbeitet wurden. Joanna Simm besprach diese Verknüpfungen in ihren Geburtsvorbereitungskursen und stellte fest, daß Frauen mit einer komplizierten Geburtsgeschichte in der Lage waren, ihre Kinder natürlich und ohne große Schwierigkeiten zu gebären. Sicherlich sind Kausalketten in solchen Einzelfällen immer schlecht zu ziehen und noch schlechter zu verallgemeinern. Deshalb sind Forschungsarbeiten auch zu diesem Thema notwendig.

5.4. Welchen Einfluß hat das Kind auf den Verlauf der Geburt?

Das Kind im Bauch der Mutter ist keineswegs – wie lange behauptet wurde – ein unempfindliches Wesen, das in einem Dämmerzustand seiner Geburt entgegenträumt. Es ist vielmehr ein aktives Menschlein mit Gefühlen und Empfindungen, das in direktem Kontakt mit seiner Umwelt – hauptsächlich seiner Mutter – steht. Sensible Mütter haben das schon zu allen Zeiten gewußt – seit kurzem zieht auch die Wissenschaft in dieser Erkenntnis nach. Jetzt, wo Forschungsarbeiten beeindruckende Beweise liefern, fängt man hier und da an, dieses Wissen der Mütter ernst zu nehmen. In zahlreichen Krankenhäusern rund um die Welt hat man begonnen, die Gegebenheiten rund um die Geburt neu zu bewerten. Die Bewegung für eine sanfte Geburt ist sichtbarstes Zeichen dieser Neubewertung. Trotzdem ist noch viel zu tun.

Die Wissenschaft hat herausgefunden, daß sämtliche Sinne des Kindes schon bei der Geburt vollständig ausgebildet sind: Gehör, Geschmack, Geruch, sowie Gleichgewichts- und Berührungssinn. Aber auch die kommunikativen Fähigkeiten sind schon lange vor der Geburt reif. Der Holländer Frans Veldman hat bei seinen Forschungen zur Haptonomie entdeckt, daß Babys im Bauch der Mutter auf sogenannte »psychotaktile Kontaktaufnahme« direkt reagieren. Das Kind folgt einer Einladung zur Kontaktaufnahme beispielsweise dadurch, daß es sich zu der Seite des Bauches hinbewegt, an der die streichelnde Hand der Mutter (oder des Vaters oder einer anderen liebevollen Person) liegt. Diese Bewegungen lassen sich durch Ultraschall nachweisen. Veldman ermutigt Mütter, sich mit ihrem Kind im Bauch zu »unterhalten«. Kinder, die haptonomisch begleitet wurden, die also von ihrer Mutter bewußt zur Kommunikation eingeladen wurden, entwickeln sich nach der Geburt besonders günstig. Aber auch während der Geburt hat sich die Haptonomie als sehr positiv erwiesen: »Die besondere Bedeutung der haptonomischen prä- und perinatalen Begleitung liegt darin, daß durch die hier erreichbare Tiefenentspannung und die Lockerung des Schambeinknorpels und der Kreuzbein-Beckenknochengelenke etwa zwei Zentimeter gewonnen werden können, der normalerweise ›fehlende Zentimeter‹ also mehr als ausgeglichen würde.«[62]

Was liegt also näher, als die Unterhaltung mit seinem Kind schon möglichst früh zu beginnen? Die amerikanische Psychologin Anne Jemberg hat ein Programm zur Förderung der pränatalen Mutter-Kind-Bindung entworfen, die sich für die praktische Geburtsvorbereitung empfiehlt: »Zeichne ein Bild von dir und dem Baby. Sprich und spiel mit dem Baby. Erzähl dem Baby von den Zeiten, wenn es erwachsen wird. (...) Sing dem Baby etwas vor. Bring deinem Baby etwas bei. Bereite dein Baby auf die Geburt vor.«[63]

Zu welch erstaunlichen Resultaten eine innere An- oder Aussprache mit dem Kind führen kann, zeigt das Beispiel von Heike, die ihr erstes Kind per Kaiserschnitt bekam und auch beim zweiten kurz davorstand. Ihr Baby lag im letzten Monat in Querlage und ihr Arzt hatte ihr gesagt, daß so spät in der Schwangerschaft nur wenig Aussicht bestünde, daß das Kind seine Lage noch verändern würde. Als der Geburtstermin kurz bevorstand, »sprach« Heike mit ihrem Kind. Sie bat es, sich so hinzulegen, daß es auch gut herauskommen könne. Sie erzählte ihm vom bevorstehenden Geburtstag des Vaters, den sie noch feiern wollte, und daß sie danach mit Freude auf seine Geburt warten würde. In der Nacht vor dem Geburtstag des Vaters drehte sich ihr Baby. Sie dachte »gleich geht die Geburt los«, denn es war ihr, als würde ihr gesamter Bauch von oben nach unten gedreht. Ein paar Tage später setzten die Wehen ein, und Heike gebar ihr Kind »in völliger Entspannung und in Übereinstimmung mit dem Kind« vaginal.

Wie wir im Kapitel über die Beckenendlage gesehen haben, ist es nicht in jedem Fall möglich, daß eine Wendung so problemlos vonstatten geht. Oft ist auch das Kind – aus welchen Gründen auch immer – nicht in der Lage, sich selbständig zu drehen. Trotzdem ist ein Dialog mit dem Kind immer sinnvoll. Viele andere Beispiele zeigen, wie sehr das Kind offenbar in der Lage ist, die Gefühle, Wünsche und Empfindungen der Mutter zu spüren, zu deuten und – wenn es ihm möglich ist – auch danach zu handeln. Leider wird dieser so immens wichtige Mutter-Kind-Kontakt *vor* der Geburt so wenig von ärztlicher Seite beachtet.

Die starke Ausrichtung der Frau auf Arzt und medizinische Abläufe kann sogar dazu führen, daß sich die Frau sich selbst und ihrem Kind entfremdet: »Zwischen die schwangere Frau und ihr Kind im Leib drängt sich die Technologie und bestimmt mehr und mehr die Gefühle, die die Frau zu ihrem Kind im Leib entwikkelt. Dies ist ein subtiler Prozeß, den viele Frauen oft selbst gar nicht realisieren. (...) Zunehmend fühlen sich Frauen in ihrem wachsenden Leib fremd und können den Takt ihrer eigenen inneren Uhr nicht mehr wahrnehmen. Es gelingt ihnen nicht, die seelischen und körperlichen Veränderungen in diesen Zeiten des Übergangs in ihr Selbstbild zu integrieren. Immer mehr Frauen verirren sich in dem Gestrüpp von Risiken, Komplikationen und medizinischen Untersuchungen.«[64)]

Um einer solchen Entwicklung vorzubeugen, sollte das Kind ganz bewußt als Partner beim Geburtsvorgang integriert werden und seine Wünsche und Bedürfnisse mit wachen Sinnen erforscht werden. Wer könnte dies besser als die Mutter. Deshalb ist auch die Mutter stets erste »Expertin«, wenn es um das Wohlbefinden ihres Kindes in ihrem Bauch geht. Wenn das Kind der Mutter zu verstehen gibt, daß der Augenblick der Geburt noch nicht gekommen ist, sollten auch Ärzte sich zurücknehmen und abwarten. Eingeleitete Geburten oder vor dem Termin geplante Kaiserschnitte dürfen nur im allerdringlichsten Notfall einen Platz im medizinischen Repertoire haben. Heikes erste Geburt wurde übrigens eingeleitet, weil sie hohen Blutdruck hatte. Aus Angst vor möglichen Komplikationen wurde »vorsorglich« die Geburt synthetisch in Gang gesetzt. Heike ist sich sicher, daß ihre Tochter noch nicht soweit war. Die Geburt kam zum Stillstand – da halfen alle Wehenmittel nichts –, und der Kaiserschnitt war die Folge.

Die Technisierung der Geburt und die in unserer Gesellschaft verankerte »Übergabe« der Verantwortung für unser Wohlergehen und unsere Gesundheit an die Ärzteschaft können – wie wir gesehen haben – dazu führen, daß Mütter der Stimme ihres Kindes nicht mehr vertrauen oder nicht mehr vertrauen können. Welche Mutter würde sich allen Ernstes zutrauen, einer Ultraschalldiagnose zu widersprechen (obwohl auch damit immer wieder Irrtümer passieren). Wenn ein Arzt Gefahren für ihr Kind »entdeckt« hat, ist es selbstverständlich für die Mutter, daß alles getan werden muß, um diese Gefahren zu bannen. Und das ist sicherlich auch richtig so. Schließlich haben die exzellenten heutigen Diagnosemöglichkeiten vielen Babys das Leben retten können. Trotzdem darf eine andere Gefahr nicht unterschätzt werden. Verdrängt technische Anwendbarkeit und Machbarkeit menschliche Einfühlsamkeit, ist Kritik notwendig.

Unser Gesundheitssystem ist in zunehmendem Maße technikbestimmt und -ausgerichtet. Symptomatisch ablesbar ist dies auch am Abrechnungswesen. Technische Leistungen lassen die Kassen klingeln. Teuer angeschaffte Geräte müssen sich amortisieren. Der Verband der Privaten Krankenversicherung ermittelte 1992, basierend auf der Auswertung von 20000 Rechnungen, den Umsatzanteil der medizinisch-technischen Leistungen im ambulanten Bereich mit 33,8 Prozent. Ein gutes Drittel aller Arzteinnahmen sind also von der Anwendung von Technik abhängig. Je mehr Geräte ein Arzt einsetzt, desto mehr wird er verdienen. Die therapeutische Effizienz allerdings steigt nicht analog zum Geräteeinsatz. Das Patientengespräch, in dem so viel zu erfahren wäre, wird nur spärlich honoriert. Ärzte können sich ein ausführliches Gespräch nur dann »leisten«, wenn sie – im Rahmen einer Mischkalkulation – auch teure technische Anwendungen folgen lassen. Letztendlich sind Ärzte in einem Teufelskreis gefangen, der mitverantwortlich ist für die Kostenexplosion im Gesundheitswesen. Ein Umdenken ist dringend nötig. Einzelne Krankenkassen, die das schon lange gesehen haben und in Modellversuchen andere Wege beschreiten wollen, scheitern nicht selten an der Lobby der Ärzteschaft. In das Gesundheitssystem sind wir alle eingebunden, wie weitreichend die Konsequenzen jedoch für die vielzitierte Volksgesundheit sind, wird häufig übersehen. Die Kunst des Arztes in der Zukunft wird immer deutlicher daran zu messen sein, inwieweit er in der Lage ist, die Anwendungen der Technik auf ein *notwendiges Maß* zu beschränken. Die Einschätzung wird immer fließend und individuell sein. Doch nur durch eine freiwillige Beschränkung kann verhindert werden, daß wir uns durch den unkontrollierten technischen Einsatz ganz eigene, neue Probleme schaffen.

Das hilfloseste Glied in der langen Kette der Abhängigkeiten ist das noch ungeborene Kind. Seine Bedürfnisse nach Nähe und Wärme dürfen nicht vergessen werden, nicht nach der Geburt (dafür wird inzwischen schon viel getan), aber auch nicht *vor* der Geburt. Die Berücksichtigung der Ergebnisse der pränatalen Psychologie sollte für Geburtshelfer wichtiger Bestandteil ihrer Arbeit werden. Würden sie sich mehr von den Bedürfnissen des Kindes leiten lassen, so wie sie aus der Mutter sprechen, würden sie eventuell auch erkennen, daß vieles einfacher verlaufen könnte. Vielleicht ließe sich so auch manch ein Kaiserschnitt vermeiden. Die Rücksichtnahme auf die Bedürfnisse des Kindes während der Geburt ist nur die logische Konsequenz aus der Tatsache, daß das Kind aktiver Partner bei seiner Geburt ist.

5.5. Die Mutter-Kind-Bindung

»Man hatte mir mein Kind aus dem Bauch geklaut und dann schön eingewickelt als Geschenk präsentiert.«

Ein zentraler Aspekt der Ängste einer Mutter nach dem Kaiserschnitt betrifft die Befürchtungen, keine so gute Bindung zu ihrem Kind aufgebaut zu haben, wie es normal Gebärenden möglich ist. »Ich muß weghören, wenn andere Frauen erzählen, wie überwältigend es war, das neugeborene, glitschige, bauchwarme Kind gleich in die Arme nehmen zu können, seinen ersten Schrei zu hören. Ich bekam meinen kleinen Sohn erst vier Stunden nach der Geburt zu sehen. Eine Schwester zeigte ihn mir – ein komplett angezogenes, glattes, schlafendes Baby. Ich empfand nichts. Man hätte mir jedes Kind zeigen können. Es ging mir einfach nicht in meinen Kopf und in mein Herz, daß dieses Baby das Wesen war, das ich neun Monate lang in mir getragen hatte. Von der Narkose war ich noch hinüber, ich konnte nichts sagen, ihn nicht zärtlich begrüßen. Nicht einmal meine Hand konnte ich nach ihm ausstrecken, denn ich hing an allen möglichen Schläuchen. Noch heute tut mir das Herz weh, wenn ich daran denke, daß ich mein Kind in den ersten Stunden seines Lebens im Stich gelassen habe.«[65)]

Viele Frauen befürchten, durch diese versäumten ersten Momente der Beziehung zu ihrem Kind permanent geschadet zu haben. Mira: »Ich habe mir noch über ein Jahr später Vorwürfe gemacht, meinem Kind Schlimmes angetan zu haben.« Diese Ängste nähren sich aus Berichten wissenschaftlicher Forschung, die besagen, daß die ersten Stunden nach der Geburt eine besonders sensible Phase für Mutter und Kind sind.[66)] Durch die hohe Hormonausschüttung während der Geburt befinden sich sowohl Mutter als auch Kind in einer empfindsamen Hochstimmung, die durch eine beiderseitige Offenheit und Prägewilligkeit gekennzeichnet ist. Auch neuere Forschungsansätze scheinen das zu bestätigen.[67)] Die Momente nach der Geburt bedeuten sicherlich eine ganz besondere Chance für einen guten gemeinsamen Start. Deshalb sollte, wenn es nur eben möglich ist, auch eine Kaiserschnittmutter ihr Baby so bald als möglich in die Arme bekommen und so lange behalten dürfen, wie sie es kräftemäßig kann und will. Dies alles bedeutet aber *nicht*, daß eine Mutter, die diesen Erstkontakt mit ihrem Kind verpaßt hat – aus welchen Gründen auch immer –, keine Beziehung oder Bindung bekommt. Sie hat schließlich schon neun Monate lang eine innige und intensive Bindung zu ihrem Kind aufgebaut.

Klinische Studien konnten nachweisen, daß eine vorgeburtliche emotionale Auseinandersetzung mit dem Kind eine wesentliche Komponente für eine günstige Mutter-Kind-Bindung ist.[68)] Beim Aufbau der frühen elterlichen Bindung zum Kind unterscheidet Gabriele Gloger-Tippelt von der Universität Heidelberg drei Phasen. »Zuerst ist *›das Kind im Kopf‹*, dies umfaßt ein mehr oder weniger erwünschtes Kind, Hoffnung auf seine Gesundheit und einige technisch vermittelte Visualisierungen von der Gestalt des Kindes. Zweitens wird *›das Kind im Bauch‹* erfahren. Seine Bewegungen helfen der Mutter, es als getrennt von sich selbst zu sehen, Teile des kindlichen Körpers zu unterscheiden und ihm Absichten zuzuschreiben. Vor der Geburt schließlich antizipieren die Frauen *›das*

Kind auf dem Arm‹. Das Kind wird in konkreten Pflegesituationen vorgestellt, das beschützt und angeregt werden will, sein Blick wird phantasiert. Dieser Wechsel impliziert eine wichtige (...) Leistung im Prozeß des kognitiven (bewußten, Anm. d. Verf.) Elternwerdens.«[69])

An diese vorgeburtliche Beziehung läßt sich jederzeit wieder anknüpfen. »Jede Mutter hat die Möglichkeit, das Verpaßte wieder auszugleichen«, davon ist Prof. Dr. Manfred Stauber von der Universitäts-Frauenklinik in München überzeugt. Der Biologe Portmann rechnet das gesamte erste Lebensjahr des Menschen noch zur Embryonalzeit. Der menschliche Säugling ist nach Portmanns Einschätzung ein Nesthocker, der dringlichst der extrauterinen (außerhalb des mütterlichen Körpers) Nabelschnur bedarf. Jeglicher Mutter-Kind-Kontakt, und kommt er auch Stunden oder vielleicht sogar Tage »zu spät«, ist für das Kind unendlich wertvoll. Es wird sich wieder aufgenommen fühlen in die Einheit mit der Mutter. Es wird die Mutter, ihren Herzschlag, ihren Geruch, ihre Bewegungen wiedererkennen und sich geborgen fühlen.

Es gibt so viele Möglichkeiten für eine Mutter, sich wieder mit ihrem Kind zu verbinden und zu verbünden. Dem Stillen kommt dabei eine ganz herausragende Rolle zu. Der innige Körperkontakt, den Mutter und Kind beim Stillen genießen, läßt bei beiden die eventuell entstandenen Wunden der ersten Stunden verheilen. Deshalb ist Muttermilch auch so viel mehr als reine körperliche Nahrungsaufnahme. Da kann keine noch so perfekt adaptierte Fläschchenmilch mithalten. Muttermilch ist auch Seelenmilch und läßt Mutter und Kind miteinander verschmelzen. Die in der Muttermilch vorhandenen Endorphine – auch »Glückshormone« genannt – machen Mutter und Kind im positiven Sinne »voneinander abhängig« und verstärken so die Mutter-Kind-Bindung.

Nun begünstigt gerade ein möglichst frühes Anlegen eine positive und problemlose Stillbeziehung. Doch diese ist auch dann möglich, wenn die frühe Beziehungsaufnahme verhindert war. Es mag dadurch schwieriger werden, das Kind zum Trinken zu animieren – besonders wenn es schon per Fläschchen »vorgefüttert« wurde und/oder durch die Verabreichung von Schmerzmitteln oder Narkose »beduselt« ist –, aber es ist noch lange Zeit nach der Entbindung möglich, dem Kind die Brust zu geben. Wichtig dabei ist, daß die Mutter *weiß*, daß es klappen wird. Ihr Selbstbewußtsein gerade im Hinblick auf das Stillen ist ein wichtiger Bestandteil des Erfolges. Das Selbstbewußtsein einer Mutter kann aber vor allem durch eine schwierige, selbstentfremdete Geburt stark geschwächt sein. Gerade in dieser Phase ist eine positive, liebevolle Unterstützung durch die Umgebung elementar wichtig. Steht hingegen nach einem mißlungenen Versuch die Säuglingsschwester mit einem Fläschchen in der Hand da und versucht die Mutter zu überzeugen, daß ihr Kind jetzt doch dringend Nahrung brauche, ist oft das Ende einer Stillbeziehung gekommen, ehe sie beginnen konnte. Die Mutter, die sich schon für die aus ihrer Sicht mißlungene Geburt Vorwürfe macht, ist um so anfälliger, wenn das Krankenhauspersonal mit Argumenten kommt, die das Wohlergehen des Kindes mit einem Fläschchen in Verbindung bringen.

So wie die Mutter durch Hebammen und Ärzte bei der Geburt entmündigt wurde, kann sich dieser unselige Trend bei der Versorgung des Kindes fortsetzen. Nicht die Mutter wird gefragt, was richtig für ihr Kind ist, es sind wieder die Experten, die bestimmen, was getan werden »darf« und was nicht. Diese Entwicklung hat auch schon einen wohlklingenden Namen bekommen. Ernest Freud spricht vom »Whose-Baby-Syndrom«, was übersetzt soviel wie »Wem gehört das Baby eigentlich« bedeutet.

Selbst wenn die Mutter keine Stillbeziehung zu ihrem Kind aufbauen konnte, hat sie noch immer viele Möglichkeiten, für ihr Kind zu sorgen und es zu versorgen. Es gilt in der pränatalen Wissenschaft inzwischen als gesichert, daß Verhaltensdefizite und Traumatisierungen, die durch prä- und perinatalen Streß bedingt wurden, durch eine besondere Fürsorge und intensiven Körperkontakt aufgefangen werden können.[70] Die beglückenden Momente eines engen Körperkontakts können nicht hoch genug eingeschätzt werden. Die Haut ist äußerst sensibel. Liebe geht »unter die Haut« und durch sie hindurch. Streicheln und kuscheln geben sowohl dem Baby als auch der Mutter eine tiefe Verbundenheit und den Austausch von Liebe.

Ein Baby, das gestreichelt wird, entspannt sich merklich. Das läßt sich sehr eindrucksvoll bei Frühgeborenen beobachten, die auf der Brust der Mutter, bei der sogenannten Känguruh-Methode, weniger Sauerstoff benötigen und deren Herzschlag sich deutlich stabilisiert. Frühgeborene benötigen diesen intensiven Körperkontakt noch stärker als termingerecht Geborene, doch auch für diese ist die Mutter immer noch der Platz, wo sie sich »zu Hause« fühlen. Oft braucht ein kleines Menschlein nichts anderes, als liebevoll auf den Arm genommen zu werden, um sofort mit dem Schreien aufzuhören. Keine Mutter sollte sich durch Bemerkungen wie »Passen Sie bloß auf, daß Sie Ihr Kind nicht zu sehr verwöhnen« davon abhalten lassen, auf jedes Weinen ihres Kindes zu reagieren und es aufzunehmen.

Ein Baby ist am besten im (Wochen)Bett seiner Mutter aufgehoben. Von dieser intensiven Nähe profitieren sowohl Baby als auch Mutter. Was könnte schöner sein, als die Schwangerschaft noch ein kleines bißchen zurückzuholen. Auf diese Weise ist es ein allmählicher Übergang für Mutter und Kind. Nichts ist deplazierter als die Aussage eines Arztes, der bei der täglichen Visite vorwurfsvoll feststellt: »Sie haben ja schon wieder ihr Kind im Bett.« Krankenhäuser sollten sich vielmehr besser darauf einstellen, daß es Mutter und Kind möglichst bequem zusammen im Bett gemacht wird. Die schmalen, hohen Krankenhausbetten sind auf einer Wöchnerinnenstation völlig fehl am Platz. Breite, niedrige Betten wären viel besser! Für den Preis eines Cardiotokogramms ließe sich sicherlich eine gesamte Station mit besseren Betten ausstatten – zum eindeutigen Wohle von Mutter und Kind.

An dieser Stelle auch noch ein paar Worte zu den postnatalen Depressionen (auch Wochenbett-Blues oder Heultag genannt): Es hat sich gezeigt, daß die Wochenbett-Depressionen bei Kaiserschnittgeburten, aber auch bei anderen Geburten mit operativen Eingriffen gehäuft auftreten (siehe auch das Kapitel Kein Grund für ein schlechtes Gewissen). Bei Hausgeburten und ambulanten Geburten jedoch kommen sie wesentlich seltener vor als bei Frauen, die nach der Geburt im Krankenhaus liegen. Zu Hause – im breiten Ehebett – findet das Kind sicherlich viel leichter seinen

Platz an Mutters Seite. Auch lösen sich so Stillprobleme oft ganz von alleine. Wenn das Baby die Mutter immer in Reichweite hat und trinken kann, wann es will oder Hunger hat, regelt sich die Milchbildung über das vielzitierte »Angebot-gleich-Nachfrage-System« von ganz alleine. Zudem wird die Mutter sehr viel schneller die kleinen Signale und Bedürfnisse ihres Kindes kennenlernen.

Es scheint viel dafür zu sprechen, daß besonders die Zeit im Wochenbett stark eine gelungene Mutter-Kind-Bindung beeinflussen kann. Oft bekommen gerade Kaiserschnittmütter – obwohl gerade sie es so nötig hätten – ihr Kind seltener zu sehen und zu spüren als »normale« Mütter, da sie in der Anfangszeit darauf angewiesen sind, daß das Kind ihnen gebracht wird. Das oft stark überlastete Klinikpersonal reagiert nicht immer zuvorkommend, wenn Kaiserschnittmütter nach ihren Kindern fragen oder darum bitten, daß das Kind gewickelt wird, um direkt darauf wieder zurück zur Mutter gebracht zu werden. Linda verstand nicht, weshalb sie im Krankenhaus immer darum kämpfen mußte, ihr Kind zu bekommen. Renate fühlte sich von den Krankenschwestern regelrecht schikaniert: »Nach zwei, drei Tagen gaben die mir das Gefühl, daß ich ein besonders faules oder wehleidiges Wesen bin. Jedesmal wenn sie ins Zimmer kamen, erzählten sie mir von all den anderen Kaiserschnittmüttern, die schon alle fleißig auf den Gängen unterwegs waren, um ihre Kinder zu versorgen. ›Los, raus aus dem Bett‹ mußte ich immer wieder hören. Mir ging es aber noch nicht so gut. Meine Narbe schmerzte noch höllisch und jeder Schritt war eine Qual. Es fiel mir aber sehr schwer, diese Schwestern zu bitten, mir mein Kind zu bringen. Ich mußte immer richtig Mut auftanken, ehe ich mich entschloß, auf die Klingel zu drücken. Alleine hätte ich es wirklich nicht geschafft, denn das Säuglingszimmer lag eine Etage unter unserer Station. Für mich war es schon eine Leistung, alleine aufs Klo zu wandern. Bis zum Säuglingszimmer hätte ich in meinem Tempo eine Stunde gebraucht! Einmal habe ich diese ganzen unterschwelligen und auch ausgesprochenen Gemeinheiten nicht mehr ausgehalten und bin in Tränen ausgebrochen. Da fragten sie dann, was denn mit mir los wäre. Danach waren sie etwas netter, aber es kostete mich jedesmal Überwindung, die um etwas zu bitten.«

Andere Frauen setzen sich in dieser Situation selbst unter Druck und schleppen sich über die Flure, um sich für die Versorgung ihrer Kinder aufzuopfern. Manche sehen darin sogar eine Art von »Wiedergutmachung« oder Sühne für die mißglückte Geburt. Die Frauen sehnen sich danach, entlassen zu werden, damit sie sich endlich gehenlassen können.

Beate empfand die Situation im Krankenhaus als entnervend:

»Ich wollte und konnte mich nicht mehr vor Mitpatientinnen, Krankenhauspersonal und den fast ständig anwesenden Besuchern zusammenreißen. Ich wollte den Frust und die Enttäuschung zulassen, wollte weinen und vor allen Dingen mich endlich meiner Tochter gegenüber so verhalten, wie ich es für richtig fand. Nicht wie es den Regeln und Gewohnheiten auf der Station entsprach. Und bei allem brauchte ich die Unterstützung meines Mannes – unbeobachtet und unabhängig von Besuchszeiten.«

Vielleicht – und das ist sicherlich nur eine Vermutung – wird von wissenschaftlicher und klinischer Seite die unmittelbare Zeit nach der Geburt (deren Wichtigkeit keineswegs geschmälert werden soll!) so betont, weil es relativ einfach ist, die Konsequenzen daraus – die Mutter bekommt ihr Kind sofort auf den Bauch oder in die Arme gelegt – schnell und problemlos in die Klinikroutine zu integrieren. Soll sich allerdings das gesamte Wochenbett ändern, sind Umstrukturierungen nötig, vor denen bislang offenbar noch immer zurückgeschreckt wird. Rooming-in ist sicherlich ein Schritt in die richtige Richtung, aber es bedeutet trotzdem nur einen Anfang in den Bemühungen, den Bedürfnissen von Mutter und Kind in der sensiblen Phase des Wochenbettes – und die Ausweitung des Begriffs der »sensiblen Phase« auf das Wochenbett ist angebracht – wirklich entgegenzukommen.

Die Bedeutung des Wochenbetts wird auch von Sheila Kitzinger herausgestellt: »Von den Frauen wird ungeachtet ihrer Erschöpfung, einer Kaiserschnittwunde oder einer schmerzhaften Dammnaht erwartet, daß sie sich rund um die Uhr um ihr Kind kümmern (...). Es gibt Hinweise darauf, daß die Gefühle der Frauen zu ihren

Babys stärker durch die Geburtsumgebung beeinflußt werden und dadurch, ob sie die Möglichkeit haben, mitzuentscheiden, was mit ihnen geschieht, als durch die Klinikmaßnahme der ›Bindungszeit‹. Mütter bringen ihren Babys mehr Zuneigung in Kliniken entgegen, in denen der Mutter-Kind-Kontakt *erleichtert* wird (...).«[71] Kaiserschnittmütter haben das Pech, durch die Folgen der Operation in der Rolle einer passiven Patientin zu sein. Legte das Krankenhauspersonal es während der Geburt noch darauf an, die Frau so passiv wie möglich zu halten, um den Geburtsverlauf »klinisch günstig« zu planen, wird von der Frau nach der Geburt schnell erwartet, sich möglichst umfassend um ihr Kind zu kümmern. Unter »normalen« Geburtsumständen sicherlich eine positive Entwicklung, die diesmal sowohl Frau, Kind als auch Krankenschwestern entgegenkommt. Nach einer Kaiserschnittgeburt ist die Situation aber anders. Jetzt sind die Kranken- und Säuglingsschwestern gefragt, den Bedürfnissen von Mutter und Kind nach Nähe entgegenzukommen. Das ist immer mit Mehraufwand verbunden. Kaiserschnittmütter sind deshalb selten die »Lieblingspatientinnen« der Schwestern.

Für Kaiserschnittfrauen ist die Situation nach der Geburt auch deshalb so schwer, weil sie als Mutter auch das Bedürfnis haben, sich für ihre Kinder einzusetzen. »Eine Frau, die bei der Geburt wie ein unmündiges Kind behandelt wird, wehrt sich entweder dagegen oder ergibt sich vielleicht in ihrer Rolle als ›gute Patientin‹. In beiden Fällen ist das ein Angriff auf ihr Selbstbild. Muttersein ist alles andere als ein passiver Zustand. Es wird dabei von uns verlangt, daß wir ständig Entscheidungen treffen, Grenzen setzen, Macht ausüben, aktiv vom Baby lernen und die beängstigende Verantwortung für unser Baby übernehmen. Nach der Geburtserfahrung mit neuester Technik und unter geburtshilflicher Leitung muß die Frau sich plötzlich innerhalb weniger Stunden von einer kindlichen Patientin in eine erwachsene Mutter verwandeln.«[72] Diesen Worten Sheila Kitzingers ist noch hinzuzufügen, daß Kaiserschnittmütter eben notgedrungen beides gleichzeitig sind. Sie sind kindliche Patientin und zugleich erwachsene Mutter, die trotz allem noch immer weiß, was für sie selbst und ihr Kind das Beste wäre.

Die Situation, daß sie sich abmüht und sich unter Aufbietung letzter Reserven über die Flure schleppt, kann es wohl kaum sein. Gerade zur Zeit des Wochenbetts kann sich die Hilfe und moralische Unterstützung der Väter sehr positiv auswirken (siehe Kapitel 9). Rooming-in, freie Besuchszeiten und insbesondere Familienzimmer sind allerdings Voraussetzung, daß der Vater seine Hilfen auch einbringen kann.

Über die Zeit des Wochenbetts hinaus zeigen sich noch andere Einflüsse, die die Mutter-Kind-Bindung beeinflussen und die zwar nicht mit der Geburtssituation direkt gekoppelt sind, die aber vielleicht sogar ein »Mitfaktor« beim Geburtsverlauf waren. Gabriele Gloger-Tippelt betont die Wichtigkeit einer positiven Paarbeziehung für die Bindungssituation. So wies sie in einer lang angelegten Studie nach, daß Paare, die am Ende des ersten Lebensjahres eine sichere Bindungsqualität Mutter–Kind aufwiesen, bereits am Anfang der Schwangerschaft einen eindeutig höheren gemeinsamen Kinderwunsch hatten.[73)] Darüber hinaus schätzten sich die Väter der bindungssicheren Gruppe zu Beginn der Schwangerschaft als wesentlich glücklicher in der Partnerschaft ein als Väter der bindungsunsicheren Gruppe. Aus Sicht der Frauen tauschten die Paare mit einem sicher gebundenen Kind mehr Zärtlichkeiten im Verlauf des Elternwerdens aus als die mit unsicher gebundenem Kind. Mütter der sicher gebundenen Babys berichteten auch über insgesamt weniger Streit in der Partnerschaft. Gloger-Tippelt folgert daraus, »daß das partnerschaftliche Glück (der Männer) zu Beginn des Übergangs zur Elternschaft und der nachfolgende häufigere Austausch von Zärtlichkeiten sich bei ihren Partnerinnen wie eine Ressource für den Aufbau einer günstigen Beziehung zu ihrem Kind auswirkt. Dagegen erleben die Mütter mit einem unsicher gebundenen Kind einen zu Beginn eher mäßig glücklichen Partner, im Gefolge von weniger intimer Zärtlichkeit und dem zunehmenden Streit mit diesem Partner haben sie weniger psychische Energie, sich dem Kind angemessen zuzuwenden, und es entsteht eher eine unsichere Bindungsbeziehung zwischen Mutter und Kind.«[74)]

Wir wollen die positiven Auswirkungen einer frühen Bindung hiermit nicht schmälern – sicherlich ist eine möglichst frühe Bindungsmöglichkeit immer vorzuziehen –, aber eine positive Mutter-Kind-Beziehung hängt nicht allein von den Minuten direkt nach der Geburt ab. Dazu spielen viel zu viele andere Faktoren eine wichtige Rolle. Dies mag all den Müttern eine tröstliche Gewißheit sein, die nicht die Gelegenheit hatten, ihr Kind gleich nach der Geburt in die Arme schließen zu können.

6. Was bedeutet der Kaiserschnitt für das Kind?

Welche Auswirkungen mag die Kaiserschnittgeburt auf den weiteren Lebensweg der Kinder haben? Auch diese Frage kann Kaiserschnittmütter belasten. Der Gedanke, daß sie durch ihr vermeintliches Versagen das Leben ihrer Kinder direkt von Anfang an negativ beeinflußt haben, kann den Grundstein legen für ein permanent schlechtes Gewissen ihnen gegenüber. Durch das schlechte Gewissen erleben sie sich von Anfang an als »schlechte Mütter«, was nicht ohne Folgen auf ihr Verhalten gegenüber ihren Kindern bleibt. Diese werden dann ihrerseits auf die unterschwellige Defensivhaltung der Mutter reagieren, und so kann ein unheilvoller Kreislauf seinen Anfang nehmen.

Kein Grund für ein schlechtes Gewissen

Sowohl eine französische als auch mehrere amerikanische Studien kommen zu dem Ergebnis, daß die Geburt durch Kaiserschnitt keine langfristigen Folgen für die Kinder nach sich zieht. In der französischen Studie wurden Kinder und Mütter untersucht beziehungsweise befragt: direkt nach der Geburt, zwei Monate nach der Geburt, ein Jahr nach der Geburt und zum vierten Geburtstag der Kinder.[75)] In dieser doch sehr langen Zeitspanne konnten im allgemeinen Verhalten und in der Entwicklung keine nennenswerten Unterschiede zwischen Kaiserschnittkindern und Vaginalgeborenen entdeckt werden. Die Gesundheit der Kaiserschnittkinder schien allerdings – zumindestens in dieser Studie – etwas schlechter zu sein als die der Vaginalgeborenen, denn Kaiserschnittgeborene wurden häufiger im Krankenhaus behandelt.

Eine amerikanische Studie, die sich mit dem Vorschul-IQ von Kaiserschnittgeborenen beschäftigt hat, konnte keine Unterschiede in der Intelligenz zwischen Vaginalgeborenen und Kaiserschnittkindern feststellen.[76)]

Eine andere amerikanische Studie untersuchte die Langzeiteffekte der Kaiserschnittgeburt auf das Schulverhalten und das Bild, das sich Eltern von ihren Kindern machen.[77)] Und hier sind die Ergebnisse sehr bemerkenswert. Die Eltern der untersuchten sechs- bis achtjährigen Kaiserschnittkinder glaubten weitaus häufiger als die Eltern von vaginalgeborenen Kindern, daß ihr Nachwuchs im Vergleich mit anderen besser mit der Schularbeit zurechtkomme. Diese positive Erwartungshaltung trägt offensichtlich dazu bei, daß Kaiserschnittgeborene auch höhere Erwartungen (notenmäßig) an sich selbst stellen. Obwohl bei Schuleignungstests keine Unterschiede zwischen Kaiserschnittkindern und Vaginalgeborenen festgestellt wurden, schnitten die Kaiserschnittkinder in den (untersuchten) ersten zwei Schuljahren notenmäßig besser ab als ihre normal geborenen Klassenkameraden. Das Forscherteam der Studie, Doris Entwisle und Karl Alexander von der Johns Hopkins Universität, führt dies auf eine besonders positive Erwartungshaltung der Eltern zurück, die wiederum den Erfolg ihrer Kinder bedingt. Kaiserschnitteltern, so folgerten die Wissenschaftler weiter, scheinen ihre Kinder zwischen Geburt und Einschulung anders zu behandeln als Eltern Vaginalgeborener. Entwisle und Alexander ziehen zur Erklärung weitere Studien heran, wonach im Vergleich mit anderen Vätern Kaiserschnittväter mehr an der Erziehung ihrer Kinder beteiligt sind und die Persönlichkeit ihrer Babys positiver einschätzen. Sie schätzen sich auch selbst als bessere Väter ein und haben mehr Kontakt zu ihren Kindern als andere Väter (dazu später mehr). Des weiteren berichten Entwisle und Alexander von Studien, die zeigen, daß auch Kaiserschnittmütter ihren Babys günstigere Eigenschaften zuschreiben und sich mehr mit ihnen beschäftigen als Mütter Vaginalgeborener. Diese erstaunlichen Ergebnisse interpretieren die Forscher folgendermaßen: Die Geburt eines Kaiserschnittkindes ist schwieriger, wird als gefährlicher eingeschätzt und schwächt die Mutter – zumindestens kurzfristig – mehr als eine normale Geburt. Kaiserschnitteltern, die diese negativen Begleitumstände der Geburt erlitten haben, betrachten daher ihr Kind als »wertvoller« (da »härter« erkämpft) und bemühen sich um eine besonders gute Pflege ihres Kindes.

Für Kaiserschnittmütter dürfte auch eine kanadische Studie interessant sein, die herausfinden wollte, ob Kinder, die durch sanfte Geburtsmethoden auf die Welt kamen, sich besser entwickelten im Vergleich zu Kindern, die zum Beispiel durch Kaiserschnitt (unter anderen Variablen) geboren wurden.[78)] Um es gleich vorwegzunehmen: Die Studie konnte keine Unterschiede feststellen.

Allerdings müssen solche Studien sicherlich auch mit gewisser Vorsicht betrachtet werden. Die zuletzt zitierte Studie aus Quebec City, Kanada, hat die Kinder nur im ersten Jahr untersucht. Außerdem geben die Forscher selbst zu bedenken, daß ihre Meßmethoden eventuell nicht sensibel genug waren, um geringfügige Abweichungen registrieren zu können. Sie sprechen auch einen weiteren – wie wir meinen – bedeutsamen Einflußfaktor an: War die Geburt im Krankenhaus wirklich so »sanft« und optimal? Mit anderen Worten: Obwohl die Krankenhäuser, die für die Studie Daten lieferten, allesamt angaben, die sanfte Geburt nach Leboyer zu praktizieren, ist damit nicht garantiert, daß alle Ärzte und Krankenschwestern diese Philosophie auch wirklich umgesetzt haben. Sinnvoller wäre eine Studie, die langfristig die möglichen Unterschiede im kindlichen Verhalten nach einer Krankenhausgeburt und einer Hausgeburt untersucht.

Durch eine »andere Tür« auf die Welt

Ganz so spurlos, wie es die zitierten Studien ermittelten, scheint eine Kaiserschnittgeburt allerdings doch nicht an den Kindern vorbeigegangen zu sein. Die amerikanische Atomphysikerin Jane English kam selbst durch einen geplanten Kaiserschnitt ohne vorhergehende Wehen auf die Welt und hat sich jahrelang mit dieser Thematik beschäftigt – sowohl auf sich selbst bezogen als auch in zahlreichen Gesprächen mit anderen Kaiserschnittgeborenen sowie deren Eltern, Geschwistern und Ehepartnern. In dem Buch »Different Doorway«, das sie über ihre Recherchen und Gefühle geschrieben hat, kommt sie zu dem Schluß, daß die Geburt durch Kaiserschnitt eine ganz besondere Geburtserfahrung ist, die sich elementar von der einer vaginalen Geburt unterscheidet. Es ist die Erfahrung, durch »eine andere Tür« in die Welt gekommen zu sein.[79)] Sie glaubt, daß es so etwas wie eine »Kaiserschnittpersönlichkeit« gibt. Die Charakteristika, die die Menschen dieses Persönlichkeitsprofils vereinigt, sind nicht exklusiv nur bei Kaiserschnittgeborenen zu finden, aber sie treten dort stärker in Erscheinung. Die Unterschiede betreffen nach English hauptsächlich die geplanten Kaiserschnittgeborenen ohne Wehen. Bei Kaiserschnittgeborenen mit Wehen sind Charakteristika sowohl von Kaiserschnittgeborenen als auch von Vaginalgeborenen anzutreffen. English hat drei Bereiche beschrieben, in denen Kaiserschnittgeborene anders sind:

- **Zeitgefühl**
  Die innere Uhr gibt Kaiserschnittgeborenen das Gefühl, »immer zu früh« zu sein, »loslassen müssen, ehe ich soweit bin«.
- **Grenzen / Abgrenzung**
  Kaiserschnittgeborene haben Schwierigkeiten, sich in der als sehr strukturiert erlebten Welt der Vaginalgeborenen zurechtzufinden, sie selbst erkennen Grenzen, auch ihre eigenen, nur schlecht.
- **Nähe / Distanz**
  Das Motto bei Freundschaften von Kaiserschnittgeborenen zeichnet sich besonders durch ein »Alles-oder-nichts«-Gefühl und -Verhalten aus.

English beschreibt das Geburtsgefühl, das sie selbst in Therapiesitzungen nochmals erlebt hat, in sehr dramatischer Form. Sie betont allerdings, daß große Unterschiede im Erleben der Kaiserschnittgeburt zwischen den Kaiserschnittgeborenen zu berücksichtigen sind, da es unterschiedliche medizinische Methoden gibt, jeder Operationssaal eine andere Grundstimmung hat und alle beteiligten Personen – vom Arzt bis zu den OP-Schwestern – auch unterschiedlich sind. Die Kurzfassung einer Kaiserschnittgeburt liest sich bei Jane English so:

»Stellen Sie sich vor, eines Nachts, als Sie gerade tief und entspannt schlafen, dringen vier Leute in Ihren Raum ein, öffnen die Vorhänge, drehen die Lichter an, machen eine Menge Lärm, ziehen das Bettzeug weg, ergreifen Sie bei den Füßen, hängen Sie mit dem Kopf nach unten, befehlen Ihnen zu atmen, legen Sie auf den Rükken und rubbeln Sie fest ab. Ihre Gedanken wären: Wer sind diese Leute? Was tun die da? Wollen die mich umbringen?«[80)]

In einem späteren Artikel (1994) listet sie im Detail auf, welche Gefühle die einzelnen Operationsschritte begleiten.[81)] In der ozeanischen, friedlichen Union mit der Mutter wird die Narkotisierung der Mutter mit Begriffen wie »Vergiftung«, »Übelkeit«, »heiß-kalt«, »Angst«, »unspezifisches Attackiert-werden« beschrieben. Auch der Schnitt wird als Schock erlebt, dem sich das Baby aber nicht erwehren kann, weil es sich durch die Betäubung nicht bewegen kann. Die Kaiserschnittgeburt, so betont English, hat eine intensive »Alles-oder-nichts«-Qualität, nicht wie das Kommen und Gehen der einzelnen Wehenzyklen, es geschieht alles schnell, in ein paar Minuten nur, die Veränderung aber ist total. Dieser abrupte Seinswechsel ist nicht zu vergleichen mit den langen Stunden einer »normalen« Geburt, in denen das Baby – körperlich und psychisch – die Gelegenheit hatte, sich auf die bevorstehenden Veränderungen einzustellen, sie aktiv mitzugestalten. Eine vaginale Geburt verläuft »Stück für Stück«, es ist ein langsamer Prozeß, das Baby lernt, daß es etwas tut, dann aber wieder Zeit zum Ausruhen hat.

Nun ist auch eine natürliche Geburt kein Spaziergang – weder für die Mutter noch für das Kind. Es werden dabei allerdings andere Grunderfahrungen gemacht. Jane English glaubt, daß die Gewohnheiten und Erwartungen von Kaiserschnittgeborenen sich in bestimmten, häufig paradoxen Reaktionsmustern niederschlagen. Einige möchten wir auflisten, vielleicht erkennt die eine oder andere von Ihnen darin Verhaltensweisen ihres Kaiserschnittkindes:

- die Erwartung, daß selbst in ausweglosen, unangenehmen Situationen Hilfe kommt;
- Abhängigkeit, ein Gefühl, gerettet werden zu müssen, eine Un-

fähigkeit, aus sich selbst heraus zu agieren, und – paradoxerweise – eine Unfähigkeit, um Hilfe zu bitten;
- Abwehrhaltung gegenüber jeglichem Neuen, eine gewisse Scheu vor Körperkontakt, allerdings andererseits ein großes Bedürfnis danach, sobald die Abwehrhaltung überwunden ist;
- erlebt sich selbst als separat von anderen, andererseits eine schwache Ausbildung von persönlichen Grenzen;
- ständiges Austesten von Grenzen und Begrenzungen;
- negative Selbsteinschätzung, da die unbewußten Erwartungen von anderen nicht erfüllt werden können;
- Vertrauen, daß immer Hilfe zur Verfügung steht, ohne daß danach gefragt werden muß;
- kann sich leicht in andere einfühlen, weil eigene Grenzen nicht fest definiert sind.

Die Abhängigkeit von Hilfe von außen kann in der negativen Ausprägung zu Gefühlen von Hilflosigkeit, Ärger und Opferverhalten führen, in der positiven Ausprägung allerdings kann es die Gewißheit geben, immer fähig zu sein, in jeder Situation ein Team von Helfern mobilisieren zu können. Kaiserschnittgeborene, die keine Wehen erlebt haben, haben ein anderes Raumgefühl, da sie keine Erfahrung von Begrenzung während der Wehen und bei der Reise durch den Geburtskanal gemacht haben. Während der vaginalen Geburt erfährt das Kind durch die Wehen Begrenzungen, ihm wird gezeigt, wo sein Platz ist, wohin es soll. Dadurch weiß das Kind, wo es herkommt, es hat einen Ausgangspunkt, von dem aus es weitergehen kann. Es hat ein sicheres Gefühl des Dazugehörens. Kaiserschnittgeborene sind darauf angewiesen, Grenzen zu erlernen. Mütter, Väter, Geschwister und Freunde geben, so Jane English, den Kaiserschnittgeborenen die »Geburt«, sie gehen mit ihnen durch die »Wehen«, indem sie diese mit Grenzen und Begrenzungen vertraut machen, ihnen ihren Platz im Leben zeigen und ihnen dadurch Sicherheit geben. Die »Geburt« von Kaiserschnittgeborenen kann sich so auf mehrere Jahre hinziehen. Andererseits hat die Grenzenlosigkeit und das Fehlen von Begrenzungen auch seine positiven Aspekte. Sie haben weniger Angst bei Grenzerfahrungen, sind offener für ungewöhnliche Lösungen, vor ihnen liegt die Unendlichkeit aller Möglichkeiten.

Jane English betont, daß diese Beobachtungen nicht als absolut gesehen werden sollten. Diese Verhaltenstendenzen sollen mehr dazu dienen, die Beziehungen zwischen Kaiserschnittgeborenen und Vaginalgeborenen zu vereinfachen oder erklärbarer zu machen. Sie können auch helfen, Kaiserschnittgeborenen das Selbstverständnis und die Selbstannahme zu erleichtern. Beide Geburtstypen können auch voneinander lernen. So lernt der Kaiserschnittgeborene von Vaginalgeborenen das langsame, wellenähnliche, prozeßhafte Werden in einer Entwicklung, während Vaginalgeborene von Kaiserschnittgeborenen Direktheit und pfeilscharfe Fokussierung lernen können. Ganz wichtig ist aber, nicht eine Geburtsform über die andere zu setzen oder als »besser« einzustufen. Es sind allerdings zutiefst andere Erfahrungsebenen, die sich durch die unterschiedlichen Geburtsmethoden für das Kind erschließen und auftun.

English geht noch einen Schritt weiter und verweist auf die Seelenerfahrung einer Kaiserschnittgeburt: »Jede Geburt lehrt andere Dinge. Eine Seele mag mit speziellen Absichten in die Welt kommen, die auf wunderbare Weise mit einer Kaiserschnittgeburt korrespondieren, die für jemanden anders vielleicht gewalttätig und abrupt erscheinen mag. Aber das mag vielleicht genau das sein, was die Seele braucht, um die Lernlektionen zu machen, für die sie sich entschlossen hat, auf die Erde zu kommen (...). Während es auf der Seelenebene keine unperfekte Geburt gibt, so ist auf der Persönlichkeitsebene des alltäglichen Lebens eine menschliche Gestaltung der Geburt von größter Wichtigkeit.«[82] Deshalb sollte jede Anstrengung unternommen werden, eine Kaiserschnittgeburt humaner zu gestalten, mehr als Geburt und weniger als Operation.

Die Beobachtungen von Jane English erheben keinerlei Anspruch auf Repräsentativität. Zur Zeit läuft allerdings in den USA eine Studie, die ihre Annahmen einer wissenschaftlichen Überprüfung unterzieht.

Aus Schilderungen einiger Kaiserschnittmütter kommen wir zu der Hypothese, daß sich Kaiserschnittkinder in jungen Jahren selbst mit ihrer besonderen Art der Geburt auseinandersetzen. Gisela erzählt von ihrem Sohn Markus:

»Seine erste Spielleidenschaft war das Messer. Wenn Markus Knete durchschneiden durfte, war er glücklich. Die Messer beim Fleischer beeindruckten ihn zutiefst: ›Oh, sind die aber groß!‹ Er konnte sich in eine wahre Schneidetrance steigern. Etwas später war dann das Sägen dran. Als er das erstemal sah, wie ein Baum umgesägt wurde, beschäftigte er sich im darauffolgenden Jahr mit größter Hingabe damit, Knetebäume umzusägen. Durchs ganze Haus schallte seine Imitation der Kreissäge. Eine weitere Lieblingsbeschäftigung war, sich Höhlen zu bauen und daraus wieder zu entkommen. Er hat das Bedürfnis, sich aus eingesperrten Situationen wieder selbst zu befreien. Manchmal bohrte er sich auch mit seinem Kopf durch Kissen. Oder er drängt sich mit seinem Kopf zwischen meinen Rücken und den Sessel, auf dem ich sitze, und klemmt seinen Kopf so zwischen Rücken und Sesselkissen fest ein. So bleibt er einige Minuten liegen und findet das besonders gemütlich. (Zur Erklärung: Markus' Kopf hatte sich nicht ins kleine Becken gedreht, bei seiner Geburt hatte er eine Druckbeule auf dem Kopf.) Gerne krabbelt er durch Röhren, Schläuche oder unter die Bettdecke.«

Einige dieser Dinge tun auch vaginalgeborene Kinder gerne, bei Markus hatten diese Beschäftigungen jedoch eine ganz besondere Intensität, so als würde er etwas für ihn elementar Wichtiges erleben und nachholen. Auch die lange Dauer, mit der er diese Situationen wieder und wieder inszenierte, deutet darauf hin, daß Markus mehr damit verband als ein »einfaches« Spiel.

Andere Mütter berichteten davon, daß ihre Kaiserschnittkinder keinen Druck am Kopf vertragen würden, vor jeder Berührung am Kopf zurückscheuten und in engen Situationen, wie in Kisten oder Höhlen, extreme Angst bekommen und sofort herauswollen. Es scheint also ganz individuell verschieden zu sein, wie Kaiserschnittkinder ihre Geburtserfahrung verarbeiten, auch deshalb ist keine Kaiserschnittgeburt gleich – ebensowenig, wie sich vaginale Geburten wirklich miteinander vergleichen lassen. Auf der persönlichen Ebene fließen in die Bewertung so viele verschiedene, voneinander unabhängige oder auch miteinander verbundene Faktoren ein, daß jedes Geburtserlebnis ein ganz eigenes Gesicht trägt. Trotz dieser persönlichen Unterschiede ist es für Eltern doch gut zu wissen, daß Kaiserschnittkinder sich mit einer völlig anderen Geburtserfahrung auseinandersetzen und sie verarbeiten als Kinder, die den Weg durch den Geburtskanal gegangen sind. Bislang unerklärbare oder seltsam anmutende Eigenschaften oder Vorlieben sollten vielleicht unter diesem Aspekt mit Verständnis betrachtet und liebevoll begleitet werden. Und noch eins: Eltern sollten den Selbstheilungskräften ihrer Kinder mehr vertrauen und sich von ihnen den Weg zeigen lassen. Die Volksmundweisheit »Kinder wissen schon, was für sie gut ist« hat sicherlich auch in diesem Zusammenhang ihre Berechtigung.

So wie kleine Kinder gut in der Lage sind, dem Weg ihres Herzens zu folgen, so sollten auch wir als Eltern mal die Normen und Werte einer vaginalgeburtsbestimmten Gesellschaft in Frage stellen und im Zweifelsfall für die Bedürfnisse des Kindes (und mögen sie noch so befremdlich erscheinen) entscheiden. Nochmals Jane English: »Die vaginale Geburt gibt es, solange es Menschen gibt; es stand also genügend Zeit zur Verfügung, Volksweisheiten über die Geburt zu bilden. Die Kaiserschnittgeburt ist eine neuere Entwicklung und braucht seine eigene Volksweisheit (...). Ich verfüge nur über eine Perspektive zum Kaiserschnitt; Sie alle haben etwas dazu beizutragen. Ich ermutige Sie, dies zu tun.«[83)]

7. Die Auseinandersetzung mit der Kaiserschnitterfahrung

Die Verarbeitung der Kaiserschnitterfahrung kann auch für die Frau Jahre dauern. Nicht immer sind Frauen direkt nach der Geburt in der Lage, sich den psychischen Zusammenhängen zu stellen. Die Schmerzen nach der Operation und die rein medizinische, routinemäßige Betreuung im Krankenhaus verhindern nur zu häufig das Bewußtwerden über das, was geschehen ist. Tiefste körperliche Erschöpfung verbunden mit einer Überreizung der Sinne nach oft stundenlangem Geburtsstreß, der allerdings keine Auflösung in einer geglückten Geburt hatte, sondern in einer großen Bauchoperation gipfelte, führen dazu, daß die Frau zunächst vielleicht nur ihre Ruhe haben will. Ruhe auch vor der quälenden Stimme von innen, die sich trotz allem melden mag. Erst später, zu Hause, oft sogar Monate nach der Geburt, brechen die Erlebnisse wieder durch und die Konsequenzen werden greifbar. Andere Frauen machen sich schon im Krankenhaus große Vorwürfe und hadern mit sich und der Situation.

7.1. Gesellschaftlicher Druck und Weiblichkeitsideale

In etwa parallel zu der zunehmenden Technisierung des Geburtsvorganges in der medizinischen Betreuung machte sich auch eine Gegenbewegung bemerkbar. Die Einstellung und Erwartung vieler Eltern an Schwangerschaft und Geburt veränderte sich. Dazu beigetragen haben Frauen – und Bürger(umwelt)bewegungen mit einer Betonung von natürlichen Lebensabläufen, wie es sich auch in den neueren Trends in der Ernährung, (Natur)Medizin, Erziehung,

Kleidung, Bauweise und vielen anderen Lebensbereichen zeigt. Diese naturbetonte Denkweise mit deutlicher Wertschätzung eigener Verantwortlichkeiten führte auch zu einer Neubewertung des Geschehens rund um die Geburt: Eltern bereiten sich gezielt auf die Geburt vor, sie erfahren etwas über die negativen Auswirkungen von Schmerzmitteln während der Geburt, sie wollen eine möglichst »sanfte« Geburt für ihr Baby, sie wissen um die Bedeutung der frühen Eltern-Kind-Bindung, der Vater ist aktiver Partner im Geburtsgeschehen geworden, die Geburt ist (wieder) ein Familienereignis, und das Wissen um die psychische Sensitivität des Säuglings vor und während der Geburt ist gestiegen. Deshalb klafft eine immer breitere Lücke zwischen High-Tech-Medizin mit ihrem Anspruch auf Sicherheit und Machbarkeit und dem Wunsch nach einer natürlichen »Low-Tech«-Geburt, die sich auf die Geburtsinstinkte der Mutter verläßt und darin eine (sicherlich andere) Sicherheit sieht. Dies führt auch zu einer ambivalenten Einstellung gegenüber der Krankenhausroutine mit ihrem Einsatz an High-Tech-Methoden der Überwachung und Steuerung der Geburt. Krankenhäuser wissen das längst und haben sich – zumindest was ihre Innendekoration angeht – darauf eingestellt: Kreißsäle sind heute in der Regel nicht mehr bis an die Decke gefliest, sondern farbig angemalt, die Technik ist meist dezent versteckt, nette Bildchen und gemütliche Vorhänge beherrschen die Szenerie. Was sich aber in den Köpfen des Geburtspersonals verändert – oder eben nicht verändert hat –, erfährt die Frau meist erst im Ernstfall, das heißt während der Geburt.

Elisabeth beschreibt bitter ihre Erfahrung: »Als mir der Arzt eröffnete, daß ich wohl einen Kaiserschnitt brauche, habe ich nur noch geheult. Damit hatte ich nicht gerechnet, ich war wie vor den Kopf gestoßen und verunsichert. Eine natürliche Geburt war sehr wichtig für mich. Schließlich hatten wir uns bewußt für ein Kind entschieden. Geschockt war ich auch über die Reaktion der Ärzte. Der Chefarzt sagte mir ›Morgen haben Sie Ihr Kind‹ – so als ob alles andere egal wäre. Als er mir also ganz klipp und klar sagte, daß ich zum Kaiserschnitt ›fertig gemacht‹ werden sollte (auch so ein schönes Wort, und leider auch wahr), haben wir das Krankenhaus gewechselt in der Hoffnung, es doch noch normal zu bekommen. Aber es hat nichts geholfen. Als wäre das alles noch nicht schlimm genug gewesen, schlug die Rückenmarksspritze nicht an, so daß schließlich noch eine Vollnarkose draufgesetzt wurde.«

Nur zu häufig haben Schwangere eine falsche, ja idealisierte Vorstellung, was die Krankenhausgeburt angeht. Auf den »offenen Informationsabenden« der Krankenhäuser wird in der Regel ein rosarotes Bild gemalt. Schwangere wollen alles Notwendige für die Sicherheit ihres Kindes tun. So fällt denn auch bei vielen Frauen, die sonst invasiven medizinischen Eingriffen äußerst kritisch gegenüberstehen, die Entscheidung, im Krankenhaus entbinden zu wollen, obwohl sie selbst ein Krankenhaus eher »für einen Ort halten, an dem man und frau krank werden«. Doch dem Kind zuliebe gehen sie dann doch in ein Krankenhaus, der Druck der Gesellschaft und der Ärzte, die alles andere für »unverantwortlich« halten, ist eben zu groß. Sie gehen allerdings in der Überzeugung dorthin, nichts mit sich machen zu lassen, was sie nicht wollen. Viele haben jedoch ihre Stärken damit überschätzt. In dem Moment, in dem sie selbst merken, daß es vielleicht nicht ganz so gut läuft, ist es sehr schwer, den Argumenten und Risikodrohungen der Ärzteschaft nicht zu folgen. Haben sie zu dieser Zeit keine Unterstützung durch Hebamme oder Partner (der aber meist genauso hilflos dasteht wie sie selbst), nehmen sie – wenn auch ungern – die angebotene technische Hilfe an und stimmen schließlich sogar einem Kaiserschnitt zu, von dem sie vorher meinten, daß er nur anderen passieren kann.

Den »Mut« zu einer Hausgeburt bringen in Deutschland nur wenige Frauen auf (unter einem Prozent). Zu viele Ärzte werden nicht müde darauf hinzuweisen, wie gefährlich, ja unverantwortlich es sei, eine Geburt zu Hause zu versuchen. Nach der Analyse weltweiter Fachliteratur kommt allerdings die WHO bereits 1987 in einer offiziellen Empfehlung zu dem Schluß, daß »(...) es keinen wissenschaftlichen Anhaltspunkt gibt, der belegt, daß eine geplante Hausgeburt für eine Frau, die eine normale Schwangerschaft hatte, gefährlicher als eine Klinikgeburt ist«. Das Beispiel aus unserem Nachbarland Holland sollte uns auch zu denken geben. Dort kommen noch immer knapp über 30 Prozent (1993) aller Kinder zu Hause auf die Welt, ohne daß deshalb die Kindersterblichkeitsrate höher liegt als bei uns. Die Kaiserschnittrate allerdings ist mit knapp neun Prozent (1993) – im Vergleich mit den meisten anderen Industriestaaten mit hohem Klinikgeburtsanteil – wesentlich geringer.

Für Mütter, die sich unvermittelt mit einem Kaiserschnitt konfrontiert sehen, obwohl sie sich eine natürliche Geburt gewünscht hatten, ist es meist besonders schwer, sich damit abzufinden. Hinzu kommt noch, daß ein Kaiserschnitt eben eine große Operation ist. Zahlreiche wissenschaftliche Untersuchungen zeigen eindrucksvoll, daß die Erfahrung, operiert zu werden, eine »(...) der psychisch am wichtigsten und physisch belastendsten Lebenserfahrungen darstellt«[84] und eine der am meisten gefürchteten und mit Furcht besetzten Erfahrungen überhaupt ist. Urplötzlich, ohne größere Vorwarnung, sehen sich Frauen auf einmal mit ihrem eigenen möglichen Tod konfrontiert. Besonders bei einer Vollnarkose ist der Gedanke »gleich bin ich weg – hoffentlich wache auch ich wieder auf« eine der häufigsten Ängste.

Mütter nach einem Kaiserschnitt sind – und das kann gar nicht oft genug wiederholt werden – in einer extremen Belastungssituation, indem sie einerseits frisch Operierte sind, die Schonung für sich beanspruchen können, andererseits aber als Mütter dazu aufgefordert sind, sich um ihr Kind zu kümmern. Leider wird der Kaiserschnitt als Operation heute vielfach trivialisiert, vielleicht auch deshalb, weil er inzwischen ein Routineeingriff geworden ist und so häufig zur Anwendung kommt. Die Gefahren und Schmerzen der Mutter werden in der Gesellschaft vielfach übersehen.

Diese »Kaiserschnitt–na und?–Mentalität« schmerzt betroffene Frauen sehr. Barbara, selbst Kinderkrankenschwester und Mutter von fünf Kaiserschnittkindern, litt unter dieser Einstellung: »Daß ich keine natürliche Geburt erleben durfte, ist für mich kein Problem (obwohl ich gerne eine gehabt hätte), aber in der Umgebung gab es Meinungen wie ›Du hast dir ja den einfachen Weg ausgesucht, du kannst ja nicht mitreden.‹ Das fand ich schon sehr ungerecht.«

Auch Sibylle machte die (wohl unbewußte) Reaktion der Umwelt auf ihren Kaiserschnitt schwer zu schaffen: »Auch meine Eltern waren wie vor den Kopf geschlagen. Als wir vor meiner ersten Geburt einmal über das Thema Kaiserschnitt redeten, sagte mein Vater ›Das kommt bei uns nicht vor.‹ Ich war sein ›gesundes, sportliches Mädchen‹, wie konnte es möglich sein. In der Gesellschaft zählt nur eine normale Geburt. Frauen, die natürlich entbinden, bilden sich etwas darauf ein und sind obendrein sehr ungerecht; für die ist ein Kaiserschnitt die bequeme Art, ein Kind zu bekommen. Dabei hätte ich gerne getauscht. Bei mir dauerte es fast eineinhalb Stunden, bis die PDA endlich saß. Denen wünsche ich fast, die sollten auch mal einen Kaiserschnitt haben, dann wissen die, was es heißt, 14 Stunden Wehen zu haben und dann noch einen Kaiserschnitt.«

Sibylle bringt ein Thema zur Sprache, unter dem viele Kaiserschnittmütter zu leiden haben. Das Erfolgs- und Leistungsdenken macht auch vor der Tür des Kreißsaals nicht halt. Eine leichte, schnelle und problemlose Geburt bringt der Frau Anerkennung und Pluspunkte. Frauen geben schon gerne ein bißchen mit komplikationsfreien Geburten an, nach dem Motto: »Nach der Geburt bin ich sofort aufgestanden, habe geduscht, mein Kind in die Tragetasche gepackt und bin nach Hause gelaufen.« Geburt, das ist noch immer so etwas wie der ultimative Beweis einer funktionierenden Weiblichkeit. Es sind die wahren Heldinnengeschichten, die unsere patriarchale Gesellschaft den Frauen gerne erlaubt.

Überspitzt formuliert ist es noch immer so, daß sich der »Wert« einer Frau erst auf dem Gebärstuhl offenbart. Die Frau, die hier »versagt«, muß ohne Komplimente auskommen. Wenn sie Glück hat, bekommt sie Mitleid, was aber auch abwertet; hat sie Pech, geht niemand auf den Kaiserschnitt ein. So erging es Dörte: »Als ich noch aus dem Krankenhaus meine Arbeitskollegin anrief, um ihr mitzuteilen, daß ich jetzt stolze Mutter eines Sohnes sei, fragte die sofort mit Entzücken in der Stimme: ›Und wie war die Geburt? Ist alles toll gelaufen?‹ Es klang so, als würde sie sich nach einem Urlaub auf den Bahamas erkundigen. Als ich dann zugeben mußte, daß es überhaupt nicht toll war und daß das Ganze mit einem Kaiserschnitt endete, hörte ich am anderen Ende nur ein enttäuschtes ›Oh‹, das war alles; dann schneller Themenwechsel. Das war schlimmer, als hätte sie gesagt ›so ein Mist‹ oder so. Ich kam mir danach wirklich vor wie ›durchgefallen, Klassenziel nicht erreicht, die goldene Gebärmutter geht leider an jemand anderes‹.«

Viele Frauen, die beruflich sehr erfolgreich sind, stellen nicht selten auch höchste Erwartungen an sich selbst, was die Geburt ihres Kindes angeht. Dieses Erlebnis soll etwas ganz Besonderes werden. Vielleicht soll eine gelungene Geburt aber auch der Umgebung demonstrieren, daß sie nicht nur beruflich brillieren, sondern darüber hinaus auch noch eine »ganze« Frau sind. Nur zu häufig wird in unserer Gesellschaft einer »Karrierefrau« subtil unterstellt oder zu verstehen gegeben, sie sei zwar in ihrem Fach ein As, aber eine »richtige« Frau könne sie wohl nicht sein. Das Bild einer »echten« Frau ist auch heute noch von den gängigen Geschlechterklischees geprägt. Wissenschaftlerinnen werden nur zu häufig ihre weiblichen Eigenschaften aberkannt – nicht nur von Männern, sondern leider auch von ihren Geschlechtsgenossinnen. Frauen in Führungspositionen sind den wenigsten ganz geheuer. In diesem Klima verwundert es deshalb nicht, wenn erfolgreiche Frauen den Wunsch verspüren, »es denen einmal zu zeigen«. Welch bessere Gelegenheit gäbe es, als auch bei der Geburt die eigene Tauglichkeit unter Beweis zu stellen? Klappt das dann nicht, muß die Frau unter Umständen noch damit rechnen, daß diese Schlappe ihren Ruf, eine »Mannfrau« zu sein, noch untermauert. Auch ist es für sie oft nur schwer nachvollziehbar, daß gerade ihr, der doch sonst immer alles geglückt ist, dieser so wichtige Erfolg nicht gegönnt ist.

Eine weitere »Frauenfalle« sieht Eva Schindele: »Immer weniger schwangere Frauen finden heute eine Brücke zwischen ihrem Wunsch nach Aktivität und dem gleichzeitigen Bedürfnis nach Passivität und ›Geschehenlassen‹. Sie richten an sich selbst den Anspruch zu funktionieren, und die Schwangerenvorsorge mit ihrem medizinischen Blick auf die ›Apparatur Frau‹ fördert diese Haltung.«[85)]

Für Frauen sind ihre reproduktiven Organe mit höchstem Symbolcharakter behaftet. Sie sind auf ganz enge Art und Weise verbunden mit dem Konzept der Weiblichkeit schlechthin. »(...) schon von früher Kindheit an lernen sie, davon auszugehen, daß ihnen das (die Mutterrolle, Anm. d. Verf.) Erfüllung und Befriedigung wie sonst nichts in ihrem Leben als Frau bringen wird. Das Vatersein ist für Männer eher nebensächlich. Männlichkeit definiert sich nicht als Väterlichkeit. Für Frauen gelten Muttersein oder Fruchtbarkeit als Grundbestandteil ihrer Weiblichkeit.«[86] Nicht selten definieren Frauen ihr Selbstbewußtsein dadurch. Und noch mehr kann davon abhängen: Die Fähigkeiten, Kinder zu bekommen, eine Familie zu gründen, werden – meist unbewußt – assoziiert mit einer Verbindung zur Unsterblichkeit. Es sollte deshalb nicht verwundern, wenn ein operativer Eingriff in die sensibelsten Bereiche der Frau psychische Folgen hat. Schließlich handelt es sich um eine Verletzung, die auch nach außen sichtbar ist und es meist auch bleibt. Die Narbe wird die Frau immer daran erinnern, was geschehen ist. Viele Frauen können sich erst nach Jahren mit ihrer Narbe »anfreunden«. Oft bleibt sie jedoch etwas, was versteckt werden muß. Sabine mag sich nicht mehr nackt zeigen: »Nach dem Kaiserschnitt zog ich am Strand immer Badeanzüge an. In die Sauna traue ich mich nicht mehr, weil dann jede(r) gleich sieht, daß ich versagt habe.«

Auch der Intimkontakt kann darunter leiden, wenn die Frau sich nicht mehr attraktiv genug findet oder befürchtet, die Narbe könne ihren Partner abschrecken. Marita zwang sich dazu, ihre Narbe ganz bewußt anzuschauen: »Zuerst habe ich es immer vermieden, meine Narbe anzusehen. Es war einfach gefühlsmäßig zu schmerzhaft. Auch noch als ich sie körperlich schon lange nicht mehr spüren konnte, als das anfängliche stumpfe, betäubte Gefühl weg war. Dann wollte ich mich damit auseinandersetzen. Ich stellte mich jeden Tag nackt vor den Spiegel und betrachtete meine Narbe. Erst kam sie mir unsäglich häßlich vor. Es war eine Überwindung hinzusehen. Dann aber, ganz allmählich, habe ich mich an sie gewöhnt. Inzwischen habe ich sie direkt lieb, schließlich ist daraus ja das Liebste, was ich auf dieser Welt habe, geboren worden, meine Tochter.«

7.2. Psychische Folgen der Kaiserschnittgeburt für die Mutter

In den USA haben zahlreiche Studien die psychische Situation von Frauen nach einem Kaiserschnitt untersucht.[87)] Die Reaktionen der Mütter werden mit den gleichen Worten beschrieben, die auch wir in unseren Gesprächen immer wieder gehört haben: die Empfindung, die Kontrolle über eigene Körperfunktionen verloren zu haben, Kontrollverlust über den Geburtsablauf, Verlust von Selbstbewußtsein und Rollenkonflikte. Die Gefühlsempfindungen umfassen ein weites Spektrum von Erleichterung (darüber, daß das Kind geboren und gesund ist), aber auch Distanz (zum Kind), Gleichgültigkeit, Unzufriedenheit und Scham bis hin zu Gefühlen der Überwältigung – ängstlich, schuldig, verletzt, traumatisiert, kummervoll, depressiert, »wie ein Versager«, verwirrt, hilflos, frustriert, feindselig, abhängig, betrogen, angespannt, verleugnend (etwas nicht wahrhaben wollend), unterdrückt, unfähig, ärgerlich, unwillig, geschockt, verzweifelt, traurig, aus dem Tritt gekommen und enttäuscht. Diese Reaktionen auf eine Kaiserschnittgeburt unterscheiden sich in ihrer Ausprägung und Dauer stark von Frau zu Frau. Sie sind oft abhängig von einem komplexen Zusammenspiel verschiedenster Variablen, sowohl körperlich-umweltbezogener als auch psychisch-kultureller. Das Zusammenspiel dieser mannigfaltigen Variablen bestimmt letztendlich, wie eine Frau die Erfahrung nach einem Kaiserschnitt erlebt und verarbeiten kann.

Sheila Kitzinger beschreibt die Situation von Frauen, die nach einer schweren Geburt nicht mehr richtig Tritt fassen können. Ihre Worte – wenn auch nicht auf ein Kaiserschnitterlebnis bezogen – treffen aber auch dabei zu: »Wurde eine Frau während der Geburt ihrer Selbstbestimmungsrechte beraubt, gibt es keine Möglichkeit, das rückgängig zu machen und die Geburt anders zu gestalten. Doch viele Frauen durchleben solche Geburtserfahrungen, die sich wie ein alter Film in ihrem Kopf abspulen, wieder und wieder. Sie bemühen sich, die Abfolge und die Zeitpunkte der Ereignisse festzuhalten, wer was wann gesagt und getan hat, und möchten das

Warum verstehen. Selten ist jedoch jemand bereit, ihnen zu erzählen, was wirklich passiert ist. Der bei der Geburt anwesende Partner hat vielleicht noch weniger verstanden als die Frau selbst. Manchmal akzeptiert ein Mann die Sichtweise des Arztes und neigt, ohne es zu merken, dazu, die Erfahrungen der Frau abzuwerten oder in Frage zu stellen. Das Klinikpersonal ist höchst widerwillig, wenn es darum geht, etwas ausführlich zu erklären oder Fehler einzugestehen, aus Angst vor möglichen rechtlichen Folgen.«[88)]

Trotz Berücksichtigung großer individueller Unterschiede stellte die amerikanische Wissenschaftlerin Cynthia S. Mutryn nach Auswertung verschiedenster Studien eine Tabelle auf, die eine Art »Risikoeinschätzung« verschiedenster Einflußfaktoren darstellt, die Frauen veranlassen können, ihr Kaiserschnitterlebnis negativ zu beurteilen.[89)] Daraus entwickelte sie ein »Profil« von Frauen, die ein hohes Risiko tragen, ihren Kaiserschnitt nur schlecht verarbeiten zu können. In Auszügen wollen wir einige Komponenten, die darauf hinweisen können, daß Frauen mit einem Kaiserschnitt schlechter umgehen können, mit eigenen Zufügungen auflisten:

- höhere Sozialschicht
- stressige Lebenssituation
- Vorstellungen und Erwartungen an Geburt orientieren sich am natürlich / alternativen Modell, nicht an einem medizinischen
- kulturelle Wertvorstellungen passen nicht zu einer High-Tech-, / operativen Geburt
- wenig oder kein Vorwissen über den Kaiserschnitt und seine Folgen
- Kaiserschnitt war ungeplant
- lange Wehen mit Schmerzen und unter Einbeziehung invasiver Überwachungsmethoden
- Vollnarkose
- keine Kontrolle über Geburtserlebnis beziehungsweise keine Einbeziehung im Entscheidungsprozeß zum Kaiserschnitt
- Mutter-Kind-Erstkontakt nicht direkt nach der Geburt
- längere Trennung von Mutter und Kind nach der Geburt
- Stillschwierigkeiten
- keine Wehen.

Folgen einer ungenügenden Kaiserschnittverarbeitung können auch eine verminderte Bereitschaft zu nachfolgenden Schwangerschaften beinhalten. Ein Wissenschaftsteam in den USA fand in einer Untersuchung die Vermutung bestätigt, daß Kaiserschnittmütter seltener eine zweite Schwangerschaft anstreben oder aber erheblich größere Schwierigkeiten haben, erneut schwanger zu werden, als Mütter, die vaginal entbunden haben.[90)] Eine weitere Studie fand die Schwangerschaftsrate bei Kaiserschnittmüttern fünf Jahre nach ihrer ersten Geburt um elf Prozent niedriger als bei Vaginalgebärenden.[91)] Für die Geburtenentwicklung insgesamt bedeutet diese Tatsache, daß mit einer Erhöhung der Kaiserschnittrate die Geburtenanzahl rückläufig verläuft. Das wiederum kann nicht im Interesse von Industrienationen liegen, die schon seit Jahren über Geburtenschwund klagen. Mutryn verlangt als Konsequenz aus den negativen Begleiterscheinungen eine professionelle psychologische Betreuung aller Kaiserschnitteltern, um ihnen die Möglichkeit zu geben, sich mit all ihren Gefühlen rund um die Kaiserschnittgeburt auseinanderzusetzen, und ihnen so die Möglichkeit einer positiven Verarbeitung zu geben (siehe das Kapitel Hilfen für Kaiserschnittmütter).

Depressionen nach der Geburt

Wieder ist es unsere Gesellschaftsnorm, die es als gegeben voraussetzt, daß sich eine junge Mutter vor Glück – im Freudentaumel sozusagen – kaum zu lassen weiß. Und schließlich lächeln uns auch die glücklichen Mütter überall an: auf den Plakaten für Säuglingsnahrung, im Werbefernsehen, wo die einzigen Probleme einer jungen Mutter in auslaufenden Windeln zu bestehen scheinen und dementsprechend einfach zu lösen sind. Mit der richtigen Vollnahrung (die sich subtil als Garant fürs Durchschlafen anbietet) und einer ultrasaugfähigen Windelmarke kann dann nichts mehr schiefgehen, denn »trockene Babys sind glückliche Babys« und – so ließe sich fortsetzen – glückliche Babys haben glückliche Mamas. So einfach ist das alles also. Unglückliche Mütter kommen in den zahllosen Gratisbroschüren, die – gemeinsam mit den hundert Gratispröbchen – über frische Muttis nur so ausgeschüttet werden, nicht vor. Eine unglückliche Mutter ist schon fast etwas Unanständiges. So etwas sollte eigentlich nicht vorkommen. Ein »Heultag«, meist noch im Krankenhaus, wird ihr gerne zugesprochen. Das sei »ganz normal«, ist darüber nachzulesen. Auch die Krankenschwestern und Ärzte sind an diesem Tag besonders nett, freundlich und verständnisvoll. Den Hormonen wird die Schuld gegeben – was ja auch zutrifft. Damit sind sie gut einzuordnen und passen ins Schema. Wehe aber, diese Phase des Unglücks zieht sich in die Länge. Sehr schnell »(gilt) die Frau (...) als ›schwierige Patientin‹, vielleicht sogar als neurotisch, muß also mit Vorsicht behandelt werden. Bei ihrem Versuch, über die Geburt zu sprechen, stößt sie auf gütige Beschwichtigung. Es wird ihr gesagt, sie solle dankbar sein, daß das Baby lebt und gesund ist, und meist wird ihr zu verstehen gegeben, daß sie in der besten aller möglichen Welten lebt, in der alles zum besten steht.«[92)]

Es dauert also oft nicht lange, dann kann die Frau auf Verständnis in ihrer Umgebung nicht mehr rechnen. Auch Freundinnen und Verwandte scheinen zu erwarten, daß sie dem Bild der glücklichen Mutter entspricht. Nur wenn sie sich in dieses Klischee fügt, wird sie belohnt. Fällt sie – erneut – aus dem Rahmen, muß sie damit rechnen, daß man sie ausgrenzt. Deshalb verbergen viele Mütter ihre Gefühle und leiden im stillen Kämmerlein. Doch gerade in der Isolation und durch die fehlenden Gelegenheiten, sich den Kummer »von der Seele reden« zu dürfen, verstärken sich ihre Sorgen. Womöglich hat sie im Bekanntenkreis noch einige strahlende Vorzeigemütter, bei denen alles wie am Schnürchen läuft (mit Bilderbuchgeburt, Kind schläft durch, schreit auch tagsüber kaum), und fühlt sich im Vergleich noch schlechter. Das Schlimmste aber ist, daß sie sich für alle Unzulänglichkeiten selbst die Schuld gibt und sich so noch tiefer in Depressionen verstrickt.

In unserer Industriegesellschaft mit ihrer Kleinfamilienstruktur werden Frauen in keiner Weise auf das vorbereitet, was sie nach der Geburt erwartet. Nicht selten ist das eigene Kind auf dem Arm der erste Säugling, den die Frau jemals länger als fünf Minuten zu betreuen hatte. Ihr fehlt jegliche Erfahrung, wie sie beispielsweise mit einem schreienden Baby umgehen soll. Die Ratschläge ihrer Mutter, das Kind in Ruhe zu lassen und es so lange im Bett schreien zu lassen, bis es vor Erschöpfung einschläft, kann sie unmöglich beherzigen, denn sie weiß sehr genau, daß die Bedürfnisse ihres Kindes ernst zu nehmen sind. Nähme sie es nicht hoch, würden ihre Schuldgefühle noch größer. Reagiert sie auf jedes Schreien, ist sie sehr bald mit ihrer Kraft am Ende. Eine Mutter, die monatelang nachts drei- bis fünfmal aufsteht und die auch tagsüber immer für ihr Baby da ist und noch »nebenbei« den Haushalt schmeißt und kocht, braucht sich nicht zu wundern, daß sie mit tiefen dunklen Rändern unter den Augen nichts gemein hat mit den perfekt gestylten Müttern aus der Babyreklame. Durch das fehlende soziale und familiäre Netz ist es nämlich weitgehend die Frau ganz alleine, die für das Wohlergehen ihres Kindes zu sorgen hat. Rund um die Uhr. Ihr Mann, der zwar ab und zu mal beim Wickeln einspringt und auch manchmal den Windeleimer nach draußen bringt und so höchste Anerkennung in seiner Umgebung genießt (»was der alles für seine Familie tut ...«), braucht nachts selbstverständlich seinen Schlaf. Wie soll er sonst auch am nächsten Tag die Augen offenhalten, wenn es im harten Arbeitsalltag darum geht, den Lebensunterhalt seiner Familie zu sichern. Die Frau, in ihrer neuen Rolle als Aschenputtel, blickt morgens ungeschminkt und ungekämmt mit sehnsüchtigen Blicken hinter ihm her, wenn er sich mit einem Küßchen und dem Spruch: »Du weißt, ich würde gerne hierbleiben, aber das geht ja nicht« verabschiedet hat. Es ist noch gar nicht lange her, da hatte auch sie einen Job, der ihr Anerkennung und finanzielle Unabhängigkeit garantierte. Es ist wahr, sie hatte ihre Stelle freiwillig aufgegeben. Aber sie hatte keine Ahnung gehabt, auf was sie sich da eingelassen hatte. »Hausfrau und Mutter«, war das jetzt ihre »Berufsbezeichnung«?

Martina schildert, wie sie sich dabei fühlte:

»Schwangerschaftstest: Positiv!!! Meine Güte, sollte es wirklich wahr sein? Ich stand an der Schwelle zur Mutterschaft! Ein Schwall von Emotionen überrollte mich. Nur eines war sicher: Alles wird anders werden. Die Entscheidung, meinen gutdotierten Job für unser Kind aufzugeben, fiel mir nicht schwer. Schließlich wollte ich eine ›richtige‹ Mutter sein und unser Kind selbst großziehen. Alle Entwicklungsstufen unseres kleinen Rackers wollte ich mitbekommen. Mein Werdegang von der vielbeschäftigten Karrierefrau zur nicht minder ausgelasteten Hausfrau und Mutter vollzog sich zunächst sehr allmählich. Handwerker fragten bei anstehenden Entscheidungen (insbesondere wenn es ums Geld ging) nach meinem Gatten, nicht wissend, daß diese kleine Hausfrau schon sechsstellige Budgets eigenverantwortlich gemanagt hat. In Geschäften wurde mein Mann adressiert; die Frau mit dem kleinen Baby auf dem Arm oder im Tragetuch wurde mit der Bemerkung ›Wirklich reizend, Ihr Kleines‹ abgespeist. Nun war das alles weiter nicht schlimm, schließlich sorgte ich schon dafür, daß ich nicht übergangen werde. Der Härtetest jedoch sah anders aus: Die Identitätskrise kam in Form eines Formulars. Gefragt war mein Beruf. Was nun? Schließlich war ich doch keine ›echte‹ ›Nur-Hausfrau‹. Oder etwa doch? Meine Hand sah sich nicht in der Lage, den Kugelschreiber zu dem Schriftzug ›Hausfrau‹ zu bewegen. War das der Lohn für die Jahre des Studiums, meiner Zeit im Ausland, in der Berufswelt, nun auf einem Formular ›Hausfrau‹ auszufüllen? ›Hausfrau‹, das klang auf einmal wie ein Schimpfwort für mich. So nach ›hat es zu nichts gebracht‹. Mit der Wertschätzung einer Mutter und Hausfrau sah es schlecht bestellt aus. So blieb diese Zeile zunächst einmal leer. Zu Hause grübelte ich über mein Unvermögen, ›Hausfrau‹ zu schreiben, weiter nach. War es mir wirklich so wichtig, durch die Angabe eines Berufs emporgehoben zu werden? War eine wohlklingende Berufsbezeichnung Sinn des Lebens? Ich fühlte mich ein wenig, als sei mir der Boden unter den Füßen weggezogen worden. Bisher wähnte ich mich eher wie im Urlaub. ›Erziehungsurlaub‹ eben. Irgendwie fühlte ich mich der Berufswelt noch zugehörig. Das war jetzt vorbei. Auf einmal konnte ich verstehen, wie überflüssig und ungebraucht sich Arbeitslose und Rentner fühlen können. Aber eine Hausfrau wird sehr wohl gebraucht, und eine Mutter erst recht. Doch auch die in letzter Zeit immer häufiger angestellten Berechnungen ›Wieviel ist eine Hausfrau wert‹ – in Deutscher Mark gemessen, versteht sich – haben letztendlich nicht dazu beigetragen, das Image der Hausfrau aufzumöbeln. Es muß wohl am Wort liegen. Es ist behaftet mit dem Geruch nach Kohlgerichten, Putzmitteln und Windeln.«

Der Zeitpunkt, wann eine Frau mit den Konsequenzen ihrer Mutterschaft konfrontiert wird, ist von Frau zu Frau höchst unterschiedlich. Aber irgendwann erwischt es die meisten. Verschiedenste Faktoren bestimmen das Ausmaß und die Länge der vorübergehenden Identitätskrise. Hat sie ein Kind, das sie tags wie nachts nicht zur Ruhe kommen läßt, weiß sie vor Schlafmangel bald nicht mehr, wie sie sich über die nächsten Runden retten soll, steht sie mit dieser enormen Belastung alleine da; und schöpfte sie vor der Geburt Bestätigung und Anerkennung durch ihren Beruf, ist der plötzliche Wechsel oft nur schwer zu verkraften. Sie bekommt das Gefühl, daß ihr »alles über den Kopf wächst« und sie auf merkwürdige Weise die gesamte Kontrolle über ihr Leben verloren hat. Alles dreht sich auf einmal nur noch um ihr Baby. Wie es *ihr* dabei geht, interessiert niemanden. War sie während der Schwangerschaft noch im Mittelpunkt des Interesses, wenden sich nach der Geburt die Blicke hauptsächlich in Richtung Baby. Von ihr wird erwartet, daß sie sich mit Freude, Liebe, Geduld und einem Lächeln auf dem Gesicht der neuen Aufgabe stellt. Einer Aufgabe, für die eine Frau – von Geburt an sozusagen schon – besonders prädestiniert ist. Hatte sie zudem noch eine schwere Geburt oder einen Kaiserschnitt und macht sich deswegen schon Vorwürfe, eine »schlechte Mutter« zu sein, fällt sie häufig in tiefe depressive Stimmungen, aus denen sie oft keinen Ausweg sieht.

»Postnatale Depressionen« (auch postpartale Depressionen genannt) sind zwar als Phänomen nicht unbekannt, allerdings fehlt ein fundiertes therapeutisches Angebot in den meisten Kliniken. Sogar die Frauen selbst wissen oft nicht, daß sie an einem Symptom erkrankt sind, unter dem auch viele andere Frauen leiden. In ihrer Isolation glauben sie, daß nur sie ganz alleine derartig versagen und konfus sind. Manchmal hilft schon das Wissen, daß das, was sie zur Zeit durchmachen, ein anerkanntes Problem darstellt und einen Namen hat: »Tara war vier Monate depressiert, ehe sie die Worte ›postnatale Depressionen‹ zum erstenmal hörte. Sie war unglaublich erleichtert, daß diese vagen, chaotischen Gefühle des Unglücks etwas zu bedeuten hatten, daß sie eine bekannte Verfassung darstellten. Für sie war das Vermögen, das Problem benennen zu können, schon die halbe Lösung.«[93)]

Angelika dachte, daß sie sich so schlecht und unausgeglichen fühlte, sei einzig und allein auf die Tatsache zurückzuführen, daß sie einen Kaiserschnitt hatte: »Nach einiger Zeit machte ich den Kaiserschnitt für alles verantwortlich, was nicht so lief, wie es laufen sollte. Wenn meine Tochter schlecht schlief, waren es die Auswirkungen vom Kaiserschnitt, schrie sie, ohne sich beruhigen zu lassen, machte sich das Kaiserschnittrauma wieder bemerkbar, hatte sie Angst vor dem Alleinsein, war es das verpaßte Bonding. Als ich schließlich in der Stillgruppe andere Mütter kennenlernte, deren Kinder auch schlecht schliefen, die auch schrien, die auch nicht allein bleiben wollten, und dann hörte, daß sich auch diese Mütter mit natürlichen Geburten Selbstvorwürfe machten, weil die Geburt nicht so verlaufen war, wie sie es sich gewünscht hatten, konnte ich mein Kaiserschnitterlebnis etwas relativieren und fühlte mich nicht mehr ganz so schlecht.«

Wenn auch mehrere englischsprachige Untersuchungen zu dem Schluß kamen, daß Kaiserschnittmütter häufiger von postnatalen Depressionen betroffen sind als »normale« Mütter, so leiden immerhin auch circa zehn Prozent der Vaginalgebärenden darunter. Eine Definition, was denn nun genau postnatale Depressionen sind, gibt es nicht. Sicher ist allerdings, daß sie vorübergehend sind. Das mag zwar in dem Moment, in dem frau darunter zu leiden hat, nur begrenzten Trost bieten, aber im nachhinein berichten viele Frauen, daß sie jetzt eine ganz andere Lebenseinstellung haben. Fiona Marshall läßt in ihrem Buch »Coping with Postnatal Depression« die in der Erwachsenenbildung tätige Lucy zu Wort kommen:

»Bis ich selbst welche hatte, wußte ich kaum, daß es postnatale Depressionen überhaupt gibt. Für mich, und ich bin sicher, für andere auch, war es eine extrem komplexe Erfahrung, etwas was mich ganz und gar aufsaugte, physisch, emotional und sogar spirituell, wenn man so will. Ich glaube, das Gute daran war, daß die Depression mich dazu brachte, mir Dinge über mich selbst anzuschauen, vor denen ich vorher immer Angst hatte (...). Ich war in Behandlung, zutiefst verängstigt über das, was dabei herauskommen würde. Es wurde aber nie so schlimm, wie ich es in meinen Ängsten befürchtet hatte. Jetzt, wo ich soviel geklärt habe, bereue ich es nicht, da durchgegangen zu sein; ich bin sogar dankbar dafür, weil ich einen Lebensbereich entdeckt habe, von dem ich vorher nicht mal wußte, daß er existiert. So, wie ich vorher nicht wußte, was Depressionen sind und was Menschen mitmachen, die da durchgehen. Es ist so, als ob ich jetzt einen Teil meines Lebens sehen kann, welcher schon immer da war, und ich fühle mich dadurch um vieles stärker.«[94)]

Gründe für die postnatale Depression sind nicht nur in der physischen Erschöpfung nach der Geburt, der psychischen Auseinandersetzung mit der Mutterschaft und den gesellschaftlichen Zwängen zu suchen, sondern es spielen auch ganz handfeste hormonelle Umstellungen eine gewichtige Rolle. Während der Schwangerschaft produziert der Körper bis zu 50 Prozent mehr Hormone – Östrogen und Progesteron – als unter »normalen« Umständen. Nach der Geburt kommt es in wenigen Stunden zu einer gewaltigen Reduktion dieser Hormone. Während der Schwangerschaft hatte der Körper langsam die Gelegenheit, mit der Hormonschwemme fertig zu werden. Nach der Geburt geht es schlagartig. Das kann sich auswirken wie ein Drogenentzug. Hormone haben Einfluß auf das menschliche Wohlbefinden. Das »Schwangerschaftshoch«, das einige Mütter regelrecht aufblühen läßt, ist auch darauf zurückzuführen. Progesteron in hohen Dosen kann bewirken, daß Angst- und Erregungszustände gedämpft werden. Das Absinken des Östrogenspiegels kann zu depressiven Stimmungen führen, Höchstwerte des Schilddrüsenhormons machen hektisch und überängstlich, Niedrigwerte apathisch und träge. Nach der Geburt fallen auch die Werte des Schilddrüsenhormons, das während der Schwangerschaft ebenfalls um ein Vielfaches erhöht war, auf »Normalpegel«. Das Zentrum im Gehirn, zuständig für unser physisches und psychisches Gleichgewicht (Hypothalamus), kann durch das Ungleichgewicht im Hormonhaushalt überlastet sein, woraus ein Zustand der Unausgewogenheit entstehen kann.[95)]

Doch ist die Bildung von Hormonen nicht allein von biologischen Mechanismen abhängig. Die Hormonproduktion ist ein recht komplexes Zusammenspiel verschiedenster Variablen. So wie Hormone unsere Stimmungen beeinflussen, können umgekehrt auch unsere Stimmungen Einfluß auf die Bildung von Hormonen haben.

Wenn Sie also das Gefühl haben, völlig ausgelaugt zu sein, keine Energie mehr haben, um den Haushalt auf »Vordermann« zu bringen, haben Sie Geduld mit sich selbst. Von dem gesellschaftlichen Zwang, immer eine blitzblank polierte Wohnung präsentieren zu können, sollte frau sich sowieso ganz schnell befreien, auch für die Zeit danach. Ihr Körper funktioniert eben nicht wie eine Maschine und er reagiert nicht auf Knopfdruck bei Bedarf mit guter Laune. Je mehr wir uns selbst unter Druck setzen, um so länger kann es dauern, ehe wir uns erholt haben. Gerade nach einer so belastenden Geburtserfahrung, wie es der Kaiserschnitt sein kann, der als große Operation auch körperlich ungemein viel fordert, ist viel Ruhe und Schonung wichtig. Überlastung und der Versuch, es »gerade jetzt« allen zeigen zu müssen, bringen nicht weiter, sondern können im Gegenteil noch weiter zurückwerfen. Vertrauen Sie auch bei sich selbst in die Selbstheilungskräfte des Körpers. Wenn er Ihnen zu verstehen gibt, daß Sie zuviel von ihm verlangen, kann eine Periode der Ruhe – und sei sie auch verbunden mit Depressionen – durchaus auch heilend sein. Erst wenn das Stimmungstief lange anhält, sich ausweitet und mit weiteren Symptomen wie starken Erregungszuständen, schweren Schlafstörungen, extremer Reizbarkeit, starken Angstzuständen verbunden mit Panikattacken, dem Gefühl, die Kontrolle zu verlieren, und starken Aggressionsausbrüchen, die sich auch in Gewaltanwendung gegen das Kind ausdrücken, einhergeht, ist es Zeit, sich professionelle Hilfe zu holen (siehe Adressenteil und das Kapitel Hilfen für Kaiserschnittmütter).

7.3. Phasen der Kaiserschnittverarbeitung

Wie eine Frau eine Kaiserschnittgeburt beurteilt und wie gut oder schlecht sie damit zurechtkommt, hängt von verschiedenen individuellen Faktoren ab. Wie bei jeder anderen persönlichen Krise spielen auch bei der Kaiserschnittverarbeitung die Wahrnehmung des Erlebten – welches unter anderem abhängig ist von der Effektivität der Streßbewältigungsmechanismen sowie der Persönlichkeitsstärke – eine gewichtige Rolle. Daraus ergibt sich die ganz persönliche Einschätzung der Krise, welche sich zusätzlich aus dem allgemeinen Entwicklungsstand, der symbolischen Bedeutung der Krise und der Qualität der sozialen Unterstützung ergibt. Andere nicht zu unterschätzende Begleitumstände wirken sich ebenfalls darauf aus, wie eine Frau den Kaiserschnitt für sich selbst beurteilt: die Erwartungen, die sie mit der Geburt ihres Kindes verknüpft hat, ihre Beziehung zu dem entbindenden Arzt und den Hebammen, die Zeitspanne, die sie hatte, um sich mit dem Gedanken an den Kaiserschnitt anzufreunden (je plötzlicher, um so schwieriger und potentiell traumatischer), der Grund für den Kaiserschnitt, das Ausmaß der Wehen oder das völlige Fehlen der Wehen, die Gegenwart oder die Abwesenheit ihres Mannes bei der Operation beziehungsweise direkt danach, die Möglichkeit oder Unmöglichkeit des direkten Kontakts mit ihrem Kind und jegliche medizinische Komplikationen. Diese Variablen in ihrer unterschiedlichsten Ausprägung tragen alle ihren Teil dazu bei, wie die Frau die Kaiserschnitterfahrung verkraftet. Wie wir schon mehrfach betont haben, kommen dazu stets die individuelle Anpassung an die Mutterrolle und der physische Heilungsprozeß hinzu.

Trotz all dieser persönlich geprägten Unterscheidungsmerkmale gibt es offensichtlich große Übereinstimmungen, in welchen Phasen Kaiserschnittmütter ihre Geburtserfahrung verarbeiten, wie Juliene Lipson und Virginia Peterson Tilden von der University of California, San Francisco, in einer Untersuchung festgestellt haben.[96] Diese Verarbeitungsphasen verlaufen nach einem bestimmten zeitlichen Ablauf und ähneln den Phasen der Trauerarbeit.

Phase eins: Die unmittelbar ersten Stunden nach der Geburt
Die ersten 21 bis 24 Stunden direkt nach der Geburt sind von einer geschockten Taubheit gekennzeichnet. Noch benommen von der Narkose, der Anspannung und der Erschöpfung, wird jeder Moment so genommen, wie er gerade kommt. Vielleicht ist die Frau auch zunächst nur froh, daß alles vorbei ist und daß sie noch lebt. Der größere Zusammenhang – was die Geburt nun für sie und ihr Kind bedeutet – wird meist noch nicht hergestellt. Psychische Schutzmechanismen von Unterdrückung und Verweigerung tragen dazu bei, eine emotionale Überreaktion zu verhindern. Diese »mentale Pause« hält die Gefühle in Schach und gibt Raum, die Ereignisse allmählich einsinken zu lassen.

Janet beschreibt das so: »Ich konnte zunächst an nichts denken. Ich habe nur noch als Körper funktioniert – was man so funktionieren nennt. Es ging ums Überleben. Ich habe überlebt, mein Kind hat überlebt, mehr war zunächst nicht wichtig. Mit allem anderen wollte ich später fertig werden, jetzt nicht. Denken war viel zu anstrengend.«

Phase zwei: Die ersten Tage nach der Operation
In den ersten fünf bis sieben Tagen läßt die anfängliche Taubheit, das »nur Funktionieren« langsam nach. An ihre Stelle treten Gefühle von Enttäuschung, Schuld, Ärger und Neid auf die anderen Frauen auf der Entbindungsstation, die es »geschafft« haben, »richtig«, das heißt natürlich zu gebären. Der Verlust der Vorstellung von der glücklichen (Selbst)Erfahrung Geburt wird greifbar. In diese Phase fällt auch der berühmt-berüchtigte Heultag, der auch vaginalentbindenden Müttern »passiert«.

Gisela: »Als mich meine Schwiegereltern besuchen kamen, fühlte ich mich wie ein Versager. Trotzdem bemühte ich mich, möglichst souverän aufzutreten. Ich besorgte mühsam schleppend selbst eine Vase für die Blumen. Aber ich hatte mich wohl übernommen, denn kurz darauf brach ich in Tränen aus – was mir extrem peinlich war –, und ich hatte die ganze Zeit mit den Tränen zu kämpfen. Schon das kleinste Wort ließ mich wieder hinwegschwimmen.«

Das Hauptkennzeichen dieser Phase ist aber trotz des psychischen Erwachens auf den Körper bezogen. Die Energie der Frau ist darauf ausgerichtet, die Schmerzen unter Kontrolle zu halten, wieder feste Nahrung aufzunehmen, die Blase und den Darm zu entleeren, das Ein- und Aussteigen aus dem Bett zu trainieren und das Stillen in Gang zu bringen. Manche Frauen berichten davon, daß sie zunächst so mit sich selbst beschäftigt waren, daß sie es kaum schafften, besondere »Muttergefühle« zu entwickeln – was die meist vorhandenen Schuldgefühle noch verstärkt. In dieser Phase ist die emotionale Unterstützung von besonderer Bedeutung. Jegliche Hilfe von Schwestern und Hebammen bei der Babybetreuung wird dankbar angenommen, während ruppige »So ist es eben nun mal«-Schwestern eine Kaiserschnittmutter sehr treffen können.

Sabine war sehr glücklich über die Fürsorge der Nachtschwester: »Es war mir körperlich leider absolut nicht möglich, Sebastian über Nacht bei mir zu behalten, obwohl die Hebammen immer betont hatten, daß andere Kaiserschnittmütter durchaus dazu in der Lage waren. Da das Säuglingszimmer nicht so weit entfernt war, konnte ich immer hören, wenn ein Baby schrie. Auch wenn ich mir nicht ganz sicher war, ob es nun mein Sohn war oder nicht, bereitete mir das fast unausstehliche Qualen. Ich stellte mir vor, wie er hilflos in seinem Bettchen lag und nach mir schrie, und ich es einfach nicht schaffte, zu ihm zu gehen. Deshalb bat ich die Nachthebamme Maria, ihn mir *unbedingt* sofort zu bringen, sobald er anfing zu schreien. Die gute Maria wußte wohl, daß auch ich meine Ruhe und einen guten, ungestörten Schlaf brauchte, um schnell wieder auf die Beine zu kommen. Deshalb versicherte sie mir, daß sie Sebastian, wenn er schrie, bei sich auf den Bauch legen würde, damit er sich beruhigt. Sie fügte hinzu, daß sie das auch ganz gerne machen würde und daß sie Sebastian sehr möge. Von da an hörte ich kein Schreien mehr (es war eine sehr kleine Station, und die meisten Mütter machten Rooming-in), und ich konnte so lange ruhig schlafen, bis mir Maria meinen kleinen Schatz zum Stillen brachte. Ich hätte sie für ihre Fürsorge küssen mögen, denn ich glaube, daß ihre liebevolle Betreuung mir und meinem Sohn sehr gutgetan hat!«

Phase drei: Beginn der Bewußtwerdung
Die Zeit von der Klinikentlassung bis acht Wochen nach der Entbindung ist für alle Frauen eine schwierige Zeit, nicht nur für Kaiserschnittmütter. Für diese ist es jedoch besonders hart, denn die Rund-um-die-Uhr-Versorgung ihres Kindes verhindert die so nötige Erholung nach der Operation. Was bei anderen Postoperierten niemals geduldet würde, wird von der Kaiserschnittmutter verlangt. Es wundert daher kaum, daß sich Kaiserschnittmütter in dieser Zeit oft total überfordert fühlen und es auch sind. Sie haben häufig das Bedürfnis, selbst bemuttert und versorgt zu werden, statt dessen müssen sie muttern. Daraus leitet sich oft die Sorge ab, keine gute Mutter zu sein, und es stellt sich erneut die »Bonding-Frage«. Für Kaiserschnittmütter mag es erleichternd sein, wenn sie feststellen, daß Mütter, die vaginal entbunden haben, mit ähnlichen Problemen zu kämpfen haben. Nur zu leicht wird dem Kaiserschnitt für alles die Schuld gegeben.

Jetzt ist auch die Zeit, in der die Frage nach der Notwendigkeit des Kaiserschnitts nochmals kritisch in Frage gestellt wird. Inge: »Wie oft habe ich mich gefragt, ob die Sectio wirklich nötig war. Hätte ich nicht vielleicht noch etwas länger aushalten sollen oder können? War die Entscheidung dazu zu schnell? (Inge hatte fast 24 Stunden Wehen hinter sich, trotzdem hatte sie diese Gedanken.) War ich wirklich einer der wenigen Fälle, in denen ein Kaiserschnitt echt unumgänglich war? Sicher war ich mir bei der Antwort nie. Nur der Gedanke, daß sonst mein Kind noch länger hätte leiden müssen, beruhigte mich jedesmal. Wer weiß, vielleicht wäre es für Ariane sogar besser gewesen, wenn wir eher einen gemacht hätten. Aber sicher war ich mir nie. Das kam vielleicht auch daher, daß die Indikation ›Geburtsstillstand‹ so unspektakulär klingt. Das klingt einfach nach ›hat es nicht weiter geschafft‹. Aber ich erinnere mich auch noch gut, daß ich damals wirklich nicht weiter konnte, und trotzdem …«

Andere Mütter verarbeiten Teile ihres Geburtserlebnisses in Träumen und Alpträumen oder nächtlichem Zähneknirschen.

Phase vier: Mittelfristige Auflösung

Die intensiven und schmerzhaften Gefühle aus Phase drei müssen irgendwie aufgelöst, angenommen oder verarbeitet werden, um einen Zusammenbruch zu verhindern. Deshalb ist die vierte Phase, die in etwa zwischen dem zweiten und zwölften Monat nach der Geburt liegt, gekennzeichnet durch eine intensive innere Auseinandersetzung mit dem Erlebnis, ein Suchen nach einem Sinn für das Ganze. Das geschieht durch eine aktive oder passive Aufarbeitung der Geburtserlebnisse und der Erinnerungen und Gefühle, die damit verbunden sind. Das ist jetzt besser möglich, weil die physischen Kräfte zurückkommen und die Narbe im Bauch verheilt. Das Kind ist schon größer und unabhängiger. Die Mutter-Kind-Beziehung ist gefestigt, die Mutter erlebt sich als »gute Mutter«. Einige Mütter versuchen in dieser Phase, die Gedanken an das Erlebte zu unterdrücken oder sogar alles komplett zu vergessen. Manche sind mit dieser Methode offenbar so »erfolgreich«, daß sie sich nach einigen Jahren nicht mehr an Einzelheiten des Kaiserschnitts erinnern können. Helga erinnerte sich in unserem Gespräch zwar noch recht genau an alle medizinischen Abläufe, an ihre eigenen Gefühle damals kam sie allerdings nicht mehr heran. Obwohl sie noch wußte, daß ihr die Geburt ihres Kindes per Kaiserschnitt große Probleme bereitet hatte, konnte sie ihre Gedankenabläufe damals nicht mehr benennen. »Ich glaube, ich möchte mich auch nicht mehr daran erinnern. Es war zu schmerzhaft. Ich bin froh, daß die Qual ein Ende hat. Ich habe alles verdrängt, das gebe ich gerne zu, aber für mich war das der einzige Weg, damit klarzukommen, denn ich hatte damals niemanden, mit dem ich darüber wirklich hätte sprechen können.«

In dieser Verarbeitungsphase ist die Möglichkeit, mit anderen Kaiserschnittmüttern über die Erlebnisse zu sprechen und Erfahrungen auszutauschen, besonders wichtig, wertvoll und hilfreich, um das Kaiserschnitterlebnis in Perspektive zu rücken und in der Zukunft besser damit umgehen zu können (siehe Kapitel Kaiserschnittgruppe). Vera: »Erst als ich hörte, wie andere Mütter von sich sagten: ›Ich habe versagt‹, konnte ich mir diese Gefühle auch eingestehen und auch aussprechen. Ich fühlte mich danach befreit und nicht mehr so unnormal.« Andere Mütter, die glaubten, das schrecklichste Kaiserschnitterlebnis zu haben, sind überrascht, wenn sie von Frauen hören, die noch Schlimmeres durchgemacht haben.

Phase fünf: Die (Er-)Lösung

Nach und nach lernt die Kaiserschnittmutter, das Erlebte zu akzeptieren und es in Perspektive zu dem Rest ihres Lebens zu setzen. Zwar wird auch sie noch ab und zu gedanklich durch die einzelnen Geburtsphasen gehen, aber das wird gelassener und nicht mehr so gefühlsgeladen geschehen. Völlige Auflösung eines emotionsgeladenen Lebenserlebnisses ist selten. Statt dessen relativiert sich das Erlebte und wird eingebettet in eine realistischere Einschätzung. Häufig wird auch dem traumatischen Erlebnis noch ein positiver Aspekt abgewonnen, meist ist es die Gesundheit des Kindes.

Ein anderer Aspekt ist das Bestreben einiger Frauen, anderen Frauen mit ähnlichen Erlebnissen zu helfen und so ihrem Erlebnis im nachhinein Sinn zu geben. Es kann aber auch ein Akzeptieren der Unerklärbarkeit sein, wie Gisela es beschreibt: »Ich war zuerst wie vor den Kopf geschlagen und habe verzweifelt nach möglichen Ursachen geforscht. Gefunden habe ich bis heute keine. Nach wie vor glaube ich, sensibel auf meinen Körper zu reagieren. Warum er mir bei dem wichtigsten Ereignis, der Geburt meiner Kinder, den ›Dienst‹ versagte, ist mir bis heute nicht klar. Aber vielleicht gibt es tatsächlich Dinge in unserem Leben, die uns in ihrer Sinnhaftigkeit verborgen sind – zumindestens für den Moment. Dies zu akzeptieren war für mich nicht leicht, da ich es einerseits berufsbedingt gewohnt bin, der Sache auf den Grund zu gehen, und andererseits glaubte, daß ich mir durch jahrelange Meditationspraxis ein gewisses ›Anrecht‹ auf eine natürliche Geburt erworben hatte. Zumindest glaubte ich, wenigstens wissen zu sollen, warum es soweit kommen konnte. Für den Augenblick habe ich mich damit abgefunden, dafür keine Erklärung zu haben. Vielleicht werde ich eines Tages wissen, warum und wozu es gut war, vielleicht aber auch nicht.«

Frauen berichten auch immer wieder, daß sie der Kaiserschnitt so etwas wie »Demut« gelehrt hätte. Nochmals Gisela: »Wenn ich jetzt zurückschaue, wie überheblich ich vor meinem ersten Kaiserschnitt war, ist es direkt unfaßbar. Niemals hätte ich geglaubt, daß ich einen Kaiserschnitt ›brauchen‹ würde. Frauen, die per Kaiserschnitt entbunden haben, machte ich direkt selbst dafür verantwortlich. Sie waren halt zu verkrampft oder wollten ihr Kind nicht hergeben, oder ich zog sonst einen laienpsychologischen Erklärungsansatz heran. Ich hätte Wetten abgeschlossen, daß mir das nicht passieren würde. Und dann ist es doch passiert. Mir! Auf einmal änderte sich meine Meinung schnell, und ich bat innerlich viele von mir so abqualifizierte Frauen um Vergebung für meine Überheblichkeit. Die ist wirklich nicht angesagt.«

Früher oder später jedoch kommt fast jede Kaiserschnittmutter mit ihrem Geburtserlebnis ins reine. Die Worte von Regina Hilsberg hatten für mich (Theresia) eine positive Wirkung, und ich hatte sie – in Ermangelung anderer Literatur – immer und immer wieder gelesen: »Wenn der Ablauf der ›idealen‹ Geburt davon bestimmt sein soll, auf die Signale des Körpers zu hören und mit ihnen zu arbeiten, dann kann es eben auch ideal sein, sich ohne Groll notwendigen medizinischen Eingriffen zu fügen. Keiner von uns ist vollständig für seine körperliche Konstitution verantwortlich. (...) Und haben Sie nur unter allerlei Hilfen Ihr Kind zur Welt bringen können, dann sind Selbstvorwürfe und Enttäuschung weniger am Platz als Dankbarkeit dafür, daß die moderne Geburtshilfe, bei allem Schaden, den sie bei übereilter Anwendung anrichten mag, schon Tausenden von Frauen und Babys ein schreckliches Schicksal erspart hat, das sie noch vor hundert Jahren ereilt hätte.«[97)]

Meist setzt eine erneute Schwangerschaft allerdings den Auseinandersetzungsprozeß wieder in Gang. Die Frage, was lief beim ersten Mal schief und wie kann ich es jetzt besser machen, stellt sich dringlich. In einem guten Geburtsvorbereitungskurs sollte das möglich sein (siehe Kapitel Geburtsvorbereitung).

8. Einmal Kaiserschnitt – immer Kaiserschnitt?

Direkt nach der Diagnose »schwanger« stellt sich für Kaiserschnittmütter die Frage »Was jetzt?« Wie wird die nächste Geburt verlaufen? Gedanken über das, was beim erstenmal schiefgelaufen war und wie es jetzt besser gehen kann, sind fast unvermeidbar. Häufig wird die zweite Schwangerschaft auch als Chance begriffen, »alles wieder gutzumachen« – den Beweis für eine funktionierende Weiblichkeit doch noch zu liefern. Die meisten GynäkologInnen dürften inzwischen den Wunsch einer Kaiserschnittmutter nach dem Versuch einer natürlichen Geburt unterstützen. Der Ausspruch »einmal Kaiserschnitt – immer Kaiserschnitt« dürfte wohl der Vergangenheit angehören, trotzdem läßt er sich nur schwer ganz vergessen. Auch im Mutterpaß wird die neue Schwangerschaft sofort als Risikoschwangerschaft eingeordnet. Automatisch. Das verunsichert Frauen wieder. Die größte Gefahr bei einer erneuten Geburt besteht darin, daß die Gebärmutternaht den Belastungen der Wehen nicht standhält und reißt. Das Risiko ist aber eher als gering einzuschätzen (Risikohäufigkeit 1994 in Bayern bei unter einem Prozent[98]).

Auch wenn sich die meisten Kaiserschnittmütter auf eine natürliche Geburt vorbereiten, schwebt die Möglichkeit des erneuten Kaiserschnitts wie ein Damoklesschwert über ihnen. Immerhin entbindet die Hälfte aller Kaiserschnittmütter auch bei einer erneuten Geburt wieder per Kaiserschnitt.[99] Gisela besuchte Schwangerschaftsgymnastikkurs und Geburtsvorbereitungskurs: »Als wir im Geburtsvorbereitungskurs zu der tatsächlichen Geburt kamen und die Hebamme von dem Moment schwärmte, in dem das Köpfchen durch die Vagina gleitet und die Mutter das Köpfchen schon ertasten kann, konnte ich meine Tränen nicht weiter zurückhalten. Es dauerte nicht lange, da saß ich schluchzend und heulend da, obwohl ich bisher glaubte, das alles gut ›verpackt‹ zu haben. Die anderen Kursteilnehmerinnen reagierten verwirrt und betroffen. Die Hebamme fragte mich, weshalb ich denn weine, obwohl sie wußte, daß meine erste Geburt ein Kaiserschnitt war. Daraufhin erzählte ich von meinem ersten Kaiserschnitt und all dem, was ich dadurch nicht erleben durfte. Die Hebamme versuchte, mich zu beschwichtigen, und war recht hilflos. Sie wußte offenbar nicht, wie sie mit der Situation fertig werden sollte. Das einzige, was ihr einfiel, war: ›Sie werden diesmal bestimmt eine natürliche Geburt haben, da bin ich ganz sicher.‹ Die Gelegenheit, über den Kaiserschnitt etwas ausführlicher zu sprechen, nahm sie nicht wahr. Deshalb sagte ich all den Kursteilnehmerinnen mit den dicken Bäuchen (und fühlte mich leicht unwohl dabei), daß sie sich über die Möglichkeit eines Kaiserschnitts informieren sollten, damit sie nachher nicht so völlig desorientiert daständen wie ich. Eine Frau, die wegen vorzeitiger Wehen im Krankenhaus war, bestätigte mir, wie wichtig es sei, auch solchen Fragen offen ins Gesicht zu schauen. Die Hebamme aber meinte, sie wolle den anderen jetzt keine unnötigen Ängste machen, und fuhr fort mit der Beschreibung der natürlichen Geburt. Das hat mich einerseits geärgert, denn ich fühlte mich nicht ernst genommen, andererseits empfand ich die Vorgehensweise der Hebamme als äußerst naiv.«

Die Psychologin Ulrike Hauffe, die lange Jahre in einem Bremer Krankenhaus Frauen vor und nach der Geburt betreut hat, sagt dazu: »Ein guter Geburtsvorbereitungskurs darf dieses Thema nicht auslassen. Es werden so keine Ängste geschürt, sondern die Ängste, die sowieso da sind, werden auf den Tisch geholt. Vor dem Hintergrund der steigenden Kaiserschnittraten kann sich keine Schwangere diesem Gedanken verschließen.«

8.1. Hausgeburt nach einem Kaiserschnitt

Frauen, die sich eingehend mit ihrem ersten Kaiserschnitterlebnis auseinandergesetzt haben und dabei zu dem Ergebnis gekommen sind, daß die gesamte Krankenhaussituation mit ein Grund dafür war, daß sie beim ersten Mal einen Kaiserschnitt hatten, entscheiden sich manchmal trotz der weitverbreiteten Meinung, daß eine Hausgeburt auch ohne voraussehbares Risiko zu gefährlich sei, für genau das: eine Hausgeburt. Frauen, die sich dazu entschließen, haben die Entscheidung nicht auf die leichte Schulter genommen, sondern sich genauestens vorher informiert, wie der Bericht von Jutta zeigt:

»Unser erstes Kind, Johannes, kam durch einen Kaiserschnitt auf die Welt. Obgleich dieser Kaiserschnitt wegen Ereignissen, die außerhalb meines Zutuns standen, durchgeführt werden mußte (Blasensprung nach Fruchtwasserspiegelung, Beckenendlage, unter Wehentropf verlangsamte Herzfrequenz), machte ich mir unmittelbar nach der OP trotzdem Vorwürfe, ich hätte mich gedrückt (obwohl die OP ein schwerer körperlicher Eingriff ist). Ich hatte große Selbsterfahrungserwartungen an eine durchstandene Geburt gehabt und fühlte mich darum betrogen. Ich fühlte mich als Frau – unfähig ein Kind auf die Welt zu bringen – gekränkt. In den Monaten danach wechselten die Einschätzungen erst dahingehend, daß viel von Johannes ausgegangen sei, er vielleicht nicht habe leben wollen, vielleicht aber auch ein Kind ist, das nicht viel Widerstand überwinden kann, oder einfach nur, weil er einen sehr langen Hinterkopf hatte. Lange blieb dann meine Ansicht, daß der Arzt auch viel Mist gebaut hatte, die Beckenendlage vor der Fruchtwasserspiegelung nicht festgestellt hatte.

Als ich dann nach drei Jahren wieder schwanger war, wußte ich – auch aufgrund meines Medizinstudiums –, daß ein Kaiserschnitt nicht notgedrungen wieder erfolgen mußte, aber wie das Damoklesschwert schwebte die Angst vor einer Uterus-Ruptur (Reißen der Gebärmutter) über mir. Aber es kamen viele gute Erfahrungen zusammen. Ich ging in krankengymnastische Behandlung und besuchte einen guten Geburtsvorbereitungskurs, wodurch ich meine

Selbsteinschätzung, nicht viel aushalten zu können, etwas revidieren konnte. Auch war es mir dort möglich, über meine Angst vor einem erneuten Kaiserschnitt zu sprechen, zu weinen. Ich hatte auch die Erfahrung gemacht, eine gute Mutter zu sein, und distanzierte mich nicht so von meiner Schwangerschaft wie beim ersten Mal. Ich ließ mich mehr darauf ein und konnte mehr ausruhen. Bei der ersten Schwangerschaft hatte ich ein volles Uniprogramm durchgezogen, meine Promotion begonnen und bis kurz vor dem Termin in einer Kinderarztpraxis Praktikum gemacht. Inzwischen hatte ich auch durch meine Arbeit im Kreißsaal gesehen, daß Wehen auszuhalten sind. Ich hatte insgesamt eine realistischere Vorstellung von einer Geburt, gleichzeitig war ich gelassener und hatte nicht mehr so viele Erwartungen. Die entscheidende Wende kam dann, als ich aus Vertretungsgründen bei einem Frauenarzt, der Hausgeburten betreut, einen Termin hatte. Er fragte mich zwischen Tür und Angel, in welche Klinik ich gehen wollte. Ich nannte ihm das Krankenhaus und fragte ihn, ob er es nicht auch für zu gefährlich halte, nach einem vorangegangenen Kaiserschnitt eine Hausgeburt durchzuführen. Er verneinte das. Aufgrund seiner Erfahrungen konnte er meine fachlichen Bedenken ausräumen. Wie beflügelt fuhr ich an diesem Nachmittag mit dem Fahrrad nach Hause. Langsam wuchs der Gedanke an eine Hausgeburt in mir, und mein Liebster konnte sich's auch vorstellen. Vor allem dachte ich, daß die Möglichkeit, unter der Geburt fast alles tun und lassen zu können, was ich erleichternd empfinden würde, meine möglichen Verspannungen erst gar nicht entstehen lassen würde. Mit der Entscheidung (Anmeldung) für eine Hausgeburt wurde die Betreuung durch die Hebammen intensiver, als Schwangerschaftsbetreuungen sonst sind. Sie fragten, wie es mir wirklich geht, hörten auch zu und nahmen meine Ängste ernst. Ich bat zwei Freundinnen (beide Ärztinnen mit Erfahrungen in der Geburtshilfe), dabeizusein. Mir war klar, daß durch den vorausgegangenen Kaiserschnitt eine Hausgeburt eventuell früher abgebrochen werden muß und insgesamt noch viel sorgfältiger als sonst auf kleine Hinweise hinsichtlich möglicher Komplikationen geachtet werden muß. Deshalb versteifte ich mich nicht allzusehr auf die Hausgeburt. Und es wurde schöner, als ich es mir vorgestellt hatte! Ich hatte am Abend vor dem dritten Advent noch ein kleines Christkind aus Knetwachs modelliert, das von Engeln in einer Nußschale zur Welt gebracht wird. Um zwei Uhr nachts kamen die Wehen plötzlich heftigst. Trotzdem war der Muttermund nach eineinhalb Stunden kaum geöffnet. Alle dachten und sagten, daß es noch Stunden dauern würde. Wir legten uns hin, die Hebamme fuhr nach Hause. Die Wehen wurden heftiger, ich konnte nachempfinden, daß Frauen nach einem Kaiserschnitt schreien. Ich stand hüftschwenkend auf ein Regalbrett gelehnt, mein Freund massierte mich, und ich versuchte, auf dem Boden zu bleiben. Hundertmal rannte ich aufs Klo, das eingelassene Badewasser ließ ich stehen. Melissenduft zog durch die ganze Wohnung. Um sechs Uhr platzte die Fruchtblase, das Wasser ergoß sich in die Kloschüssel, und ich konnte unter den Wehen kaum noch stehen. Endlich auf dem Bett, untersuchte mich meine Freundin. Der Muttermund war vollständig geöffnet. Was sie mir nicht sagte, war, daß der Kopf schon auf dem halben Weg nach draußen war. Ich sollte schnaufen wie eine Lokomotive und dachte dabei ›Wer weiß heute schon noch, wie eine Lokomotive schnauft‹. Als die Hebamme, klatschnaß vor Schweiß, angerast gekommen war, konnte ich endlich pressen. Nebenan war inzwischen Johannes wach geworden, spielte aber vergnügt vor sich hin. Um 6 Uhr 52 lag Maximilian auf meinem Bauch. Johannes kam ins Zimmer und sah ihn sich an. Ich war völlig euphorisch, lachte, als meine Freundin sich die Jeans auszog, um zum Nähen meiner Dammrisse bequem bei Taschenlampenlicht sitzen zu können, mein Po auf Telefonbüchern zur Erhöhung liegend. Obgleich der Schmerz der Wehen fast ans Unaushaltbare ging, war er fast gleich vergessen. Ich war sehr dankbar und glücklich. Wenn ich mir heute beide Kinder anschaue, ihnen zusehe, sie erlebe, bleibt die Frage, ob der Geburtsmodus Einfluß auf das Wesen des Kindes hat, oder ob vielmehr eher das Wesen des Kindes die Art und Weise bestimmt, in der es zur Welt kommt. Das Nichtwissen ermöglicht es uns vielleicht, zumindest hinsichtlich einer Geburt etwas von unserer Erwartung, unseren Vorstellungen und Wünschen Abstand zu nehmen und manches so zu nehmen, wie es kommt.«

Uns fiel bei den Berichten von Hausgeburten auf, wie wenig dort Untersuchungen und Technik eine Rolle spielten. Statt dessen ist es die Selbstbestimmung der Frau und die psychische Unterstützung durch Freunde und Bekannte, die einen großen Unterschied zu der vorhergehenden Geburtserfahrung darstellt. Welch großen Einfluß diese Faktoren haben können, wird besonders durch Johannas Geburtsbericht greifbar:

»Als ich wieder schwanger wurde, waren wir gerade von Berlin aufs Land gezogen. Das Thema Geburt war durch meine letzte Erfahrung sehr mit Ängsten überfrachtet (Johanna hatte einen traumatischen ungeplanten Kaiserschnitt hinter sich, Anm. der Verf.). Fast die ganze Schwangerschaft konnte ich mich mit nichts anderem beschäftigen. ›Werde ich es diesmal schaffen? Was gab es für Muster in mir, die es soweit hatten kommen lassen?‹ Ich habe im hiesigen Landkreis eine Hebamme gefunden, die nach Kaiserschnitten Hausgeburten gemacht hat, und wir wollten es miteinander versuchen. Diesmal überlegte ich mir, was ich wohl alles während der Geburt um mich herum bräuchte, damit es optimal klappt. Ich wollte eine öffentliche Geburt machen und mich nicht privat ins Schlafzimmer verkriechen. Ich ahnte, ich brauche viele Menschen um mich herum, die mich unterstützen, die mir immer wieder sagen, daß ich es schaffe. In Tiefenentspannungszuständen habe ich öfters Kontakt mit meinem Kind aufgenommen und es gefragt, ob es mit meinen Ideen einverstanden sei. Es hatte nichts dagegen. Ich habe mich mit einer Gruppe von Leuten, die dabei sein sollten, einen Abend lang zusammengesetzt und über die Punkte gesprochen, bei denen ich unsicher war, und habe ihnen erklärt, wie sie mir am besten helfen könnten. Es waren circa 15 bis 18 Teilnehmer, aber ich war nicht sicher, ob zum Zeitpunkt der Geburt auch alle zu Hause sein würden. Die Hebamme und ich hatten uns außerdem das Recht vorbehalten, während der Geburt, falls nötig, jemanden aus dem Raum zu schicken. Wie beim ersten Mal senkte sich unser Kind nicht ins Becken. Es waren schon zwei Wochen vergangen, und ich wurde immer mutloser. Alles schien gegen einen glücklichen Verlauf zu sprechen. Lara, unser erstes Kind, bekam Keuchhusten, der ortsansässige Gynäkologe wollte nicht zum Nähen kommen, und

Marlies, die Hebamme, ging in der nächsten Woche in Urlaub. Otto und ich haben noch einmal Kontakt mit unserem Kind aufgenommen und es gefragt, warum es sich soviel Zeit läßt. Es meinte, es gäbe noch eine Unklarheit in meinem Umgang mit Schmerzen. Schmerzen lösen bei mir sehr viel Angst aus, die mich blockieren loszulassen. Wir haben versucht, dieses Muster durch Vertrauens- und Hingabeübungen aufzulösen. Marlies hat mir am 13. Tag (nach dem Termin, Anm. der Verf.) Akupunkturnadeln gesetzt – der letzte Versuch! In dieser Nacht bin ich ganz entspannt ins Bett gegangen mit dem Gedanken: ›Wenn mein Kind will und mein Körper auch, mache ich mit. Ich selbst will keine Hausgeburt mehr.‹ Ich fühlte mich von den Umständen im Stich gelassen. Aber tatsächlich setzten die Wehen um drei Uhr nachts ein und ich dachte: ›Nun gut, jetzt will ich auch mitmachen.‹ Otto habe ich schlafen lassen, und bis morgens um sieben konnte ich die Wehen selbst versorgen. Aber dann ging alles Schlag auf Schlag. Ich habe die Hebamme gerufen, die ersten Leute – meine Hausnachbarn – hergeholt und dann das Steuer an die Gruppe abgegeben, die nach und nach eintraf. Was dann geschah, war eine einzigartige Zusammenarbeit zwischen den Leuten, der Hebamme, Otto und mir. Zuerst kam ich mit den starken Wehen nicht zurecht, und Marlies zeigte mir, wie ich atmen sollte. Die Gruppe, zu der Zeit knapp zehn Leute, atmeten bei jeder Wehe mit mir. Ich hockte die ganze Zeit im Vierfüßlerstand über Otto. Alle waren unglaublich konzentriert. In den Wehenpausen hätte man eine Stecknadel fallen hören können. Der Muttermund öffnete sich wunderbar. Ich konnte es fast nicht glauben. Alle sagten mir immer wieder, daß ich gut sei und daß es nicht mehr lange dauern würde. Während der Wehenarbeit, die mein Bewußtsein fast ganz in Anspruch nahm, konnte ich immer wieder Blickkontakt zu den Leuten aufnehmen, die im Zimmer waren oder hereinkamen. Die ermunternden Augen waren wie Balsam. Es gab einen inneren Ring von Vertrauten, die ständig dicht bei mir waren und mich berührten, und welche, die außerhalb Anteil nahmen. Um zehn Uhr war der Muttermund fast vollständig eröffnet. Nur ein kleiner Saum war noch zu sehen. Marlies hat mich dann an die Wand vor Otto gesetzt und den kleinen Saum mit der Hand weggeschoben. Ein paar Leute haben den Bauch nach unten gedrückt, weil die Preßwehen nachließen, und unser Kind ist herausgeflutscht. Es war eine wunderbare Gemeinschaftsarbeit. Alle waren so glücklich. Ich brauchte nicht einmal genäht zu werden. Anschließend haben wir gefrühstückt und gefeiert. Ich bin zutiefst dankbar. Es war ein Erlebnis, was mich in meinem Leben am meisten berührt hat.«

Johanna wußte, daß sie Unterstützung während der Geburt brauchen würde. Sie hat sich die Unterstützer genau ausgesucht und hatte dann das Vertrauen, sich gehenzulassen. Sie hat dabei das Steuer viel weniger »abgegeben«, als sie meinte. Sie hat sich vielmehr ihrem Körper hingegeben und dabei ihren Kopf ausgeschaltet. Die anderen haben sich genau auf sie und ihre Körperbedürfnisse »eingeschwungen« und Johanna dabei sehr in ihrem Ablauf unterstützt. Sie war aber zu keiner Zeit fremdbestimmt, sondern im Gegenteil zutiefst selbstbestimmt. Sie fühlte sich gut aufgehoben und konnte sich deshalb gehenlassen.

Vergleichen wir dieses gewollte Abgeben mit der Situation im Krankenhaus. Auch hier gibt die Frau ab. Aber es ist ein fremdbestimmtes Abgeben. Die Übergabe findet ferner an Fremde statt. Da kann sich tiefes Vertrauen nur schlecht entwickeln. Die Frau wird fremdgesteuert und fühlt sich auch so. Als Folge entwickelt sie Angst und verkrampft sich. Dies setzt dann im Krankenhaus einen medizinischen Kreislauf in Gang, an dessen Ende nur zu oft der Kaiserschnitt steht. Sicherlich ist es auch im Krankenhaus möglich, natürlich zu gebären – auch nach einem vorausgegangenen Kaiserschnitt. Das dürfte sogar die Norm sein, schließlich ist die Hausgeburt in Deutschland auch bei risikolosen Geburten immer eine Ausnahme, und nicht jede Hebamme erklärt sich nach einem vorausgegangenen Kaiserschnitt dazu bereit, eine Hausgeburt zu begleiten.

Wir möchten hier nicht den Eindruck vermitteln, als sei ein guter Geburtsverlauf im Krankenhaus nicht möglich. Schließlich gibt es inzwischen immer mehr Kliniken, die Frauen eine selbstbestimmte Geburt ermöglichen. Mit den Beispielen der Hausgeburt wollten wir zeigen, was eine Frau für ein positives Geburtserlebnis braucht:

Ruhe, Vertrautheit mit der Umgebung, Vertrauen in die Geburtshelfer und Selbstbestimmung. Dies kann dazu beitragen, den Kreislauf der Angst zu durchbrechen beziehungsweise erst gar nicht entstehen zu lassen.

8.2. Der zweite Kaiserschnitt

Meist erleben Frauen ihren zweiten Kaiserschnitt anders als den ersten. Zum einen fällt das »Überraschtwerden« vom Kaiserschnitt weg. Jede Frau, die einmal per Kaiserschnitt entbunden hat, ist sich der Möglichkeit bewußt, daß es wieder soweit kommen kann. Deshalb hat sie sich auch meist intensiv mit dem Gedanken beschäftigt. Sie hat ihre erste Kaiserschnittgeburt verarbeitet. Vielleicht hat sie sie auch angenommen. Sie kennt den Ablauf eines Kaiserschnitts, sie ist vorbereitet. Wie sich all dies auswirken kann, zeigt der Bericht von Gisela über ihren zweiten Kaiserschnitt:

»Am errechneten Geburtstermin hatte ich morgens einen Termin beim Frauenarzt. Noch hatte ich keine Senkwehen, nichts. Das Kind hatte sich auch noch nicht ins kleine Becken gesenkt, was mich zugegebenermaßen etwas unsicher machte. Schließlich hatte sich Markus auch nicht ins Becken gedreht – nie. Der Arzt löste den Schleimpfropfen vor dem Muttermund und – das ist mir aber erst hinterher bewußt geworden – leitete damit die Geburt ein. Er hat mich auch vorher nicht gefragt, ob ich das wolle. Erst nachträglich erklärte er mir, was er getan hatte. Er meinte allerdings, daß dies keine ›richtige‹ Geburtseinleitung wäre, sondern lediglich als Versuch gesehen werden solle, die Geburt etwas ›anzuschieben‹. Schon auf dem Rückweg merkte ich, daß sich etwas tat. Nach einigen Stunden bekam ich die ersten Wehen. Ich saß auf der Terrasse in der Frühlingssonne und bereitete mich gedanklich auf die kommende Geburt vor. Immer wieder mußte ich an meinen ersten Geburtsversuch denken. Auch wenn ich mir sagte, daß jetzt alles ganz anders werden könne und anders sei, ließ mich der Gedanke doch nie ganz los. In der Nacht, als die Wehen schon sehr heftig waren und in recht kurzen Abständen kamen, fuhren wir dann ins Krankenhaus.

Ich war recht ruhig und hatte mich nicht auf eine natürliche Geburt versteift.

In dem kleinen Belegkrankenhaus angekommen, war nur die Nachthebamme da, die mir auf den ersten Blick unsympathisch war. Das war die einzige Hebamme vom gesamten Team, die ich nicht mochte, und ausgerechnet die mußte Dienst haben! Ich versuchte jedoch, mich nicht davon beeinflussen zu lassen und sie so zu nehmen, wie sie war. Das Ergebnis ihrer Untersuchung: Muttermund zwei Zentimeter geöffnet. Mir schoß sofort durch den Kopf: ›Genau wie beim erstenmal.‹ Die Hebamme stellte mich vor die Alternative, entweder durch die Gegend zu laufen oder mich ins Bett zu legen. Da ich beim erstenmal keine guten Erfahrungen mit der Herumlauferei gemacht hatte, entschied ich mich fürs Bett. Hier hatten sie – auf Initiative der Hebammen – ein Vorwehenzimmer mit einem breiten niedrigen Doppelbett, wie in einem Hotel. Mein Mann drehte sich sofort auf die Seite und schlief ein – wohl auch in Erinnerung an die erste Geburt. Er glaubte, er müsse seine Kräfte für später aufsparen. Mich schüttelten die Wehen in nicht gekanntem Ausmaß, die Schmerzen waren enorm und sogar während der Wehenpausen tat alles weh. Mein Mann ließ sich dadurch nicht erschüttern, sondern schlief weiter. Das hat mich schon etwas ärgerlich gemacht. Er konnte den Unterschied zum erstenmal schließlich nicht fühlen. Ich schon!

Nach zwei Stunden hatte ich auf einmal das Gefühl, pressen zu müssen. Ich weckte meinen Mann, und wir wankten nach nebenan in den Kreißsaal. Die Hebamme teilte mit: ›Muttermund vollständig geöffnet.‹ Jetzt durfte ich pressen, aber das Köpfchen saß noch immer nicht im Becken. Nach einiger Zeit rief sie den Arzt, der mir die Fruchtblase sprengte. Das half aber auch nicht, es hatte nur den Effekt, daß meine Wehen nachließen. Auch Wehenmittel brachten sie nicht mehr so richtig in Gang. Morgens nach dem Hebammenwechsel versuchte auch hier die ›Neue‹, mich nochmals zu mobilisieren. Sie war wirklich nett, und ich raffte noch einmal meine letzten Kräfte zusammen. Wenn sie schon eher dagewesen wäre, vielleicht wäre es anders verlaufen, dachte ich mir. Aber ich war jetzt schon zu geschafft und wurde die Erinnerung an meine erste Geburt nicht los. Für mich lief alles nach demselben Muster ab. Deshalb gab ich auch eher auf. Das Angebot, noch stärkere Wehenmittel einzusetzen, lehnte ich ab. Ich hatte aufgegeben. Ich konnte und wollte nicht mehr, weil ich immer denken mußte: ›Dann quälst du dich wieder so lange ab wie beim letztenmal und dann kriegst du doch wieder einen Kaiserschnitt. Es läuft wieder alles genauso, deshalb erspare deinem Kind und dir die lange Qual.‹ Ich willigte also in einen Kaiserschnitt ein und wurde – diesmal allerdings nicht in so großer Hektik – darauf vorbereitet. Vielleicht auch weil ich wußte, was jetzt kommt, hatte ich mich in mein Schicksal ergeben. Von nun an war ich völlig passiv und ließ alles fatalistisch über mich ergehen. Das Gefühl, versagt zu haben, war bei weitem nicht so groß wie beim erstenmal, als für mich eine Welt zusammengebrochen war. Im OP, in den mich mein Mann nicht begleitet hatte, konnte ich sogar ein kleines Scherzchen reißen. Als ich wieder aufwachte, war ich zurück im Kreißsaal und mein Mann war bei mir. Ich konnte – noch leicht umnebelt – sehen, wie die Hebamme und der Kinderarzt unser Kind versorgten. Das war ein schöner Anblick. Ich konnte sehen, daß alles in Ordnung war. Als er fertig war, wurde er mir in den Arm gelegt. Obwohl ich kaum Kontrolle über meine Muskeln hatte und etwas besorgt war, er würde mir aus dem Arm fallen, habe ich diesen Moment sehr genossen. Als das Halten mir zu anstrengend wurde, habe ich Max meinem Mann auf den Arm gegeben. Es war für mich sehr schön, die beiden da sitzen zu sehen. Robert war ganz in den Anblick von Max vertieft, und ich war froh, daß wir das Schlimmste hinter uns hatten.

Meine Genesung verlief das zweitemal viel schneller und komplikationsloser. Ich hatte mich zum einen körperlich nicht ganz so verausgabt, und da es ein viel kleineres Krankenhaus war, hatten die Schwestern viel mehr Zeit und waren unheimlich nett und freundlich. Auch die Hebammen kümmerten sich noch um Max und holten ihn zum Wickeln und brachten ihn sofort wieder. Max war fast den ganzen Tag bei mir im Bett. Von dem kleinen Plastikbettchen machte ich fast gar keinen Gebrauch. Schon nach einem Tag hatte ich eine sehr intensive Bindung zu ihm aufgebaut, was mich selbst sehr überrascht hat. Ich habe gemerkt, daß die Umstände einer Kaiserschnittgeburt unendlich viel ausmachen können. Ich machte mir auch keine Vorwürfe, daß ich es nicht doch geschafft hatte. Der Arzt hatte mir noch gesagt, daß Max' dickes Köpfchen auf keinen Fall durch mein Becken gepaßt hätte. Auch wenn ich mir nicht ganz sicher war, ob er das nur so zu meiner Beruhigung gesagt hatte, gab mir das doch die Möglichkeit, mir die Situation rational zu erklären. Es lenkte auch die ›Schuld‹ von mir ab, und ich sagte mir: ›Vielleicht kannst du halt anatomisch deine Kinder nicht natürlich gebären. Punkt aus. So ist es eben.‹ Das Annehmen der Situation machte vielleicht auch meine raschere Heilung möglich. Ich konnte vorzeitig entlassen werden und meine Narbe heilte viel schneller als die erste. Sie hinterließ nicht das dumpfe, taube Gefühl, und inzwischen erinnert nur noch ein kaum sichtbarer kleiner weißer Strich an den Geburtsausgang meiner Kinder. Spüren tue ich die Narbe nicht mehr.

Das gesamte Thema hat mich nach der zweiten Geburt fast nicht mehr belastet. Ich finde es auch nicht mehr schlimm, daß meine beiden Kinder per Kaiserschnitt geboren wurden. Ich habe zu beiden eine ganz enge, innige und einzigartige Verbindung und bin nur froh, daß ich sie habe. Manchmal denke ich auch, daß uns diese intensiven Geburtsstunden auch verbinden, denn wir haben viel miteinander mitgemacht und haben es gemeinsam überstanden. Zwar anders als bei einer natürlichen Geburt, aber für mich war es schon so, als hätte ich eine ›richtige‹ Geburt mitgemacht.«

Der Kaiserschnitt *ist* eine Geburt, und sie kann auch als solche erlebt werden. Damit dies so ist, sollten sich die Frauen allerdings mit dem Gedanken auseinandergesetzt haben, damit sie nicht »überrascht« werden. Und auch der Vater kann helfen, damit das Erlebnis Kaiserschnitt positiver für Mutter und Kind verläuft.

9. Hilfen für Kaiserschnittmütter

Eine Kaiserschnittoperation kann nicht »schöngeredet« werden, daran besteht für uns kein Zweifel, dennoch gibt es Möglichkeiten, die eine Frau nutzen kann, um dem Erlebnis die Schärfe zu nehmen. Auch bei einer Kaiserschnittgeburt kann sie selbst aktiv dazu beitragen, daß die Geburt ihres Kindes auch als solche empfunden wird.

9.1. Geburtsvorbereitungskurse

»Bei der Geburt gibt es keinen Erfolg und kein Versagen, es gibt nur eine Frau, die ein Kind zur Welt bringt.«[100)]

Auch wenn ein Kaiserschnitt geplant ist, ist es trotzdem sinnvoll, einen Geburtsvorbereitungskurs zu besuchen. Die Frauen und Paare können sich hier mit anderen über die Veränderungen in der Schwangerschaft austauschen. Sie sind Mitglied einer Gruppe, können Ängste, Freuden und Hoffnungen mit anderen teilen und möglicherweise Freundschaften für die Zeit nach der Geburt schließen. Übungen zur Entspannung, zur Körperwahrnehmung und zum Atmen können vor, während und nach einer Kaiserschnittgeburt hilfreich sein. Die Väter sind aktiv mit einbezogen.[101)] Ein guter Geburtsvorbereitungskurs bereitet nicht nur auf das »ideale« Geburtserlebnis vor, sondern bezieht auch den Kaiserschnitt mit ein. Frauen und Paare, die – aus welchen Gründen auch immer – einen Kaiserschnitt erwarten, werden integriert. Frauen und Paare, die unter der Geburt einen Kaiserschnitt bekommen, fühlen sich nicht so sehr überrumpelt, wenn sie vorher Informationen hatten.

Wird unter Geburtsvorbereitung nur verstanden, bestimmte Übungen zu erlernen, eine Atemtechnik zu beherrschen, um als Belohnung eine schmerzfreie, »erfolgreiche« Geburt zu erreichen, dann gibt es auch die »erfolglose« Geburt, zu der dann der Kaiserschnitt gezählt wird. In der Geburtsvorbereitung sollte es also nicht darum gehen, »eine Reihe von psysiologischen Tricks zu vermitteln« wie Sheila Kitzinger es nennt. Geburt muß nicht erlernt werden. Es geht vielmehr darum, Sicherheit zu den eigenen körperlichen, geistigen und seelischen Fähigkeiten zu entwickeln und dafür im Rahmen einer Gruppe Unterstützung zu bekommen. Jutta hat diese Erfahrungen bei ihrer zweiten Schwangerschaft gemacht: »Ich ging in krankengymnastische Behandlung und besuchte einen guten Geburtsvorbereitungskurs, wodurch ich meine Selbsteinschätzung, nicht viel aushalten zu können, etwas revidieren konnte. Auch war es mir möglich, über meine Angst vor einem erneuten Kaiserschnitt zu sprechen, zu weinen.«

Geburt ist immer Teil der Lebenswelt einer Frau und kann nicht getrennt werden von ihrem sonstigen Denken, Fühlen und Handeln. Die Geburt ist begleitet von ihren Erfahrungen, Stärken, Schwächen, Gefühlen, Ängsten und ihrer Körperlichkeit. So wie sie auch sonst in ihrem Leben mit Angst und Schmerz umgeht, so wird sie auch in dieser Situation reagieren. Auch wenn es nur wenige Schwangere offen zugeben, so haben doch viele Frauen zu irgendeinem Zeitpunkt der Schwangerschaft Angst. Diese Angst kann die Angst vor Bekanntem sein – dazu zählen beispielsweise diejenige, ein behindertes Kind zu bekommen, oder die vor Komplikationen bei der Geburt. Aber auch die Angst vor Unbekanntem, wie die vor dem Verlust der Selbstkontrolle oder die vor dem Ausgeliefertsein können dazugehören. Diese Ängste sollten nicht unterdrückt werden, denn sie haben einen Sinn. Sie sind ein potentielles Hilfsmittel, um Gefahren zu bestehen. Sie sind Fähigkeiten des Menschen, sowohl in der Realität klar erkennbare Gefahren als auch in der Phantasie befürchtete Gefahren wahrzunehmen. Wo sie unterschieden werden müssen in reale Ängste und neurotische Ängste deutet dies lediglich darauf hin, daß einstmals lebensgeschichtlich reale Ängste – neurotisch fixiert und verkapselt – in aktuellen Situationen mit entsprechenden Verzerrungen reaktiviert werden und somit erst verstanden werden müssen.

Mit welcher Berechtigung sollte denn einer Frau »vorgeworfen« werden, daß sich beispielsweise ihr Muttermund nicht öffnet? Würde der psychosoziale Zusammenhang dieses Symptoms verstanden, wird ersichtlich, daß diese Frau eventuell

- ihr Kind noch nicht loslassen kann, weil Erfahrungen aus der eigenen Lebensgeschichte sie daran hindern;
- als Kind mißbraucht wurde und daher große Angst vor einer vaginalen Geburt hat;
- sich noch nicht in ihrer Mutterrolle angenommen hat;
- ihre eigene Geburt als traumatische Erfahrung nicht verarbeitet hat.

Einfühlsame Gespräche vor der Geburt, in Einzelgesprächen oder in einem Geburtsvorbereitungskurs, in dem auch Ängste angesprochen werden, können eine Hilfe sein, den Verlauf einer problematischen Geburt nicht als Versagen zu deuten, sondern als den individuellen Weg einer Frau zu verstehen, mit all ihren eigenen Möglichkeiten, ihr Kind zu gebären. Hinzu kommt, daß auch das Kind die Geburt mitgestaltet und die Frau nicht allein verantwortlich ist für das, was geschieht (siehe das Kapitel über den Einfluß des Kindes auf den Verlauf der Geburt). So verstanden sollte Geburtsvorbereitung nicht ausschließlich Vorbereitung auf die Geburt sein, denn dann würde Geburt als ein eigener Abschnitt des Zusammenhangs Schwangerschaft, Geburt und Elternsein überbewertet werden. Gespräche über das Erleben der Schwangerschaft, Unterstützung und Anregung der Erfahrung im Kontakt zum Kind, die Besprechung von Phantasien übers Elternsein – all das zeichnet einen guten Geburtsvorbereitungskurs aus.[102)]

Laura hatte ihre Ängste vor dem Muttersein nicht in der Schwangerschaft ausgesprochen. Sie wurde während der Geburt von ihnen überrollt: »Ich merkte, in meinem Kopf fing es jetzt richtig an zu brodeln; alle Fragen, die vielleicht in der Schwangerschaft hätten aufkommen sollen, fielen mir jetzt ein, ich bekam Angst vor dem Leben zu dritt. Vorher hatte ich mir nicht die Zeit genommen, auch

nicht die Notwendigkeit gesehen, denn es ist ja alles so natürlich.«
Die Auseinandersetzung mit ihren Ängsten fehlte Laura auch in bezug auf die Geburt. »Im Geburtsvorbereitungskurs bedauerte ich in meinen Gedanken alle Frauen, die nicht ins Geburtshaus gingen, die Angst hatten vor Komplikationen bei der Geburt. Die Hebamme, die den Kurs leitete, war auch ganz begeistert, daß ich dort hingehen wollte, sprach auch immer nur von der natürlichen Geburt ohne Schwierigkeiten, und das war mir ja nur gerade recht, denn das war das, was ich hören wollte. Denn - so dachte ich – ich bin stark, kann Schmerzen aushalten, die Schwangerschaft verlief ohne Hindernisse, ich brauche mir also weiter keine Gedanken zu machen.«

Auch Beate vermißt im nachhinein die Auseinandersetzung mit einer Geburt, die vielleicht auch anders verlaufen könnte, als sie es erhofft hat:

»Ich las viele Bücher über Geburtsvorbereitung. Die Kapitel über Kaiserschnittentbindungen ließ ich aus, denn das betraf mich ja nicht; bei mir lief ja alles normal. Im Geburtsvorbereitungskurs hatte ich Mitleid mit den Frauen, die bereits wußten, daß sie einen Kaiserschnitt haben würden. Nur gut, daß bei mir alles so klar war – mir würde so was nicht passieren. Obwohl zwei betroffene Frauen dabeiwaren, war der Kaiserschnitt nicht Thema im Kurs. Hauptthema war die natürliche, selbstbestimmte Geburt, die wir uns ja auch so sehr wünschten.«

Durch beide Schilderungen wird deutlich, daß die Zurückhaltung, sich vor der Geburt mit dem Kaiserschnitt zu befassen, bei den Frauen selbst, aber auch bei den Kursleiterinnen liegt. Oft besteht die Befürchtung, Ängste und Komplikationen durch das Ansprechen erst heraufzubeschwören. Jedoch werden Ängste dadurch nicht geschürt, sondern die Ängste, die schon da sind, werden bewußt und können so bearbeitet werden.

Bei der Aufklärung über den Kaiserschnitt darf es allerdings nicht darum gehen, das Selbstvertrauen der Frau zur vaginalen Geburt zu untergraben. Zum einen sollten Informationen dazu dienen, den zu positiven Vorstellungen vom Kaiserschnitt entgegenzuwirken. Als sei alles ganz einfach und deshalb eigentlich das Beste, was Mutter und Kind passieren könne. Nach dem Motto: »Narkose – Reißverschluß auf, Kind raus – Reißverschluß wieder zu.« Zum anderen sollten die Informationen helfen, die »Aura von Mystik und Abnormalität um die Schnittentbindung herum«[103] aufzuheben. Ausführliche Informationen und Aufklärung können helfen, die Ängste auf ein erträgliches Maß zu reduzieren. Dies kann im Geburtsvorbereitungskurs geschehen, aber auch durch Erfahrungsberichte anderer Eltern oder durch Befragung von Ärzten und Hebammen.

Anna wußte am Ende ihrer Schwangerschaft, daß ihr ein Kaiserschnitt bevorstand. In der Geburtsvorbereitung fühlte sie sich eher alleingelassen, traute sich aber auch nicht, von sich aus ihre Ängste zu thematisieren. »Geholfen hat mir ein ausführliches Gespräch mit einer Frau, deren Kind zehn Wochen vor mir durch einen Kaiserschnitt geboren wurde. Ich habe sie über alle Einzelheiten ihrer Geburt ausgefragt. Sie hat mir dann die Klinik empfohlen, in der auch ihr Kind geboren wurde. Am meisten hat mir ein Satz geholfen, den sie mir noch mit auf den Weg gab: ›Nach dem Kaiserschnitt denk dran: Es wird jeden Tag besser.‹ An diesem Satz habe ich mich dann bei den Schmerzen und Schwierigkeiten nach der Geburt festgehalten. Außerdem hatte ich ein zweistündiges Gespräch mit dem Arzt in der Klinik, der dann auch bei mir den Kaiserschnitt gemacht hat. Mit ihm verabredete ich dann auch, erst mit Wehen zur Geburt zu kommen. (Annas Kind lag in Beckenendlage, Anm. der Verf.) Ich hatte durch die Gespräche das Gefühl, mich trotz Kaiserschnittgeburt wenigstens aktiv für die äußeren Bedingungen eingesetzt zu haben. Das Wissen darüber, was auf mich zukam, hat mir ein bißchen Angst genommen und auch hinterher beim Stillen geholfen. Die Atem- und Entspannungsübungen aus der Geburtsvorbereitung konnte ich bei den Schmerzen nach der Geburt nutzen. Meine Zimmernachbarin war irritiert über mein Stöhnen, aber mir half es ... Ich war froh, diese Gesprächspartner gefunden zu haben, denn in den Büchern, die es damals gab, wurde der Kaiserschnitt immer nur sehr kurz erwähnt.«

Inzwischen gibt es mehr Literatur zum Thema Kaiserschnitt. Eine ausführliche Beschreibung des Ablaufs einer Kaiserschnittgeburt ist zu finden in dem Buch »Kaiserschnittgeburt« von Ines Albrecht-Engel und Manfred Albrecht (siehe Literaturhinweise).

Nicht nur GeburtsvorbereiterInnen scheuen sich aus oben genannten Gründen manchmal, über den Kaiserschnitt zu sprechen, auch in der Klinik besteht oft die Angst der ÄrztInnen und Hebammen, die Aufklärung von Patientinnen würde deren Ängste noch verstärken. Dahinter steht häufig die eigene Angst, mit der Angst anderer konfrontiert zu werden. Amerikanische Studien haben belegt, daß Informationen vor einer Kaiserschnittgeburt zu einer schnelleren Erholung nach der Geburt beitragen.[104] In den Vereinigten Staaten gibt es auch spezielle Kurse zur Vorbereitung auf eine Kaiserschnittgeburt. Themen dieser Vorbereitung sind: die Besprechung von Veränderungen in der Schwangerschaft, die Kaiserschnitt-Indikationen, OP-Vorbereitungen, Anästhesieverfahren, der Ablauf der Schnittentbindung, die Rolle des Vaters, das Wochenbett nach einem Kaiserschnitt, der sogenannte »Heultag« nach der Geburt, die Besonderheiten des Babys nach dem Kaiserschnitt. Die Erfahrungen mit diesen Kursen sind überwiegend positiv.[105] In Deutschland gibt es bisher keine Gruppen dieser Art. Es werden jedoch in einigen Zentren »Rund um die Geburt« Informationsabende zum Thema Kaiserschnitt, Beratungsgespräche und auch Kaiserschnittgruppen zur Verarbeitung einer Kaiserschnittgeburt angeboten.

Annas Bericht macht deutlich, daß Informationen vor der Geburt die eigene Aktivität unterstützt haben und damit die Angst vor dem totalen Ausgeliefertsein etwas nehmen konnten. Es sollte nicht vergessen werden, daß Begriffe wie Schmerz, Spannung und Freude auf jede Geburt zutreffen und deshalb bei einer operativen Geburt genauso zu finden sind, wie bei jeder anderen Geburt auch. Vermitteln GeburtsvorbereiterInnen, Hebammen und GeburtshelferInnen den werdenden Eltern solch eine positive Einstellung zum Kaiserschnitt, kann auch das Paar die Kaiserschnittgeburt eher annehmen und aktiv gestalten.

9.2. Vorbereitung auf den Kaiserschnitt. Wie es »trotz allem« noch ein gutes Geburtserlebnis werden kann

»Eine Kaiserschnittgeburt ist eine Operation, aber sie ist auch eine Geburt; sie sollte sicher und gut begleitet werden, aber auch mit Würde und Staunen.«[106)]

Häufig haben Frauen den Kaiserschnitt als passive, unnatürliche, reglementierte Situation erlebt. War der Kaiserschnitt geplant, so wurde er als Schicksal hingenommen und ohne Vorbereitung erduldet. Gab es einen Kaiserschnitt während der Geburt, wurde er als Unfall abgetan und möglichst schnell verdrängt.

Auch wenn heute, mit der modernen Operationstechnik, die Narbe in den Schamhaaren verschwindet und meistens kaum noch sichtbar ist, hat der Kaiserschnitt mehr unsichtbare Narben hinterlassen, als es sich manche Frauen selbst eingestehen möchten. Die Vorbereitung auf eine Kaiserschnittgeburt gibt den Frauen und Paaren die Möglichkeit zu erfahren, daß sie den Kaiserschnitt nicht passiv über sich ergehen lassen müssen, sondern daß sie auch diese Geburt aktiv mitgestalten können. Es ändert sich die Perspektive: Aus dem »Unfall«, der Operation, der sie hilflos ausgeliefert sind, wird die herbeigesehnte Geburt ihres Kindes, auch wenn der Weg, den das Kind gehen wird, nicht so sein wird, wie es ursprünglich gewünscht war.

Eine erste Möglichkeit der Gestaltung ist, wie bereits beschrieben, der Besuch eines Geburtsvorbereitungskurses, auch wenn der Kaiserschnitt geplant ist. Eine gute Vorbereitung auf das Stillen ist bei einem Kaiserschnitt besonders notwendig. Die Vorteile des Stillens können bei dieser Geburt für Mutter und Kind noch wichtiger sein als bei einer vaginalen Geburt (siehe Kapitel Stillen, Bonding). Gespräche mit ÄrztInnen und Hebammen in der Klinik helfen, Informationen über den Ablauf der Geburt und die Bedingungen der Klinik zu erhalten und ein Gefühl für die Klinik zu bekommen. In jedem Fall sollte noch einmal über die Notwendigkeit des Kaiserschnitts gesprochen werden, vielleicht gibt es ja doch noch einen anderen Weg (siehe Kapitel Beckenendlage).

Auch bei einem überraschend notwendigen Kaiserschnitt muß es keine beängstigende Hektik im Kreißsaal geben. In der Regel ist auch dann Zeit für Erklärungen und beruhigende Worte. Muß es tatsächlich ganz schnell gehen, sollten die GeburtshelferInnen sich nach der Geburt zur Verfügung stellen, um dem Paar noch einmal die Notwendigkeit des Eingriffs zu erklären und Fragen zu beantworten.

Eine Voraussetzung für die Auswahl der Klinik ist das Vertrauen, vor, während und nach der Geburt Unterstützung zu finden. Weitere Kriterien können sein:

- Ist, wenn es der Geburtsverlauf zuläßt, eine Periduralanästhesie möglich?
- Kann der Vater bei der Geburt im Operationssaal dabeisein? Wird dies auch bei Vollnarkose gestattet? Dies ist eine Hilfe, die »Lücke« zu schließen.
- Kann der Vater bei einem Kaiserschnitt unter PDA mit dem Kind im Operationssaal bleiben, bis der Schnitt genäht ist?
- Besteht die Möglichkeit, schon im OP das Kind anzulegen, wenn Mutter und Kind dazu in der Lage sind?
- Falls ein Zusammenbleiben im OP nicht möglich ist, bekommt der Vater gleich nach der Geburt das Kind und wird ihm ein ruhiger, geschützter Raum zur Verfügung gestellt, wo er mit seinem Kind Körperkontakt haben kann?
- Ist es bei Beckenendlage möglich, das Einsetzen der Wehen abzuwarten? Die Mutter weiß dann, daß dies tatsächlich der »Geburtstag« ihres Kindes ist, und dem Kind helfen die Wehen bei der Anpassung seines Organismus an die Bedingungen außerhalb des Mutterleibes, so daß das sogenannte »Kaiserschnitt-Schock-Syndrom« gemildert wird.
- Ist bei Beckenendlage auch eine Spontan-Geburt möglich?
- Wohin kommt die Frau unmittelbar nach der Schnittentbindung? Muß sie auf eine Wachstation, wo eventuell der Kontakt zu Mann und Kind eingeschränkt ist, oder kann sie gleich auf die Wochenstation?
- Ist »Rooming-in« nach dem Kaiserschnitt möglich? Kann das Kind nachts bei der Mutter bleiben, wenn sie es wünscht?

- Wie ist die Unterstützung des Stillens, speziell nach einem Kaiserschnitt?
- Kann der Vater in den ersten Tagen möglichst viel anwesend sein, um die Mutter vor allem beim Stillen zu unterstützen und das Zusammensein von Mutter und Kind zu gewährleisten?
- Gibt es Familienzimmer?
- Wenn das Kind zu früh kommt oder Komplikationen beim Kind zu erwarten sind, sollte die Klinik über eine Frühgeborenen-Intensivstation verfügen.

Es ist hilfreich, eine Liste mit allen Wünschen bei der Anmeldung in der Klinik zu hinterlassen. Die Frauen werden zwar manchmal vom Klinikpersonal als »schwierig« eingeschätzt, wenn sie sich aktiv um ihr eigenes Wohlbefinden bemühen, aber es lohnt sich. Nur Mut! Schließlich können sich die ÄrztInnen und Schwestern doch an dieser Liste orientieren, auch wenn sie denken, die Patientin sei schwierig. Nur so kann es Veränderungen in den Kliniken geben. Das Rooming-in, die Möglichkeit, daß die Väter bei der Geburt dabei sind, das Stillen nach Wunsch, sind auch nur deshalb möglich geworden, weil die Eltern sich dafür eingesetzt haben. Können die oben genannten Kriterien positiv geklärt werden, haben die Mütter eine Chance, den Kaiserschnitt für sich und das Baby möglichst schonend zu erfahren. Auch die Väter fühlen sich mehr einbezogen und können ihrerseits diese belastende Situation besser verkraften. Frauen fühlen sich eher in der Lage, aktiv zu werden, sie kommen schneller zu Kräften und die Heilung erfolgt schneller.

9.3. Was erwartet die Frau im Operationssaal?

Je nach Narkoseart erwarten die Frau unterschiedliche Bedingungen.

Bei einer Geburt mit Vollnarkose:
Wenn die Operation geplant ist, muß die Mutter einen Tag zuvor in die Klinik kommen. Sie darf sechs Stunden vor der Operation

nichts mehr essen. Schwierig ist dann immer das Warten. Es ist gut, in dieser Zeit möglichst nicht allein zu sein, und durch den Partner oder eine andere liebe Person unterstützt zu werden. Manchmal entsteht eine Wartezeit vor dem Operationssaal (OP). Auch hier hilft eine vertraute Stimme, die Mut macht. Im OP werden vor einer Vollnarkose erst alle Vorbereitungen für die Operation getroffen, um die Narkosezeit, bis das Kind geboren ist, möglichst kurz zu halten. Erschreckend sind für viele Frauen die vielen Menschen im OP. Sie müssen jedoch alle da sein, weil jeder eine wichtige Funktion hat. Je ruhiger die Atmosphäre ist, um so einfacher ist es, mit dieser beängstigenden Situation zurechtzukommen. Ansprache und das Erklären der einzelnen Vorkehrungen können die Angst mindern. Häufig besteht leider eine unnötige Hektik, in der den Sorgen der Frau oder des Paares kaum Beachtung geschenkt wird. Der werdende Vater sollte zumindest bis zum Einschlafen dabeisein, besser noch während der gesamten Operation. So kann er der Frau durch seine Anwesenheit während der schwierigen Zeit – wenn sie nackt und angeschnallt auf dem OP-Tisch liegt – einen gewissen Schutz geben und später über die Zeit berichten, in der die Frau nicht bei Bewußtsein war.

Wirkt die Narkose, wird die Bauchdecke geöffnet, wobei versucht wird, nicht die Muskulatur zu verletzen. Durch die Schwangerschaft sind die längslaufenden Bauchmuskeln in der Mitte etwas auseinandergewichen (Rektusdiastase) und können jetzt weiter auseinandergeschoben werden. Die Gebärmutter wird im unteren Teil quer geöffnet. In der Schwangerschaft und während einer Geburt ist dieser Teil wenig an der Dehnung beteiligt und wird auch durch die Wehentätigkeit nicht stark belastet. So besteht wenig Gefahr, daß die Narbe bei späteren Geburten reißt. (Ganz selten, wenn eine akute Gefahr für das Leben des Kindes und der Mutter besteht, wird noch ein Längsschnitt gemacht.) Jetzt kann das Kind herausgehoben werden. Dies braucht geübte Hände, da die Öffnung ziemlich klein ist und das Kind, wie bei einer vaginalen Geburt »entwickelt« werden muß. Das Ganze dauert fünf bis zehn Minuten. Ist das Kind geboren, abgenabelt und eventuell abgesaugt, kann der Vater zusammen mit der Hebamme das Kind nehmen. Die Hebamme vergewissert sich, ob es dem Kind gutgeht oder ob es medizinische Hilfe benötigt. Diese Hilfe kann bedeuten, daß das Kind beatmet werden muß. Wird ein schlechter Zustand des Kindes befürchtet, ist der Kinderarzt meist vorher schon in den Kreißsaal bestellt. Ist der Zustand des Kindes überraschend schlecht, wird er gerufen oder der Anästhesist übernimmt die Versorgung des Kindes.

Viele Babys fangen gleich nach der Geburt an zu schreien und zeigen damit, daß sie genügend Luft bekommen. Für das Kind geschieht die Geburt sehr abrupt, es ist erschrocken über die Kälte, das grelle Licht, die großen Veränderungen, die es außerhalb des schützenden Mutterleibes erwarten. Deshalb sollte es so schnell wie möglich vor dem grellen Licht geschützt und warm eingepackt werden. Beruhigende Worte durch die bekannte Stimme des Vaters können das Erschrecken lindern. Viele Kliniken stellen den Vätern einen ruhigen Platz zur Verfügung, an dem er mit dem Kind auf die Mutter warten kann. Er kann hier sein Kind begrüßen, mit ihm sprechen. Er kann es nackt auf seine nackte Brust nehmen, es massieren und wärmen.

Bei der Mutter wird währenddessen die Narkose vertieft. Der Operateur entfernt nun mit der Hand den Mutterkuchen (Plazenta). Die Gebärmutter und – nachdem der Bauchraum ausgetupft wurde – auch alle Schichten der Bauchdecke können wieder sorgfältig zusammengenäht werden. Je nach Klinik wird in die Nähte manchmal ein dünner Plastikschlauch (Drainage) gelegt. Dieser tritt rechts oder links aus der Narbe aus. Durch ihn kann das Wundsekret ablaufen. Er wird nach wenigen Tagen wieder gezogen. Das Nähen dauert in der Regel 30 bis 40 Minuten. Der Kaiserschnitt ist nun beendet. Das Aufwachen erfolgt manchmal schon im OP oder kurze Zeit später. Die Frau wird in ein Bett gelegt und je nach Klinik zur weiteren Überwachung in den Kreißsaal, auf die Wachstation oder auf die Wochenstation verlegt. Wenn die Mutter das erstemal aufwacht, hat sie oft sehr starke Schmerzen im Bauch. Häufig machen Frauen sich vorher keine Vorstellungen von diesen Schmerzen und sind dann ganz überrascht, daß es so weh tut.

Bei einer Geburt mit Periduralanästhesie:
Wird der Kaiserschnitt mit PDA durchgeführt, wird die Sicht zum Operationsfeld durch ein Tuch verdeckt. Eher als bei der Vollnarkose ist es inzwischen in immer mehr Kliniken üblich, daß der Vater bei der Geburt im Operationssaal dabeisein darf. Er sitzt neben dem Kopf der Frau, so daß beide die Operation selbst nicht mit anschauen müssen. Für viele Frauen ist es schon eine große Belastung mitzuerleben, daß ihr Bauch aufgeschnitten wird. Trotzdem versuchen manche Frauen, durch die Spiegelung in der OP-Lampe zu sehen, was bei der Operation passiert, vor allem den Moment zu erleben, wenn das Kind geboren wird. In den USA wird aus diesem Grund in manchen Kliniken den Frauen die Möglichkeit gegeben, über einen Spiegel an der Decke die Entbindung mitzuverfolgen. Wir denken, daß das direkte Zusehen bei der Operation für die meisten eine Überforderung darstellt. Viele Frauen haben jedoch ein Interesse daran zu wissen, was mit ihrem Körper geschieht. Dies äußert sich oft später durch den Wunsch, einen Film über eine Kaiserschnittgeburt zu sehen oder auch in dem Bedürfnis, nach der Geburt Fotos von der Operation anzuschauen.

Die Anwesenheit des Mannes beruhigt in der Regel die Mütter und damit auch das Kind. Außerdem können beide den Moment der Geburt ihres Kindes erleben. Ist das Kind abgenabelt und abgesaugt, wird es gleich der Mutter gezeigt und kann dann nach der ersten Versorgung in warme Tücher gepackt, vom Vater gehalten werden. Es ist auch möglich, das Kind neben den Kopf der Mutter zu legen, so daß Mutter und Kind sich spüren können. Heide hat diesen Moment als sehr schön erlebt. »Das Kind lag neben mir und hat mir gleich sein kleines Händchen in den Mund gesteckt. Auch während des Zunähens konnte es dort liegenbleiben, so habe ich es mir auch vorher gewünscht. Ich wollte nicht, daß mein Mann gleich nach der Geburt mit unserem Kind weggeht. Ich hatte Angst, dann die Zeit des Nähens nicht durchzuhalten. Weil sie bei mir waren, habe ich das Ganze gar nicht als schlimm erlebt.«

Findet keine Trennung von Mutter und Kind statt, so hat dies positive Auswirkungen für die Mutter und für das Kind. Die Mutter kann durch die Begrüßung ihres Kindes eher vergessen, was hinter dem Tuch geschieht. Das Kind erfährt die Nähe beider Eltern in den ersten Minuten seines Lebens. Es kennt sie schon und kann so den Geburtsstreß leichter überwinden.

In vielen Kliniken wird jedoch der Vater, wenn er bei der Geburt dabei war, aus dem OP geschickt, kurz nachdem das Kind geboren ist. Wenn das Kind gesund und warm eingewickelt ist, gibt es hierfür eigentlich keinen Grund. Es gibt sogar inzwischen einige Kliniken, in denen das erste Anlegen zum Stillen schon im OP unterstützt wird. Beim Kind wird dadurch der erste Saugreflex ausgenutzt und die Mutter ist abgelenkt von der manchmal lang erscheinenden Prozedur des Zunähens.

9.4. Das Vertrautwerden mit dem Baby

Die ersten Stunden nach der Geburt werden von den Frauen ganz unterschiedlich erlebt. Nach einer Periduralanästhesie ist die Mutter bei Bewußtsein, es sei denn, sie hat bei der Geburt zusätzlich ein Beruhigungsmittel bekommen. Sie hat den Moment der Geburt ihres Kindes miterlebt und kann sich ihm jetzt vollständig widmen. Die Narkose wirkt noch, von daher stören die Schmerzen nicht bei der Begegnung mit dem Kind. Elke hatte das Glück, solch eine positive Erfahrung nach der Geburt ihres Sohnes zu machen:
»Nach der OP wurde ich in den Kreißsaal geschoben und bekam Max in den Arm gelegt. Er war nur in ein Tuch eingeschlagen, noch ganz verschmiert. Sofort begann er, an meiner Brust zu trinken. Die Hebamme ließ uns für eine Weile zu dritt. Später kam sie wieder und untersuchte die verschiedenen Reaktionen von Max. Martin war direkt dabei, ich sah vom Bett aus zu. Dann zog sie Max an, legte ihn neben mich in sein Wägelchen aus Glas, so daß ich ihn sehen konnte. Wir konnten die ganze Nacht im Kreißsaal bleiben. Später klingelte ich und ließ mir Max in den Arm legen. Dort blieb er die ganze Nacht und schlief und ich hatte ausreichend Zeit, ihn zu betrachten. Das waren schöne und sehr innige Stunden.«

Auch nach einer Vollnarkose ist es möglich, die Nähe zum Kind

zu erfahren, wenn die Familie in Ruhe gelassen wird. Anna berichtet über den Moment des Aufwachens:
»Es war ein wunderschöner Moment, als ich aus der Narkose aufwachte. Mein Mann hatte den Raum mit indischen Tüchern geschmückt und es lief ganz ruhige Musik. Er legte mir unsere Tochter auf die Brust und sagte: ›Da ist unsere Katharina.‹ Ja, das war sie, ich war mir ganz sicher. Ich hatte ja während der Schwangerschaft auch schon so viel mit ihr gesprochen. Ich habe sie dann ziemlich schnell an meine Brust gelegt, die Hebamme hat mich dabei unterstützt. Es war aber nicht nur schön, ich hatte schreckliche Schmerzen und konnte sie noch gar nicht richtig lokalisieren, weil ich von der Narkose immer noch beduselt war.«

Sind Mutter und Kind gesund, sollte allen Frauen die Möglichkeit gegeben werden, die ersten Stunden nach der Geburt in völliger Ruhe mit ihrem Kind zu verbringen. Nach einem Kaiserschnitt ist die Anwesenheit des Partners besonders wichtig. Er kann Mutter und Kind den nötigen Schutz geben (siehe auch Kapitel Väter). Das Gefühl, beobachtet zu werden, stört nicht nur den natürlichen Geburtsablauf, sondern auch das Zueinanderfinden von Mutter und Kind in den ersten Stunden nach der Geburt. Hat eine Mutter diese Ruhe, fühlt sich zu nichts gedrängt, wird sie ohne Hemmungen ihr Kind anschauen, es befühlen, beschnuppern. Schon das Anschauen des Kindes schafft Nähe. Die Pupillen des Babys sind wahrscheinlich geweitet, ein Zeichen für den Streß, den auch ein Kaiserschnittkind durch die Geburt erfährt. Die großen Pupillen ziehen den Blick der Mutter an, und es entsteht ein Kontakt zwischen Mutter und Kind. Die Mutter wird den Blick so leicht nicht mehr von ihm abwenden. Die Überschwemmung von Hormonen wird zwar nicht in dem Maße stattgefunden haben wie bei einer natürlichen Geburt, doch auch ein Kind nach einem Kaiserschnitt wird durch die Aufregung der Mutter und die Umstellung vom Leben in der Gebärmutter zum Leben außerhalb des Mutterleibes in einer gewissen Alarmbereitschaft und Aufmerksamkeit sein. Diese Aufmerksamkeit kann das Kind jetzt seiner Mutter oder seinem Vater widmen, die ihrerseits diese Aufmerksamkeit erwidern. Ruth berichtet:

»Charlotte war ganz wach, sie fuchtelte mit den Ärmchen. Ich habe gleich ganz viel mit ihr gesprochen. Sie war mir gar nicht fremd.«

So ist es möglich, von Anfang an eine enge Bindung zum Kind zu spüren und aufzubauen. Das ist aber nicht immer so. Häufig haben Mütter Schwierigkeiten, das Baby in dem Bettchen neben sich als das ›ihrige‹ zu begreifen. Das trifft besonders auf Mütter zu, die einen Kaiserschnitt mit Vollnarkose hatten und die Geburt nicht bewußt erleben konnten. Untersuchungen mit Tieren haben gezeigt, daß Schafe, die frei von jeglicher kulturellen Konditionierung sind, nach einer Periduralanästhesie kein Interesse für das neugeborene Lämmchen zeigen.[107)] Menschen können das Erkennen auch über den Verstand steuern. Doch wenn bei den Tieren schon allein die Betäubung durch die PDA ausreicht, den Prozeß des Annehmens zu stören, so ist es nicht verwunderlich, wenn nach einer Vollnarkose nicht bei jeder Frau gleich die Gefühle von »Mutterglück« zu spüren sind. Auch nach einer vaginalen Geburt können diese Gefühle fehlen, hauptsächlich dann, wenn die Frau sehr erschöpft ist, aber auch, wenn die Geburt sehr schnell verlief. Der Kaiserschnitt hat Ähnlichkeit mit einer sogenannten »Sturzgeburt«. Der Mutter fehlt der bewußte Übergang von der Schwangerschaft zum Muttersein. Auch aus diesem Grund hat der Prozeß der Geburt und auch der Geburtsschmerz seinen Sinn. Viel Körperkontakt sofort nach der Geburt und das Stillen sind in dieser Situation besonders hilfreich. Manchmal hilft es auch, durch das Anschauen alter Babyfotos Familienähnlichkeiten zu entdecken.

Viele Frauen vermissen es, ihr Kind nach der Geburt nackt gesehen zu haben. Laura beschreibt ihr Bedauern sehr eindrücklich: »Was ich auch als schlimm empfunden habe, war, daß Clara, als ich sie das erstemal sah, so ›sauber‹ war, gewaschen und angezogen. Sie sah aus wie neu gekauft. Mir war nicht bewußt, daß ich sie hätte ausziehen sollen und an mich legen, vielleicht hätte mir das den Weg danach leichter gemacht. Ich suchte die Tage danach ständig ihre Nähe, ließ sie morgens so früh wie möglich bringen und ließ sie abends so lange wie nur erlaubt bei mir im Bett, um sie zu spüren, als Teil von mir zu erleben. Erst drei Tage nach dem Schnitt konnte ich Clara das erstemal nackt sehen, dann erst konnte ich ins Wickelzimmer laufen, auch wenn ich sie noch nicht selber wickeln konnte, da ich noch zu schwach war. Erst da sah ich: ›Es ist wirklich ein Mädchen.‹«

Ruth wußte schon vor der Geburt, daß sie einen Kaiserschnitt haben würde. Sie konnte sich auf die Geburt vorbereiten und schon vorher alle Wünsche äußern: »Ganz wichtig war mir, daß ich sofort nach Verlassen des Operationssaales mein Kind nackt auf meiner nackten Brust spüren konnte. Ich hab es dann auch so erlebt. Ich sah noch die Käseschmiere und wußte, daß sie in meinem Bauch gewesen war.«

Es kostet keine Mühe, das Kind nach der Geburt ungebadet, in warme Tücher gewickelt auf die Mutter warten zu lassen. Bleibt das Kind dann möglichst viel bei der Mutter, vielleicht sogar schon in der ersten Nacht, kann das Kennenlernen langsam stattfinden. Ein Gitter am Bett oder ein Bett an der Wand gibt der Mutter die Sicherheit, daß das Kind nicht herausfallen kann. Der Partner oder eine andere nahestehende Person sollte vor allem in den ersten drei Tagen möglichst viel bei der Mutter sein. Sie braucht Ruhe, um sich von der Operation zu erholen und kann sich noch sehr schlecht bewegen. So kann sie Unterstützung bekommen, zum Beispiel beim Anlegen zum Stillen, beim Wickeln und wenn das Kind gehalten werden muß, während sie schläft. Sind die Väter von Anfang an in die Versorgung mit einbezogen, hilft es auch ihnen, gleich einen guten Kontakt zu ihrem Kind zu bekommen. In der Frauenklinik des Vinzenz-Pallotti-Hospitals in Bensberg wurden aus den Rooming-in-Zimmern Familienzimmer, das heißt die Väter können auch nachts bei Frau und Kind bleiben. Auf der Wochenstation entfallen feste Weck- und Essenszeiten, so daß die Frauen auch nicht mehr im Schlaf oder beim Stillen gestört werden. Immer mehr Kliniken folgen inzwischen diesem Beispiel.

Kommt die Frau nach der Geburt auf die Wachstation, ist in der Regel diese erste Kontaktaufnahme gestört. Mutter und Kind können nicht unbegrenzt zusammenbleiben. Die Frau fühlt sich eher als Kranke, wenn noch andere frisch Operierte mit ihr in einem Zimmer liegen. Wenn, wie es bei Amelie geschehen ist, das Kind gleich nach der Geburt in die Kinderklinik gebracht wird und auch die oben beschriebene Zeit und Ruhe miteinander fehlt, ist es besonders schmerzlich. Bei diesen Müttern vermischen sich Gefühle wie Angst und Sorge um ihr Kind, Schuldgefühle, nicht genug für das Kind getan zu haben, und Bedauern um das verpaßte Geburtserlebnis. Der Vater als »Bote« zwischen Mutter und Kind, der vielleicht die Muttermilch zum Kind hinträgt und Berichte und Fotos vom Kind wieder mitbringt, kann Trost spenden. Für die Mutter ist es in dem Fall wichtig, alles – auch jede »Kleinigkeit« – über ihr Kind zu erfahren. Sobald sie sich in der Lage fühlt, sollte sie dann ihr Kind besuchen können. Das Kind in der Kinderklinik braucht besonders viel Körperkontakt. Der Vater, aber auch Großmutter, Großvater oder eine andere nahestehende Person, sollte soviel wie möglich beim Kind sein. Häufig werden nur die Eltern zum Kind gelassen, Platzmangel ist ein Grund hierfür. Wenn nur jeweils eine Person bei dem Kind ist, sollten Ausnahmen gemacht werden. Gibt es auf der Station noch eine Mutter, deren Kind in die Kinderklinik verlegt wurde, ist es gut, zu ihr Kontakt aufzunehmen. Auch wenn andere Mütter mit Kaiserschnitt dort liegen, kann es helfen, mit ihnen zusamenzukommen. Das Reden über Gefühle und Probleme kann schon sehr beruhigen. Es ist auch wichtig, sich die Gefühle, die da sind, zuzugestehen und sich nicht unter Druck zu setzen und eventuell sogar »Mutterglück« und Freude vorzuspielen. Jede Beziehung braucht Zeit, um zu wachsen. Wenn sie dann noch mit soviel Störungen konfrontiert wird, wie es beim Kaiserschnitt der Fall ist, ist es natürlich besonders schwer, und es kann länger dauern, bis Mutter und Kind, vielleicht auch Vater und Kind, sich finden können.

Amelie: »Ich hatte ein Kind, auf das ich mich sehr gefreut hatte, doch gleichzeitig konnte ich es nicht gleich annehmen. Nach einigen Wochen besserte sich das.«

9.5. Die Rolle des Vaters

Im vorangegangenen Kapitel wurde deutlich, wie wichtig es ist, daß der Vater Mutter und Kind Schutz gewährt. Die Schutzfunktion, die Michel Odent mit Hilfe des Beispiels der Geburt von Delphinen den Hebammen zuschreibt, ist auch auf die Rolle der Männer auszuweiten: »Bei der Geburt eines kleinen Delphins (...) ist häufig ein Weibchen anwesend, das dem Neugeborenen helfen kann, an die Wasseroberfläche zu kommen und seinen ersten Atemzug zu tun, die anderen Mitglieder der Gruppe (darunter die Männchen, Anm. Verf.) halten Wache und sind bereit, räuberische Haie zu töten. Es hat den Anschein, daß eine ›Hebamme‹ unter Säugern, wenn es sie gibt, in allererster Linie eine Schutzfunktion ausübt.«[108)]

Diese beschützende Rolle ist unseres Erachtens bei einer Kaiserschnittgeburt besonders nötig. Mutter und Kind sind tatsächlich in Gefahr. Es findet eine Verletzung statt, die natürlich bei einer »Schnitt«-Entbindung nicht zu umgehen ist. Um so wichtiger ist es, dem Ganzen einen schützenden Rahmen zu geben, den der Vater aktiv mitgestalten kann. Natürlich ist der Vater auch sehr stark emotional beteiligt: Es ist schließlich sein Kind, daß da geboren wird und seine geliebte Partnerin, der der Bauch aufgeschnitten wird. Aus diesem Grund brauchen gerade die werdenden Väter eine besonders gute Vorbereitung auf die Geburt (siehe Kapitel Geburtsvorbereitung).

Ist die Frau noch in der Narkose oder das Kind in der Kinderklinik, ist es natürlich unumgänglich und sogar notwendig, daß der Vater den ersten intensiven Kontakt zu seinem Kind aufnimmt. Martin beschreibt seine Freude über diese ersten Minuten mit seinem Kind:

»Die Operation wurde erfolgreich durchgeführt und ich durfte das gesunde und liebreizende Kind als erstes in Empfang nehmen – was mir im übrigen gut gefiel. Meiner Frau ging es zwar den Umständen entsprechend ebenfalls gut, sie interessierte sich aber erst einige Stunden später für das Kind.«

Der Vater sollte, sobald die Mutter sich in der Lage fühlt, der Mutter die Möglichkeit geben, Kontakt zu ihrem Kind aufzunehmen, es ihr in den Arm legen. Jetzt ist es seine Aufgabe, die Mutter-Kind-Einheit zu schützen und zu unterstützen. Es hört sich vielleicht befremdlich an, wenn ein Vater, der soeben im Begriff ist, eine gute Beziehung zu seinem Kind aufzubauen, wieder in die »zweite Reihe« verwiesen wird. Häufig hören wir doch die Beschwerden, daß die Väter sich nicht genügend um ihre Kinder kümmern. Es sollte nicht bewertet werden, wer nun den »besseren« Platz einnimmt in der Sorge um das Kind, eindeutig ist jedoch, daß das Stillen eine *andere* Form der Bindung schafft, nicht eine *bessere*. Kai hat dies erlebt und scheint nicht damit zu hadern: »Die Wundschmerzen und die Betäubung fesselten meine Frau für einige Tage ans Bett und erzwangen einen Krankenhausaufenthalt von gut einer Woche. Unsere Tochter blieb ebenfalls im Krankenhaus. Und sehr schnell überholte meine Frau mich wieder in der Enge der Beziehung zum Kind, wobei ohne Zweifel das Stillen eine herausragende Rolle spielte.« (Siehe auch Kapitel Stillen)

Nicht nur die Mütter, sondern auch die Väter sind bei einer Kaiserschnittgeburt besonderen psychischen Belastungen ausgesetzt. Vor allem, wenn der Kaiserschnitt plötzlich und unerwartet, meistens auch unvorbereitet notwendig wird. Amerikanische Studien belegen, daß die Väter, die vorher wußten, was sie bei einer Kaiserschnittgeburt zu erwarten haben, dieses Erlebnis besser verarbeiten können, und daß dies positive Auswirkungen auf ihre Beziehung zu ihren Frauen und Kindern hatte.[109)] Werden sie hingegen von der Notwendigkeit des Kaiserschnitts »überrumpelt«, erleben Väter oft eine völlige Hilflosigkeit. Martin beschreibt seine Gefühle folgendermaßen: »Wir registrierten erst sehr spät, Elke noch später als ich, daß es Probleme gab mit den Herztönen des Kindes. Wir waren so auf unser Tun konzentriert, daß wir nicht realisierten, wie es immer wahrscheinlicher wurde, daß das Kind mit Kaiserschnitt auf die Welt kommen sollte. Ich selbst hatte mich bis zu diesem Zeitpunkt wenig bis überhaupt nicht mit dem Thema beschäftigt. Mich überkam ein Gefühl der Ohnmacht, als deutlich wurde, daß es zu einem Kaiserschnitt kommen wird und uns alle Argumente, die dafür sprachen, vorgetragen wurden. Diese Argumente waren alle vielleicht richtig, doch was sollte ich sagen, wo ich gar kein Wissen in dieser Richtung hatte und doch sehr gegen einen Kaiserschnitt war.«

Die Ohnmacht und Angst wird dann noch verstärkt, wenn den Vätern verwehrt wird, Frau und Kind in den Operationssaal zu begleiten. Dr. Gerd Eldering beschreibt die Gefühle der Männer, die vor dem Operationssaal warten, vor allem, wenn es zu einer spontanen Entscheidung für den Kaiserschnitt kommt: »Für diese Männer geht es um Leben und Tod. Sie haben in ihrer Phantasie Kind und Frau verloren und fühlen sich manchmal noch mitschuldig daran. Die Phantasie übersteigt oft die Realität, deshalb ist es besser, die Realität zu erleben.«

Klaus hatte gar keine Zeit, sich zu überlegen, ob er seine Frau in den OP begleiten sollte oder nicht. Er wurde vom Klinikpersonal ganz selbstverständlich in die OP-Vorbereitungen einbezogen: »Zum Überlegen, ob oder ob nicht, kam es erst gar nicht. Die Hebamme meinte nämlich, ich solle meine Frau mit OP-fertig machen. Thrombosestrümpfe, den OP-Tisch holen, meine Frau mit auf den OP-Tisch heben, OP-Sachen anziehen und schon saß ich mit Mund- und Haarschutz am Kopfende.« Auch die Zeit im OP empfand Klaus nicht als belastend, denn die »Atmosphäre war lokker ... selbst Musik als Unterhaltung durften wir uns aussuchen.«

Als das Kind geboren war, konnte Klaus sogar vergessen, daß er in einem Operationssaal war: »Ich hörte ein kurzes Schreien. Die Hebamme ging kurz mit unserer Tochter hinaus, um zu sehen, ob alles in Ordnung ist. Anschließend bekam ich sie im OP in die Arme gelegt. Die ersten Geräusche waren Saugversuche. Meine Freude war unbeschreiblich. Der OP-Saal um mich herum war vergessen, und so verging die Zeit bis zum Ende des Kaiserschnitts sehr schnell. Wir kamen danach zurück in den Kreißsaal, wo mir unsere Tochter auf die Brust gelegt wurde, damit sie den ersten Hautkontakt bekam.«

Rainer war bei der Geburt seiner beiden Kinder unter Vollnarkose dabei: »Ich bin froh, daß ich dabei war. Draußen vor der Tür hätte ich es nicht ausgehalten. So bekam ich als Erster meine Kinder in den Arm gelegt.«

Amerikanische Studien haben ergeben, daß die Anwesenheit des

Vaters vor, während und nach dem Kaiserschnitt einige positive Auswirkungen hat. Einige Wissenschaftler fanden heraus, daß die Väter ein verstärktes Interesse an ihren neugeborenen Kindern haben, andere konnten feststellen, daß die Frauen weniger Medikamente brauchen.[110)] Nach einer Vollnarkose können Väter den Müttern helfen, die »Lücke« zu schließen, die sonst auch die Männer haben, wenn sie bei der Geburt nicht anwesend sind. Fragen über diesen Moment, wenn das Kind geboren ist, werden häufig auch noch lange nach der Geburt immer wieder gestellt. Außerdem kann das Miterleben helfen, Probleme, die nach der Geburt auftauchen, wie körperliche Erschöpfung, den »Heultag« oder sogar Depressionen bei den Müttern besser zu verstehen. In den meisten Fällen können auch die Väter noch darauf vorbereitet werden, was sie im Operationsaal erwartet. Ist dies nicht möglich oder nicht geschehen, sollte für den Vater und die Mutter nach der Geburt ein Gesprächspartner zur Verfügung stehen. In den USA sind zu diesem Zweck an einigen Kliniken spezielle Kaiserschnitt-Kurse eingerichtet worden, an denen auch die Väter teilnehmen können. Die gemeinsame Auseinandersetzung hilft Müttern wie Vätern, sich auch in schwierigen Situationen nach der Geburt besser annehmen zu können.

9.6. Die heilende Wirkung des Stillens

»Einer meiner ersten Impulse nach dem Kaiserschnitt war: Dieses Kind will ich ganz lange stillen, sozusagen als Ausgleich für das, was wir nicht erlebt haben.«

»Ich wußte, wenn es schon ein Kaiserschnitt wird, so wollte ich auf jeden Fall stillen. Aus diesem Grund hatte ich mich auf das Stillen besonders gut vorbereitet. Mein Mann mußte mir literweise Stilltee mit in die Klinik bringen, ein Stillbuch lag auf meinem Nachttisch und ich versuchte, Katharina soviel wie möglich bei mir im Bett zu haben. Das Stillen hat mich erstmal über die Enttäuschung hinweggetröstet, daß mein Kind nicht ›normal‹ geboren werden konnte. Ich hatte das Gefühl, mit dem Stillen wieder etwas ›gutmachen‹ zu können, für mein Kind, aber auch für mich. Glücklicherweise ging es ja dann auch ohne Probleme. Nur eine Kinderschwester, die hat mich erwischt, am Tag vor dem Milcheinschuß. Ich habe an diesem Tag viel geheult. Ich war mir plötzlich unsicher, ob ich das alles schaffen würde mit dem Kind. Auch die Enttäuschung über den Kaiserschnitt quälte mich. Der Schnitt tat immer noch sehr weh. Genau in diesem Moment kam sie und meinte, mein Kind müsse doch endlich etwas ›Richtiges‹ zu trinken bekommen, ich wolle ja auch nicht so lange hungern. In diesem Moment nutzten mir alle Informationen aus den Büchern nichts mehr. Ich willigte ein, und Katharina bekam eine Flasche mit Säuglingsnahrung. Am nächsten Tag hätte ich dann die ganze Station versorgen können, soviel Milch war da. Ich stillte Katharina dann neun Monate.«

Häufig wird bei einer Kaiserschnittgeburt die Frage gestellt: »Werde ich mein Kind stillen können?« Die Erfahrung vieler Frauen hat gezeigt, daß das Stillen möglich ist, auch wenn am Anfang manchmal Schwierigkeiten zu überwinden sind. Hilfreiche Voraussetzungen für das Stillen sind: eine gute Vorbereitung, (noch wichtiger als bei einer »normalen« Geburt), ein frühzeitiges Anlegen, möglichst schon im OP, oder dann, wenn die Operation beendet ist und die Mutter nach einer Vollnarkose das erstemal aufwacht, die Anwesenheit des Vaters, in den ersten Tagen möglichst rund um die Uhr oder zumindest tagsüber.

Die Einstellung des Partners zum Stillen ist von großer Bedeutung. Es ist für eine Frau, besonders nach einem Kaiserschnitt, wenn sie Schmerzen hat, unbeweglich ist, vielleicht noch erschöpft und schläfrig nach der Narkose ist, besonders wichtig, daß ihr Mann sie unterstützt. Er kann dazu beitragen, daß sie die nötige Ruhe bekommt, sich entspannen kann, damit sie sich schnell erholt und genügend Milch da ist. Aber auch das Klinikpersonal, wie Kinderkrankenschwestern, Hebammen und ÄrztInnen sind aufgerufen, der Mutter positive, mutmachende Unterstützung zu gewähren. Nach einem Kaiserschnitt schießt die Milch manchmal erst später ein, gerade dann, wenn ein frühes Anlegen noch nicht möglich war. Doch bis zu diesem Zeitpunkt bekommt das Kind das wertvolle Kolostrum (Vormilch, die besonders reich an Abwehrstoffen ist). Verhaltensweisen von Schwestern, wie Anna sie erlebt hat, können leicht zur Mutlosigkeit führen. Das Gefühl, versagt zu haben, ist bei Frauen nach einem Kaiserschnitt häufig sowieso schon da und wird durch entmutigende Aussagen noch verstärkt. Möchte die Mutter stillen, gibt es keinen Grund, ihr von außen »Schonung« aufzuzwingen. Vielmehr sollten ihr Anregungen und Hilfestellungen angeboten werden. Das Stillen ist nicht nur heilsam für das Kind, sondern auch für die Mutter.

Nach einem Kaiserschnitt beginnen Mütter mit dem Stillen idealerweise im Liegen. Das Kopfteil des Bettes sollte in einer flachen Position sein, die Mutter liegt leicht auf der Seite, das Kind Bauch an Bauch ihr zugewandt. Es ist gut, die Narbe vor den Tritten des Kindes durch ein Kissen zu schützen. Auch Kopf und Rücken der Mutter sind durch Kissen abgestützt. Der Mund des Kindes ist in Höhe der Brustwarze. Berührt die Mutter mit ihrer Brust die Wange des Babys, wird es den Kopf der Brustwarze zuwenden.

Auch in der Rückenlage ist es möglich, das Kind zu stillen. Wichtig ist auch in dieser Position, daß die Narbe geschützt ist, daß das Kind der Mutter zugewandt ist, so daß es beim Trinken nicht das Köpfchen drehen muß, und daß Mutter und Kind mit Hilfe von vielen Kissen einen guten Halt haben. Viele Frauen ziehen es vor, im Sitzen zu stillen, sobald die Narbe nicht mehr zu sehr schmerzt. Hierzu kann das Rückenteil des Bettes hochgestellt werden, auch jetzt unterstützen Kissen eine bequeme Haltung. Oder die Mutter setzt sich, falls vorhanden, in einen bequemen Stuhl mit Seitenlehnen.

Es kann sein, daß das Anlegen des Kindes nicht sofort klappt und sich die Mutter deshalb ungeschickt vorkommt. Auch andere Frauen haben am Anfang Schwierigkeiten und die Schmerzen an der Narbe sind nun einmal ein Handicap. Mutter und Kind müssen sich auch erst aneinander gewöhnen und das braucht Zeit.

Die Vorteile des Stillens sind für Mutter und Kind noch wichtiger als nach einer vaginalen Geburt. Das Saugen an der Brust gibt der Gebärmutter den Impuls, sich zusammenzuziehen, dies trägt zur schnelleren Erholung der Mutter bei. Das Zusammenziehen der Gebärmutter geschieht durch das Hormon Oxitocin. Die Ausschüttung von Oxitocin wird ausgelöst durch das Saugen des Babys, aber auch durch Signale des hungrigen Säuglings. Dies ist vergleichbar mit dem Erregungszustand von Verliebten, der manchmal nur durch die Stimme oder eine sanfte Berührung des anderen ausgelöst werden kann. Das Oxitocin bringt gleichzeitig die Milch zum Fließen (Letdown oder Milchspendereflex). Viele Frauen werden dieses Symptom kennen: Sie sind einkaufen und hören ein fremdes Baby schreien. Sofort denken sie an ihr Kind, und die Brust fängt an zu »kribbeln« oder zu »tropfen«. Oxitocin kann deshalb auch als ein Hormon der Liebe bezeichnet werden. So hat die Frau während eines Orgasmus einen vergleichbaren Oxitocinspiegel, wie nach einer zwanzigminütigen Stillzeit. Wie beim Orgasmus, gibt es auch beim Stillen ähnlich Phänomene wie die der Selbstaufgabe oder des Sich-selbst-Vergessens.

Viele junge Mütter werden feststellen, daß sie während der Stillzeit große Konzentrationsprobleme haben und manchmal ganz schnell etwas vergessen. Dies kann natürlich mit dem großen Streß in der Anfangszeit mit dem Kind zusammenhängen. Es ist aber auch eine Auswirkung des Oxitocins. Die Mutter widmet sich vollkommen den Bedürfnissen ihres Kindes, Anforderungen außerhalb dieser Beziehung sind nicht so wichtig, können vergessen werden. Verhalten sich Verliebte so, werden sie in Liedern besungen und in Filmen beneidet. Müttern wird eher der Vorwurf gemacht, sie seien »Mutterglucken«, schusselig oder unfähig. Werden Mutter und Kind nicht gestört, läßt man ihnen Zeit beim Stillen, so erhöht sich der Endorphinspiegel bei der Mutter nach einer zwanzigminütigen Stillzeit. Über die Muttermilch gelangen die Endorphine auch zum Kind. Aus diesem Grund sehen die Kinder nach dem Stillen häufig aus, als wenn sie »high« wären. Endorphine, auch Glückshormone genannt, bewirken den Übergang in einen anderen Bewußtseinszustand. Sie haben eine ähnliche Wirkung wie Opiate. Sie sind das körpereigene Schmerzmittel, bewirken aber auch Lust und Wonne und eine Verminderung von Ängsten. So wie Opiate eine Abhängigkeit auslösen, so werden Mutter und Kind voneinander abhängig. Stillen fördert folglich die Bindung von Mutter und Kind und damit die Liebe zwischen beiden. Nach einem Kaiserschnitt hilft es vermutlich auch, die Schmerzen besser zu ertragen, obwohl ja gerade durch das Zusammenziehen der Gebärmutter, ausgelöst durch das Oxitocin, zusätzliche Schmerzen hinzukommen.

Häufige Störungen beim Stillen durch die übliche Klinikroutine und der Ratschlag, das Kind am Anfang nur fünf Minuten an jeder Brust trinken zu lassen, unterbinden diese natürlichen Prozesse. Wird der Mutter beim Anlegen des Kindes geholfen, anstatt sie mit vielen Ratschlägen und oft auch entmutigenden Hinweisen zu überhäufen, wird sich – auch bei längerem Stillen – die Brustwarze nicht entzünden.

In der Komposition der Hormone ist das Prolaktin ein weiteres Hormon, das zu dem harmonischen physiologischen Miteinander von Mutter und Kind gehört. Prolaktin ist notwendig für die Milchproduktion. Es hat aber nicht nur Auswirkungen auf das Stillen, es löst auch den Drang zum Nestbau aus. Manche werden das fast zwanghafte Gefühl kennen, vor der Geburt manchmal sogar unnötig erscheinende Dinge zu erledigen, wie die Fenster zu putzen, damit das Baby es schön hat, wenn es geboren wird. Prolaktin versetzt die Mutter in einen Zustand von Untergebenheit und Unterwerfung, aber auch einer größeren Wachsamkeit. Das Verhältnis von Prolaktin und Oxitocin weist die Richtung der Liebe. Die Wirkung richtet sich auf das Baby. Die Mutter wird fähig zum selbstlosen Einfühlen in ihr Kind. Ihre Antennen für das Baby sind hellwach, jedoch für Probleme außerhalb ihrer kleinen Welt zurückgeschraubt. Häufig konnten wir uns vor der Geburt unseres ersten Kindes nicht vorstellen, es aushalten zu können, in der Nacht mehrmals geweckt zu werden. Das dies für uns möglich wird, hängt auch mit unserem Hormonhaushalt zusammen. Die Natur hat es so eingerichtet, daß Stillen und Schmusen mit dem Baby als Befriedigung erlebt wird. Prolaktin fördert damit die sexuelle Zurückhaltung der Frauen gegenüber ihrem Partner während der Stillzeit. Wichtig ist hier zu sehen, daß die Empfindungsveränderungen, die durch das Stillen ausgelöst sind, eine zeitliche Begrenzung haben. Außerdem spielen natürlich auch andere Einflüsse eine Rolle dafür, wie diese Zeit erlebt wird. »Das Stillen ist ein Aspekt der weiblichen Sexualität. Es findet nicht unabhängig von anderen Lebenszusammenhängen in einem Freiraum statt, sondern es ist zu erwarten, daß es andere Bereiche des psychosexuellen Lebens der Frau beeinflußt und von ihnen beeinflußt wird.«[111]

9.7. Wenn Mutter und Kind getrennt werden

Nach einem Kaiserschnitt werden mehr Kinder in eine Neugeborenenintensiv- oder -überwachungsstation verlegt als nach einer vaginalen Geburt. Wenn es dem Kind schon im Mutterleib schlechtging und dies der Grund für den Kaiserschnitt war, kann dieser Zustand auch nach der Geburt noch bestehen und zumindest eine Überwachung notwendig werden lassen. Aber auch der Kaiserschnitt selbst kann eine Beeinträchtigung beim Kind hervorrufen, durch die Auswirkungen der mütterlichen Narkose auf das Kind oder durch Anpassungsschwierigkeiten auf Grund des fehlenden »Geburtsstresses«. In jedem Fall sollte der jeweilige Anlaß für die Verlegung des Kindes genau geprüft werden.

Kliniken mit angeschlossener Kinderklinik neigen dazu, Neuborene zur Überwachung sehr schnell in die Kinderklinik zu verlegen. In manchen Kliniken geschieht dies schon, wenn der Bilirubinwert des Kindes erhöht ist (sogenannte Neugeborenengelbsucht), so daß das Kind zur Senkung dieses Wertes »unter die Lampe« muß. Dies geschieht aber auch zur Überwachung eines Kindes, dessen Mutter während der Schwangerschaft einen Diabetes hatte, auch wenn das Kind *keine* Anzeichen einer Beeinträchtigung zeigt. Eine andere Möglichkeit wäre, daß der Kinderarzt die Betreuung eines Kindes, dessen Gesundheitszustand keine unmittelbare Verschlechterung erwarten läßt, im Säuglingszimmer übernimmt. In diesem Fall wären Mutter und Kind nicht so weit voneinander getrennt.

Ist die Trennung unvermeidlich, sollte der Mutter so früh wie möglich die Gelegenheit gegeben werden, ihr Kind zu besuchen. Bis dahin kann der Vater die abgepumpte Milch zum Baby bringen und es auch mit der Milch füttern – es sei denn, das Kind muß die

Milch noch über eine Sonde bekommen. Aber auch das kann vielleicht der Vater übernehmen. Die Übernahme dieser Verantwortung hilft ihm, sich nicht mehr so hilflos zu fühlen. Das Abpumpen geht leichter, wenn die Mutter währenddessen ein Bild ihres Babys anschauen kann. Auch der Mutter wird es helfen, wenn sie spürt, daß sie etwas für ihr Kind tun kann. Wenn der Vater die Muttermilch nicht überbringen kann, so bieten fast alle Kliniken Transportmöglichkeiten für die Muttermilch in die Kinderklinik.

Besonderen Problemen sind Eltern ausgesetzt, deren Kind viel zu früh geboren, schwer erkrankt oder behindert ist. In diesen Fällen brauchen die Kinder eine besonders einfühlsame Betreuung. Das Schlimmste für die Eltern ist, wenn die Menschen in der Umgebung schweigen, aus eigener Angst und Unsicherheit oder aus falscher Rücksichtnahme. Vor der Verlegung in die Kinderklinik sollte den Eltern in jedem Fall die Möglichkeit gegeben werden, ihr Kind zu sehen. Die Eltern brauchen dringend Erklärungen und Informationen über das, was jetzt mit dem Kind geschieht.

Was einem gesunden Kind guttut, hilft natürlich einem frühgeborenen oder kranken Kind in besonderem Maße. »Untersuchungen aus vielen Teilen der Welt haben gezeigt, daß Kinder, seien sie nun zum Termin oder zu früh geboren, mit der Möglichkeit zu häufigem Körperkontakt mit ihren Müttern nicht nur rascher wachsen, sondern auch eine bessere Atmung haben, besser schlafen und allgemein lebhafter reagieren.[112)] Ist das Kind in der Kinderklinik und hatte die Mutter einen Kaiserschnitt, kann dies natürlich die Möglichkeit zu stillen erheblich stören oder manchmal unmöglich machen. Der Körperkontakt kann in dem Fall natürlich auch ohne das Stillen und auch durch eine andere Person als die Mutter hergestellt werden. Sind Mutter und Kind »aus der Gemeinsamkeit ihres Kontaktes herausgeraten, kann das Stillen (auch zu einem späteren Zeitpunkt, Anm. d. Verf.) eine günstige Möglichkeit sein, in den Kontakt zurückzufinden und die Bindung zu erneuern.«[113)] So können psychische Wunden bei Mutter und Kind geheilt werden.

Häufig wird den Eltern in den Kinderkliniken immer noch verwehrt, sich aktiv an der Pflege ihrer Kinder zu beteiligen. Viele Eltern haben das Gefühl, »nur im Wege zu stehen«. Das Pflegepersonal ist mehr auf die Bedienung der Technik eingestellt, als auf eine Zusammenarbeit mit den Eltern in ihrer Sorge um das Baby. Es ist uns unerklärlich, warum nicht auf jeder Frühgeborenen-Intensivstation den Eltern die Möglichkeit der Kontaktaufnahme durch die sogenannte »Känguruhmethode« gewährt wird.

Psychologen sind sich einig, daß eine frühe Kontaktaufnahme mit der Mutter und eine frühchengerechte Förderung besonders wichtig ist. »Je früher sich eine Bindung zwischen Eltern und Kind entwickeln kann und eine Bewältigung der Frühgeburt von seiten der Eltern möglich ist, desto größer sind die Chancen, daß sich das Kind normal entwickelt«, bestätigt Diplompsychologin Petra Buß von der Kinderklinik der Düsseldorfer Universitätsklinik. Viele Mütter sind jedoch anfänglich verunsichert und nicht wenige suchen die »Schuld« für die Frühgeburt bei sich selbst. Der Trost einer Mutter, die nach einer schweren Geburt ihr Kind in die Arme schließen kann, ist ihnen darüber hinaus häufig verwehrt. Sie betrachten ihr Kind nur durch die Plastikwände des Brutkastens. Die Technik auf der Intensivstation (oft piepst und tickt es, das Kind ist an verschiedene Schläuche angeschlossen) ist eine deutliche Hemmschwelle. Außerdem sind die Mütter nicht darauf vorbereitet, daß ihr Kind so immens klein und zerbrechlich ist. Das innere Bild, das sich die Mutter während der Schwangerschaft von ihrem Baby gemacht hat, und das nun vor ihr liegende Frühchen stimmen nicht überein. »Man sieht etwas, was normalerweise dem menschlichen Auge noch gar nicht zur Verfügung stehen sollte, weil es noch in den Bauch gehört. Es muß also eine Brücke geschlagen werden, zwischen dem inneren Bild und dem, was die Frau da vor sich sieht«, erklärt die Diplompsychologin Monika Busch vom Zentralkrankenhaus Bremen. Die Känguruhmethode ist für diesen Brückenschlag besonders gut geeignet. Bei dieser Methode wird das Baby aus dem Brutkasten genommen – oft mit allen Schläuchen – und der Mutter oder dem Vater auf die nackte Brust gelegt und mit einem warmen Kissen eingewickelt. »Der Vorteil dabei ist, daß die Frau ihr Kind wieder auf dem Bauch trägt und mehr spürt als sieht. Dabei wird wieder Anschluß genommen an das ursprüngliche Fühlen. Dieses positive Gefühl überträgt sich dann auch auf das Sehen.« Was bleibt, ist die Angst um das Kind. Das Wohlergehen, ja das Überleben des Kindes, hängt von Ärzten und Schwestern ab. Dieses sogenannte »Whose-Baby-Syndrom« (Wessen Baby ist das?) kann ebenfalls durch die Känguruh-Methode deutlich gemildert werden.[114)]

Veränderungen in den Kliniken wird es nur geben, wenn sich immer mehr Eltern dafür einsetzen, in dieser Form in die Versorgung und Betreuung ihrer Babys mit einbezogen zu werden. Adressen von Vereinen, bei denen sich betroffene Eltern Unterstützung holen können, sind im Anhang verzeichnet.

9.8. Sexualität und Partnerschaft

»Die Geburt selbst bedeutet für jede Frau eine dramatische und manchmal sogar schmerzliche Begegnung mit ihrem eigenen Körper, der erstaunliche Veränderungen durchmacht. Innerhalb von Minuten durchlebt sie die Metamorphose der Geburt, um dann plötzlich einen leeren Körper zu spüren, nicht mehr den prallen, vom Baby ausgefüllten.«[115)]

Bei einem Kaiserschnitt vollzieht sich diese Veränderung noch wesentlich abrupter als bei einer vaginalen Geburt. Frauen nach einer Vollnarkose können diesen Übergang nicht nachvollziehen. »Man hat mir mein Kind aus dem Bauch geklaut«, »Der Kaiserschnitt hatte etwas von einer Vergewaltigung« sind Aussagen, die von Kaiserschnittmüttern zu hören sind. Zurück bleibt die Narbe, die manchmal noch lange schmerzt oder durch ein unangenehmes Taubheitsgefühl berührungsempfindlich ist. War die Frau dann noch durch geburtshilfliche Geräte wie Blasenkatheter, Tropf und Drainage in ihren Bewegungen eingeschränkt, können diese Erfahrungen die Einstellung zu ihrem Körper negativ beeinflussen. Auch das Verhalten des Kindes kann Auswirkungen auf das Bild vom eigenen Körper haben. Ist das Baby nach der Geburt vielleicht durch Schmerzmittel oder Narkosenachwirkungen noch schläfrig oder einfach erschöpft durch die lange, anstrengende Geburt, kann es sein, daß die Mutter sich abgelehnt fühlt. Dieses kann wiederum zur Ablehnung ihres eigenen Körpers führen. Es entsteht ein Bild von einem Körper, der nicht »funktioniert«. Sehen wir Schwangerschaft, Geburt und Stillen als Erfahrungen im Sexualleben von Frauen, wird es verständlich, daß ein Kaiserschnitt, wenn er als traumatisch empfunden wird, zu Störungen in der Sexualität führen kann.

Nicht auf jede Frau werden die oben beschriebenen Empfindungen zutreffen. Erfahrungen in der eigenen Lebensgeschichte, Zeit und Ruhe nach der Geburt, den eigenen Körper wieder »neu zu finden«, haben einen Einfluß darauf, wie eine Frau nach einer Geburt die Umstellung des eigenen Körpers annehmen kann. Mit den Veränderungen ihres Körpers sind Mütter nach einer vaginalen Geburt in ähnlicher Weise konfrontiert. Die Nachwirkungen und Erinnerungen an eine Geburt werden von jeder Frau ganz unterschiedlich verarbeitet. Es gibt Frauen, für die war der Kaiserschnitt hauptsächlich eine Erleichterung, andere haben eine spontane Geburt als große Verletzung erlebt.

Nicht nur die Geburt, auch das Stillen hat Auswirkungen auf die mütterliche Sexualität. Für manche Frauen ist die Verbindung von Stillen und Sexualität irritierend. Es fällt uns oft noch schwer, zu akzeptieren, daß zwischen einer Mutter und ihrem Kind eine sexuelle Beziehung besteht, die sich jedoch anders gestaltet als diejenige zum Partner. Wie wir es im Kapitel über das Stillen gesehen haben, sind die Hormone während der engen Mutter-Kind-Bindung die gleichen, wie bei der geschlechtlichen Liebe zwischen Partnern. Die Bestandteile sind jedoch unterschiedlich verteilt. In der Beziehung zum Kind weisen sie in Richtung der einfühlsamen, barmherzigen, aufopfernden Liebe im Gegensatz zu der auf gleichberechtigtes Geben und Nehmen gerichteten erwachsenen Liebe.

Durch das Prolaktin wird die Libido gesenkt. Sexuelle Bedürfnisse, die gleichzeitig der Fortpflanzung dienen können, sind während der Stillzeit bei vielen Frauen eingeschränkt. Kommen dazu noch Erschöpfung und psychische Probleme, ist es verständlich, daß viele Mütter nach der Geburt erst einmal andere körperliche Bedürfnisse als die der genitalen Sexualität haben. Brad E. Sachs beschreibt sehr eindrücklich die Erfahrung vieler Eltern nach der Geburt ihres Kindes. »In einem typischen Szenarium ist die junge

Mutter zu aufgelöst von den hormonellen Stürmen der beendeten Schwangerschaft und dem Beginn des Stillens, zu erschöpft von den ersten Monaten mit gestörtem Schlaf, um viel sexuelles Interesse für ihren Mann zu empfinden. Ihm ist es peinlich zu akzeptieren, daß auch er sich überfordert und erschöpft fühlt, Angst vor der Abhängigkeit seiner jungen Familie von seinen Ernährerfähigkeiten hat. Er fühlt sich ausgeschlossen, weil seine Frau völlig von dem neuen Baby in Anspruch genommen wird, das er eigentlich anbeten sollte. So sucht er Bestätigung auf dem Weg, den er kennt, indem er anregt, miteinander zu schlafen. Er ist nun zum Verfolger geworden, sie zur Distanziererin.[116)]

Auch für den Vater war die Erfahrung des Kaiserschnitts eine besondere. Gibt es keine Gespräche über die jeweiligen Gefühle, kann es in der Beziehung zu einem Teufelskreis kommen. Häufig sind die Bedürfnisse beider Eltern nicht so unterschiedlich. Auch die Väter befinden sich in einem »emotionalen Wachstum«, auch sie haben den Wunsch umarmt, gestreichelt und angehört zu werden. Sie trauen sich aber oft nicht dies zuzugeben, weil es ihre »Definition von Männlichkeit überdehnen würde und diesen Weg wollen sie nicht beschreiten«.[117)]

Beide, Mann und Frau sind enttäuscht und zunehmend verbittert, so daß sich jeder zurückzieht auf seine Sichtweise und Empfindungen. Die gemeinsame Sorge für das Kind, ein gemeinsames Erleben von Glück, Gespräche und Toleranz dem anderen gegenüber, können diesen Konflikt mildern oder gar nicht erst entstehen lassen. Beide müssen erst einmal in die neue Verantwortung hineinwachsen und die Veränderungen, die ein Kind und die Entstehung einer Familie mit sich bringen, annehmen lernen. Dieser Prozeß braucht Zeit, Geduld und gegenseitige Akzeptanz.

9.9. Kaiserschnittgruppen

Nicht jede Frau hatte die Möglichkeit, sich so intensiv auf den Kaiserschnitt vorzubereiten, wie wir es beschrieben haben. Einige wurden vom Kaiserschnitt »überrascht«, und für andere wurde das

Erlebnis Kaiserschnitt deshalb traumatisch, weil sie direkt von ihren Kindern getrennt wurden, zum Teil auch länger (Kinderklinik). Für diese Frauen ist eine Gruppenerfahrung mit anderen Frauen, die ähnliches erlebt haben, besonders wichtig. Der Zeitpunkt, wann sie eine Kaiserschnittgruppe besucht, ist für jede Frau individuell verschieden. Einige haben direkt nach dem Geburtserlebnis das Bedürfnis, sich damit auseinanderzusetzen, für andere ist zunächst das »Überleben« wichtig, erst später – manchmal auch erst Jahre danach – spüren sie die Notwendigkeit, sich innerlich mit ihren Gefühlen der Trauer, des Versagens, der Angst auseinanderzusetzen.

Für Laura war die Kaiserschnittgruppe ein Ort, an dem sie sich angenommen gefühlt hatte: »Es war das erste Mal, daß ich mich mit meiner Trauer verstanden gefühlt habe, daß ich nicht die immer wiederkommenden blöden Antworten zu hören bekommen habe von Personen, die sich dieses Erlebnis nicht vorstellen können und sich auch nicht annähernd in die Lage versetzen können. Außerdem habe ich durch den Erfahrungsaustausch über den Kaiserschnitt selbst nähere Informationen bekommen ... Durch diese Gruppe habe ich es mir erlaubt, über dieses Thema wieder mehr nachzudenken, ohne den Punkt im Kopf zu erreichen: ›Hab' dich nicht so – das Kind lebt, es geht dir doch gut.‹ Die Gruppe hat mir einige Ansätze gegeben zum Weiterdenken, wenn ich auch denke, daß ich oft immer noch auf der Stelle trete und noch lange nicht alles überwunden habe.«

In den USA wurde bereits 1972 in Boston die erste Kaiserschnittgruppe eingerichtet. Inzwischen gibt es dort in jeder größeren Stadt solche Gruppen, die regen Zuspruch haben. Bei uns gibt es Kaiserschnittgruppen erst seit einigen Jahren. Gründe für das Entstehen dieser Gruppen sind aber sowohl in den USA als auch bei uns fast identisch: Kaiserschnitteltern fühlen sich durch restriktive Krankenhausroutine und wenig unterstützendes Krankenhauspersonal im Stich gelassen. »Frau rückt die eigene Erfahrung im größeren Rahmen von ähnlichen Erfahrungen zurecht. Es gelingt leichter, zu beurteilen, was als ›Schicksal‹ anzunehmen ist, und wo Ärger und Verletztheit noch kanalisiert werden kann, zum Beispiel in einem

Beschwerdebrief über unrechtmäßige Behandlung oder mangelnde Aufklärung oder ähnliches mehr.«[118)]
Kaiserschnittgruppen erfüllen fünf Hauptfunktionen[119)]:
1. Information. Die Gruppe gibt Informationen über Themen wie die unterschiedlichen Anästhesiemethoden, Medikamente, mögliche Komplikationen, die Möglichkeiten einer vaginalen Geburt nach einem Kaiserschnitt, Krankenhausabläufe und neue Forschungsergebnisse über die Auswirkungen des Kaiserschnitts auf Mutter und Kind.
2. Emotionale Unterstützung. Die Gruppe bietet eine sichere Atmosphäre, in welcher es sich Frauen »erlauben« können, offen und ohne Scheu alle Gefühle und Probleme, die sie mit ihrer Kaiserschnittgeburt verbinden, auszutauschen. Sie erfahren dort die Bestätigung, daß es »normal« und »in Ordnung« ist, sich so zu fühlen. Viele Frauen glauben auch nur wirklich verstanden zu werden von Frauen, die ähnliches erlebt haben wie sie selbst.
3. Erleichterung. Der Austausch mit anderen Frauen macht deutlich, daß das eigene »Schicksal« nicht etwas Unnormales ist. Es hilft, Gefühle von Schuld und Stigma oder der persönlichen Unzulänglichkeit zu mildern und führt so zur Erleichterung. Dem Kaiserschnitt wird so der Schrecken und die negative Assoziation genommen. Die Gruppe dient dazu, das Erlebte »umzudeuten«, dahingehend, daß auch der Kaiserschnitt eine Geburt ist.
4. Selbsthilfe. Die Gruppe funktioniert nach dem Prinzip der Selbsthilfe. Dadurch, daß ich anderen helfe, erfahre ich auch selbst Heilung.
5. Selbstbewußtsein. Die Aufklärungen und Informationen stärken das Selbstbewußtsein der Teilnehmerinnen und bestärken sie darin, ihre Rechte im Gesundheitssektor in Zukunft besser einfordern zu können. Dies betrifft weitere Geburten – ob mit oder ohne Kaiserschnitt.

Kaiserschnittgruppen können entweder direkt in der Klinik angeboten werden, in Selbsthilfe, als Gesprächskreise von betroffenen Frauen oder unter Anleitung von GeburtsvorbereiterInnen in »Zentren rund um die Geburt« (siehe Adressen im Anhang). In meinen (Gabriele) Kaiserschnittgruppen im Frauengesundheitszentrum Frankfurt (FGZN) fangen wir oft ohne konkrete Themenvorgabe an, in freier Assoziation auszusprechen, was wir an Erfahrungen mitbringen. Mit Hilfe von Symbolkärtchen, die die Frauen passend zu ihren Empfindungen ausgesucht haben, erzählen sie reihum ihre Erlebnisse. Für manche Frauen ist es neu, daß sie soviel Raum für ihre Geschichte erhalten und dabei ernstgenommen und angenommen werden. In dem Moment, in dem einige Frauen sagten: »Ich fühle mich wie eine Versagerin«, konnten auch andere, die sich dies bisher selbst nicht eingestanden hatten, zu ihren Gefühlen des Versagens finden. Nachdem sie dies selbst ausgesprochen hatten, war es auch leichter, diese Empfindungen anzunehmen. Das »Schreckliche«, das frau meinte nur alleine erlebt zu haben, wird durch die Geschichte der anderen ein Stück relativiert und in Perspektive gesetzt. So geschieht es, daß Frauen miteinander weinen können – auch über die Schicksale der anderen. Sie erkannten häufig »der ging's ja noch schlechter als mir«.

Die Erfahrungen vor, während und nach der Geburt wurden in nachfolgenden Gruppentreffen nochmals genauer beleuchtet. Die unterschiedlichen Themenbereiche wurden durch verschiedene Methoden eingeführt. Zum Beispiel

- mittels einer Phantasiereise wurde die Schwangerschaft, vom Kinderwunsch bis zur Geburt, nochmals angeschaut, nachgefühlt und hinterher besprochen;
- durch das Malen von Bildern wurde die Geburt erneut nachvollzogen. Im nachhinein konnten so die Schmerzen gemildert werden;
- in einem Brief an eine andere Person (das Kind, den Partner) konnten die Gefühle über die Zeit nach der Geburt verbalisiert werden. Die Frauen konnten selbst entscheiden, ob sie die Briefe vorlesen wollten, oder sich ohne diese Briefe mit den anderen Frauen austauschen wollten;
- bei Bedarf kann in der Gruppe auch ein Film über eine Kaiserschnittgeburt gezeigt und besprochen werden. Das kann etwa helfen, die »Lücke« zu schließen;
- am Ende des Kurses standen die Wünsche für die Zukunft: Ge-

danken über ein weiteres Kind, die Möglichkeiten, noch offenstehende Fragen an die richtige Adresse zu leiten, eventuell mit ÄrztInnen oder Hebammen in der Klinik zu sprechen oder den Partner noch einmal zu befragen.

Kritische Themen wurden nicht ausgespart, so wie Wut auf das Kind, Sexualität, Scham in bezug auf den eigenen Körper (Narbe), Krisen in der Partnerschaft, Ängste vor dem Tod, Schuld- und Versagensgefühle gegenüber dem Kind und eigener Leistungsdruck. Es wurde allerdings nicht nur gemeinsam geweint, sondern auch gemeinsam gelacht. Das Glücksgefühl, ein Kind zu haben, und die Erleichterung, die in einigen Fällen ein Kaiserschnitt nach einer sehr langen, verzögerten Geburt oder in akuter Lebensgefahr für Mutter und Kind bedeuten kann, wurden nicht vergessen.

Kaiserschnittgruppen waren bisher nur an Mütter gerichtet. Es ist jedoch zu überlegen, wie in den Vereinigten Staaten üblich, auch zu einigen Terminen die Väter mit einzubeziehen. Natürlich können Kaiserschnittgruppen nicht alle Probleme lösen. Für manche Frauen gibt es nur individuelle Lösungsmöglichkeiten – allein, in Therapie oder gemeinsam mit dem Partner. In einigen Fällen kann eine zweite Geburt – ob vaginal oder als Wiederholungskaiserschnitt – eine (Auf)Lösung sein. Frauen, die über Monate oder Jahre ihre negative Erinnerungen nicht loslassen konnten, können oft nach einer positiveren zweiten Kaiserschnitterfahrung auch die erste belastende Kaiserschnittgeburt besser einordnen.

10. Die Narbe als Erinnerung – Schlußbemerkungen

»Keine noch so traumatische Geburt muß einen Menschen unwiderruflich in ein lebenslanges Unglück stürzen, ebensowenig kann eine natürliche Geburt immerwährendes Glück garantieren.«

(Marianne Krüll)

So, wie die körperliche Narbe am Bauch mit der Zeit immer mehr verblaßt, kann auch die Narbe an der Seele langsam und allmählich verblassen. Daß dies geschehen kann, setzt eine Auseinandersetzung mit der Kaiserschnitterfahrung voraus. Sonst kann es zu leicht geschehen, daß die störenden, unangenehmen Gefühle über den Kaiserschnitt verdrängt werden. Verdrängte Probleme aber – so ist inzwischen allgemein bekannt – wirken auch im Unterbewußtsein weiter und können so das Leben vergiften – sei es in einer gestörten Mutter-Kind-Beziehung, einer unbefriedigten Paarbeziehung oder in einer geminderten Selbstschätzung. Deshalb empfehlen wir allen Kaiserschnitt-Betroffenen – sowohl Mutter als auch Vater –, sich über das gesamte Ausmaß einer unverarbeiteten Kaiserschnittgeburt klarzuwerden. Einen guten Weg, dies zu tun, stellen die Kaiserschnittgruppen dar. Wir hoffen sehr, daß auch in Deutschland die Nöte und Bedürfnisse speziell von Kaiserschnitteltern ernstgenommen werden und nicht länger, wie bisher üblich, ignoriert werden. Eine öffentliche Diskussion über die Geburt durch »die andere Tür« ist an der Zeit. Eine Anerkennung der Leistung der Frauen, die ihre Kinder *auch* unter Schmerzen geboren haben – anderen Schmerzen –, ist eine Voraussetzung dafür, daß Frauen nicht mehr im stillen Kämmerlein ihr Leiden verstecken, aus Angst, nicht für voll genommen zu werden. Wir hoffen, mit diesem Buch einen ersten Denkansatz in diese Richtung gegeben zu haben.

Auch für uns als Autorinnen hat das Schreiben des Buches viel gegeben. Im Gespräch mit den Kaiserschnittmüttern haben wir uns oft selbst nochmals erkannt und uns an unsere Narben erinnert. »Jede Frau braucht Zeit, ihre Erlebnisse und Gefühle immer wieder zu erinnern und langsam zu verarbeiten.«[120)] Eine aktive Auseinandersetzung aber trägt dazu bei, das Erlebte zu transformieren und letztendlich annehmen zu können. Ein kleiner »Restschmerz« wird vielleicht immer an die Stunden, Tage und Monate der Verzweiflung erinnern. Aber das Wissen, diese Zeit überstanden zu haben, kann der Anfang für ein neues Gefühl der Stärke und Kraft sein. Eine Kaiserschnittmutter faßt ihr Geburtserlebnis in der Retrospektive zusammen: »Ich finde ein unendliches Glücksgefühl darüber, daß meine Tochter lebendig und gesund geboren ist und keinen Schaden genommen hat, Trauer darüber, was ich nicht erleben konnte. Es hebt sich nicht gegenseitig auf. Beides ist da.«

Anhang

Der Kaiserschnitt nach der »Misgav Ladach-Methode«

Seit 1992 operiert Dr. Michel Starck am Misgav-Ladach-Hospital in Jerusalem / Israel nach einer gegenüber der klassischen Methode nach Pfannenstiel veränderten Form des Kaiserschnitts (Sectio caesarea). Nachdem wir diese Methode 1994 dort kennengelernt haben, wird sie auch am Vinzenz-Pallotti-Hospital in Bensberg praktiziert.

Obwohl der Kaiserschnitt seit über 100 Jahren weit verbreitet ist und zu einer der häufigsten Operationen wurde, gibt es im einzelnen viele Varianten der Durchführung. So beschreiben wir im folgenden die Veränderungen gegenüber der hier am Haus vorher üblichen Methode und stellen die Vor- und Nachteile aus unserer Sicht nach mehr als 150 Sectiones dar. Da auch eine Kaiserschnittentbindung aus mehr als nur der rein chirurgischen Operationsabfolge besteht, beschreiben wir auch die hier praktizierte Vor- und Nachbegleitung.

Methodik

In unserem Haus werden 85 Prozent der Kaiserschnitte in örtlicher Betäubung mit einer rückenmarksnahen Anästhesie (Peridural-/ Epiduralanästhesie, PDA / EDA) und nicht in Vollnarkose durchgeführt. Diese Betäubungsform ist in der Regel möglich, wenn keine Notsituation besteht, die die sofortige Entbindung notwendig macht, und wenn von seiten der Mutter kein Hindernis wie Bandscheibenvorfall, Wirbelsäulenverkrümmung, Blutungsneigung o. ä. vorliegt. Die Form der Betäubung ist für die Operationsmethode jedoch unerheblich. Nach einer örtlichen Betäubung ist aber die Erholungsphase sehr viel kürzer, die Beweglichkeit schneller erreicht und, für uns ganz wesentlich, die Bindung zwischen Mutter und Kind kann unmittelbar nach der Kindsentwicklung beginnen (bonding) und fällt nicht in einen Narkosenebel.

Wir bemühen uns im Operationssaal um eine ruhige Atmosphäre, möglicherweise mit leiser Musik, die Anwesenheit des Partners ist bei Kaiserschnittentbindung in EDA erwünscht; er sitzt am Kopfende des Operationstisches bei der werdenden Mutter neben dem Narkoseteam, das, für den Fall unzureichender Schmerzausschaltung, weitere Medikamente geben kann. Der Partner nimmt der Frau einen Teil der Angst, er gibt Vertrauen und unterstützt sie auch bei dieser Form der Geburt ganz wesentlich. Zudem ist auch er in die Entbindung seines Kindes eingebunden.

Zur Operationsvorbereitung wird die Schambehaarung unmittelbar vor dem Eingriff gekürzt, jedoch nicht vollkommen abrasiert; wir konnten in einer vorigen Untersuchung nachweisen, daß eine vollständige Rasur keine Vorteile erbringt. Sodann legen wir nach Desinfektion einen Dauerkatheter in die Harnblase, um die Blase optimal zu entleeren.

Nun wird ein querer Hautschnitt von etwa 12 cm Länge, zwei bis drei cm oberhalb des Schambeins, knapp unterhalb der Schamhaargrenze gesetzt. Dabei werden die unter der Haut liegenden Nerven und Gefäße nicht durchtrennt.

In der Mitte des Schnittes wird eine ein bis zwei cm breite Lücke in das Unterhautfettgewebe bis zur Muskelhaut (Muskelfascie) präpariert, die Muskelfascie angehoben, mit einer Schere etwa zwei cm weit eröffnet und dann unter der Fettschicht gespalten. Die beiden geraden Muskelbäuche werden anschließend stumpf mit dem Finger auseinandergezogen.

Danach schimmert die Gebärmutter schon durch das Bauchfell. Dieses wird eröffnet. Im unteren Bereich der Gebärmutter wird ein kleiner Einstich bis zur Fruchthöhle gemacht, anschließend wird dieser durch seitlichen Zug mit zwei Fingern soweit erweitert, daß mit der Hand das Kind aus der Gebärmutter heraus entwickelt werden kann. Das Neugeborene wird abgenabelt, Hebamme und Arzt schauen sich das Kind kurz an, dann wird es bei Vollnarkose dem Vater übergeben beziehungsweise bei örtlicher Betäubung zur Mutter gebracht, wo es – gemeinsam mit dem Vater – bleiben kann, bis auch die Mutter den OP wieder verlassen kann.

Währenddessen wird die Gebärmutter durch den Bauchschnitt hervorgeholt, der Mutterkuchen wird gelöst, etwaige Fruchtwasser- und Eihautreste werden abgesaugt und ausgeschabt. Die Gebärmutter wird mit einer Naht verschlossen. Das durch die Schwangerschaft vorgedehnte Bauchfell der Gebärmutter legt sich nun über die Naht. Die Gebärmutter wird zurück in die Bauchhöhle gelegt. Anschließend wird die Muskelfascie mit einer Naht verschlossen. Als letztes erfolgt eine Klammernaht der Haut.

Da das Gewebe überwiegend stumpf, also ohne Schere oder Skalpell, präpariert wird, kommt es sehr selten nur zu Blutungen. Daher können wir generell auf eine Drainage (Ableiten des Wundsekrets durch Schläuche) der Wunde verzichten. Auch müssen während der Operation fast keine Blutungen gestillt werden.

Da wir auf das Zurückdrängen des Darmes mit Bauchtüchern verzichten, wird das Bauchfell des Darmes nicht ausgetrocknet und verletzt, es kommt kaum zu Darmträgheit (Atonie) und Verwachsungen (Adhäsionen) nach dem Eingriff, die operierten Frauen können sofort normal essen und trinken.

Da eine Naht des Bauchfells der Gebärmutter und der Bauchdecke, eine Naht der Muskulatur und des Unterhautfettgewebes nicht notwendig ist, kommt es zu weniger Verhärtungen im Nahtbereich, weniger Gefühlsstörung durch überstraffe Nähte, weniger Fremdmaterialabstoßungsreaktionen im Bauch. Nicht zuletzt verkürzt sich die Operationszeit und damit auch die notwendige Narkose auf 15 bis 20 Minuten.

Insgesamt haben unsere Frauen, die nach der Misgav Ladach-Methode operiert wurden, weniger Beschwerden als jene, die nach der vorher praktizierten, klassischen Methode operiert wurden. Sie haben weniger Schmerzen, brauchen weniger Schmerzmittel, können schneller aufstehen, sind im Normalfall schon am Operationstag fähig, ihr Kind selbständig zu versorgen, und können früher nach Hause entlassen werden, nämlich schon etwa am 4.–5. Tag nach der Operation, die Rate an Komplikationen nach der Operation ist nicht erhöht.

Jochen Zierias
Oberarzt des Vinzenz-Pallotti-Hospitals in Bensberg

Anmerkungen

1) A. Rossi: »Transition to parenthood«. J. Marr. Fam. 30 (1): 26–39, 1968

2) Michel Odent bezieht sich in seinem Buch »Geburt und Stillen«, München 1994, auf den Artikel im Lancet vom 12. 12. 1987, in dem acht Untersuchungen aus den USA, Australien und Europa miteinander verglichen wurden.

3) Gudrun Prinz: »Verhaltensbeobachtungen bei Geburten im Krankenhaus«. In: Schiefenhövel, Wulf, et al. (Hg.): »Gebären – Ethnomedizinische Perspektiven und neue Wege«. Berlin 1995

4) Kloostermann zitiert nach Peter MacNaughton Dunn: »Die Geburt als physiologischer Prozeß – eine pädiatrische Sichtweise der Perinatalzeit«. In: Schiefenhövel, Wulf, et al., a. a. O.

5) Hanne Beittel: »Aufklärungsarbeit und Informationsvernetzung zur Durchsetzung der selbstbestimmten Geburt«. In: Schiefenhövel, Wulf, et al., a. a. O.

6) Kommission für Perinatologie und Neonatologie, BPE-Jahresbericht 1994. Herausgegeben von der Bayerischen Landesärztekammer, Kassenärztliche Vereinigung Bayerns

7) Eva Schindele: »Pfusch an der Frau. Krankmachende Normen, überflüssige Operationen, lukrative Geschäfte«. Frankfurt 1996

8) Eva Schindele in ihrem Vortrag auf der 25. Jahrestagung der Deutschen Gesellschaft für Psychosomatische Geburtshilfe und Gynäkologie in Bremen, Februar 1996

9) Manfred Stauber / Ernest Freud / Ralph Kästner: »Psychosomatische Forderungen an die moderne Geburtshilfe«. In: Schiefenhövel, Wulf, et al., a. a. O.

10) ebenda

11) Ulrich Geibel-Neuberger: »Die soziokulturelle Einbettung von sechs sich entwickelnden Elternschaften bei der Geburt des ersten Kindes in der BRD aus ethnomedizinischer Sicht«. In: Schiefenhövel, Wulf, et al., a. a. O.

12) Eva Schindele, a. a. O.

13) Gregory L. Goyert et al.: »The Physician Factor in Cesarean Birth Rates«. In: The New England Journal of Medicine, 1989, Jg. 320, Heft 11

14) ebenda

15) Gertrud S. Berkowitz et al.: »Effect of physician characteristics on the cesarian birth rate«. In: American Journal of Obstetrics and Gynecology, 1989, Heft 1

16) ANON: »Hospital Cesarian Rate Reduced by ⅓, without adverse Effects for Mothers and Babys«. In: Family Planning Perspectives 1989, Vol. 21, Iss. 1. pp. 93–94

17) Nach Beate Schücking: »Frauen in Europa – unterschiedliche und ähnliche Erfahrungen während der ersten Schwangerschaft und Geburt«. In: Schiefenhövel, Wulf, et al., a. a. O.

18) Randall Stafford: »The Impact of Nonclinical Factors on Repeat Cesarian Section«. In: The Journal of the American Medical Association, 1991, Heft 1.
Vgl. auch: ANON: »Decision on Cesarian can often be Influenced by Nonclinical Factors«. In: Family Planning Perspectives 1991, Vol. 23, Iss. 4

19) Kommission für Perinatologie und Neonatologie, Jahresbericht 1994. Herausgegeben von der Bayerischen Landesärztekammer und der Kassenärztlichen Vereinigung Bayerns

20) Vgl. Eva Schindele, a. a. O.

21) Das Gespräch mit Professor Saling führte der Stern-Redakteur Klaus Lempke. Vgl. Stern Nr. 21, 1990 und Stern Nr. 17, 1995

22) Statistisches Bundesamt, Wiesbaden

23) R. Turner: »Cesarian-Section Rates, Reasons for Operation Vary between Countries«. In: Family Planning Perspectives 1990, Vol. 22, Iss. 6

24) Marsden Wagner: »Pursuing the Birth Machine. The search for appropriate birth technology«. Camperdown, Australia 1994

25) Centraal Bureau voor de Statistiek, Niederlande

26) Aus GfG-Rundbrief 1/1992: »Der Kaiserschnitt«

27) Vgl. Ursula Kronenberger: »Geboren mit dem Po voraus.« Eltern, Dezember 1992

28) Michel Odent: »Geburt und Stillen. Über die Natur elementarer Erfahrungen«. München 1994

29) ebenda

30) ebenda

31) ebenda

32) Vgl. »Was spüren Patienten unter Narkose?«. Spiegel Nr. 38 vom 19.9.94

33) Das Kapitel zur Geschichte der Geburtshilfe ist aus der bisher unveröffentlichten Diplomarbeit von Gabriele Kemmler »Will ich ein Kind? Der Kinderwunsch unter Berücksichtigung historischer und aktueller Formen sozialer Kontrolle über die Gebärfunktion von Frauen«. Johann Wolfgang Goethe-Universität, Frankfurt am Main 1983

34) Frauenhandbuch Nr. 1: »Brot und Rosen«, Berlin 1972

35) ebenda

36) Die historische Entwicklung der Kaiserschnittindikation nach der Doktorarbeit von Hans-Joachim Schaal: »Der Wandel der Kaiserschnittindikationen unter den Bedingungen der frühen und der gegenwärtigen Geburtshilfe«. Freie Universität Berlin 1986

37) Hans-Joachim Schaal, a. a. O.

38) Hans-Joachim Schaal, a. a. O.

39) Ines Albrecht-Engel / Manfred Engel: »Kaiserschnittgeburt. Vorbereitungen, Eingriff, Nachsorge«. Reinbek 1995

40) Vgl. Marsden Wagner, a. a. O.

41) G. Rubin et al.: »Maternal Death after Cesarian Section in Georgia«. In: American Journal Obstet Gynecol, Vol. 139, pp 681–685. Zitiert nach Marsden Wagner, a. a. O.

42) Marsden Wagner, a. a. O.

43) M. Thiery / R. Derom: »Review of evaluation studies on cesarean section«. Economic Community Workshop, Brüssel 1984

44) Marsden Wagner, a. a. O.

45) Vgl. Ines Albrecht-Engel: »Geburt in der Bundesrepublik Deutschland«. In: Schiefenhövel, Wulf, et al., a. a. O.

46) Michel Odent, a. a. O.

47) ebenda

48) Ludwig Janus: »Wie die Seele entsteht. Unser psychisches Leben vor und nach der Geburt«. München 1993

49) ebenda

50) Hugo Lagercrantz / Theodore Slotkin: »Der Streß der Geburt«. In: Spektrum der Wissenschaft, Heft 6, 1986

51) ebenda

52) Theresia Maria de Jong: »Eigentlich sind Mädchen stärker. Wie Schule und Gesellschaft aus starken Mädchen das schwache Geschlecht machen«. München 1995

53) Eva Schindele, a. a. O.

54) Alice Katherine LoCicero: »Explaining excessive Rates of Cesarians and other Childbirth Interventions. Contributions from Contemporary Theories of Gender and Psychosocial Development«. In: Social Science and Medicine, 1993, Heft 10

55) Eva Marie Müller-Markfort hielt 1992 auf der 4. Tagung der ISPPM in Heidelberg den Vortrag: »Fördert oder behindert die Institution ›Krankenhaus‹ den Bonding-Prozeß zwischen Mutter und Kind?«

56) Mura Kastendiek bei einem Vortrag »Erotik zwischen Frauenärztinnen und Patientin – Wahrnehmung und Reflexion von Zärtlichkeit und Härte, von Nähe und Distanz« auf der 25. Jahrestagung der Deutschen Gesellschaft für Psychosomatische Geburtshilfe und Gynäkologie in Bremen im Februar 1996

57) Peter MacNaughton Dunn, a. a. O.

58) Friedrich Kruse: »Die Anfänge des menschlichen Seelenlebens«. Stuttgart 1969. Zitiert nach: Ludwig Janus, a. a. O.

59) Ludwig Janus, a. a. O.

60) Marianne Krüll: »Die Geburt ist nicht der Anfang. Die ersten Kapitel unseres Lebens – neu erzählt«. Stuttgart 1989

61) ebenda

62) Ludwig Janus, a. a. O.

63) Ann Jemberg: »Untersuchung und Therapie der Pränatalen Mutter-Kind-Beziehung«. In: Fedor-Freybergh, P. (Hg.): »Pränatale und Perinatale Psychologie und Medizin«. Partheon, Casterton Hall 1988. Zitiert nach Ludwig Janus, a. a. O.

64) Eva Schindele in ihrem Vortrag auf der 25. Jahrestagung der Deutschen Gesellschaft für Psychosomatische Geburtshilfe und Gynäkologie in Bremen, Februar 1996

65) Rosemarie Wetscher stellte für die Zeitschrift Eltern (Ausgabe 2/94) einen Artikel »So habe ich den Kaiserschnitt erlebt« mit Erlebnisberichten vieler Kaiserschnittmütter über ihr Geburtserlebnis zusammen.

66) Marschall, H. Klaus / John H. Kennell: »Mutter-Kind-Bindung. Über die Folgen einer frühen Trennung«. München 1988

67) Zur Zeit arbeitet Ralph Kästner, Universitäts-Frauenklinik München, im Rahmen seiner Habilitation an einer Langzeit-Untersuchung, um die Wichtigkeit der ersten Stunde nach der Geburt zu belegen. Mutter und Kind, so folgert Kästner, sollten während der gesamten ersten Stunde möglichst beisammen sein.

68) Gabriele Gloger-Tippelt 1983, 1988

69) Gabriele Gloger-Tippelt: »Entwicklung eines kognitiven Schemas vom eigenen Kind bei Frauen vor ihrer ersten Geburt«. In: Sonderdruck »Entwicklung. Allgemeine Verläufe – Individuelle Unterschiede, Pädagogische Konsequenzen«. Hg. von Monika Knopf, Wolfgang Schneider. Verlag für Psychologie, Göttingen

70) Ludwig Janus, a. a. O.

71) Sheila Kitzinger: »Wenn mein Baby weint«, München 1990

72) ebenda

73) Gabriele Gloger-Tippelt: »Die Bindungsbeziehung zwischen Kind und Mutter im Kontext der Partnerschaftsentwicklung der Eltern«. Vortrag auf der 11. Tagung Entwicklungspsychologie 1993 in Osnabrück

74) ebenda

75) M. Garrel et al.: »Psychosocial consequences of cesarean childbirth: a four-year follow-up study«. In: Early Human Development, Heft 21, 1990

76) S. H. Broman et al.: »Preschool IQ: Prenatal and Early Developmental Correlates«. Erlbaum, Hillsdale, N. J.

77) Doris R. Entwisle / Karl L. Alexander: »Long-Term Effects of Cesarian Delivery on Parent's Beliefs and Childrens Schooling«: In: Developmental Psychology 1987, Vol. 23, No. 5

78) Michel Maziade et al.: »Influence of Gentle Birth Delivery Procedures and other Perinatal Circumstances on Infant Temperament: Developmental and Social Implications«. In: »Annual Progress in Child Psychiatry and Child Development«. Hg. von Stella Chess, New York 1987

79) Jane English: »Different Doorway: Adventures of a Cesarean Born«. Mount Shasta, CA, Earth Heart, 1985

80) ebenda. Übersetzung nach Eva Mühlratzer und Dr. med. Wilhelm Horkel, »Kaiserschnitt«. München 1990

81) Jane English: »Being born Cesarean: Physical and Psychological Aspects«. In: International Journal of Prenatal and Perinatal Psychology and Medicine, Vo. 6, 1994, No. 3

82) ebenda

83) ebenda

84) M. Alberts et al.: »Psychological interventions in the pre-surgical period«. In: International Journal of Psychiatric Medicine, Vol. 19, Iss. 91, 1989

85) Eva Schindele, a. a. O.

86) Sheila Kitzinger, a. a. O.

87) Siehe Literaturreview von Cynthia S. Mutryn: »Psychosocial Impact of Cesarian Section on the family: a Literature Review«. In: Social Science and Medicine, 1993, Jg. 37, Heft 10

88) Sheila Kitzinger, a. a. O.

89) Cynthia S. Mutryn, a. a. O.

90) M. Garrel et al., a. a. O.

91) M. G. Zdeb / V. Logrillo: »Frequency, spacing and outcome of pregnancies subsequent to primary cesarian children«. In: American Journal of Obstetrics and Gynecology, Vol. 150, 1984. Zitiert nach Cynthia S. Mutryn, a. a. O.

92) Sheila Kitzinger, a. a. O.

93) Aus: Fiona Marshall: »Coping with Postnatal Depression. Why it happens and how to overcome it«. London 1993

94) ebenda

95) Vgl. Barbara Schneider / Karin Balke: »Eigentlich sollte ich glücklich sein!«. In: »Rund um die Geburt«, Fulda

96) Juliene G. Lipson / Virginia Peterson Tilden: »Psychological Integration of the Cesarean Birth Experience«. In: American Journal of Orthopsychiatry: A Journal of Human Behavior, 1980, Jg. 50, Heft 4

97) Regina Hilsberg: »Schwangerschaft, Geburt und erstes Lebensjahr«. Hamburg 1988

98) Bayerische Perinatalerhebung 1994, a. a. O.

99) ebenda

100) Sheila Kitzinger: »Geburtsvorbereitung«. München 1980

101) Vgl. Gabriele Kemmler in: Ines Albrecht-Engel (Hg.): »Geburtsvorbereitung. Handbuch für Mütter und Väter«. Reinbek 1993

102) Vgl. Ulrike Hauffe: »Ansprüche an geburtsvorbereitende Arbeit«. In: Fedor Freybergh: »Pränatale und perinatale Psychologie und Medizin«. München 1987

103) Reiner Bornemann: »Kaiserschnitt – Operation und Geburt«. Berlin 1989 (vergriffen)

104) Paul G. Greene et al.: »Preparation for Cesarean Delivery: A Multicomponent Analysis of Treatment Outcome«. In: Journal of Consulting and Clinical Psychology 1989, Vol. 57, No. 4

105) Vgl. Reiner Bornemann, a. a. O.

106) William and Martha Sears: »Straight Talk about Cesareans«. In: Baby Talk, April 1994

107) Vgl. D. Krebhiel/P. Poindron, et al.: »Peridural anaesthesia disturbs maternal behavior in primiparous and multiparous ewes«. In: Physiology and Behavior, 40, 1987

108) Michel Odent, a. a. O.

109) Stacy Lee: »Having a baby by cesarian: an experience for fathers«. In: Social Work in Health Care, 1986, Vol. 11 (3)

110) Vgl. Stacy Lee, a. a. O.

111) Sheila Kitzinger: »Alles über das Stillen«. München 1983

112) E. Hormann: »Breastfeeding: A healing Tie«. In: International Journal of Prenatal and Perinatal Studies, 1991

113) ebenda

114) Vgl. Theresia Maria de Jong: »Wie ein Vögelchen, das aus dem Nest gefallen ist«. In: Psychologie Heute, Mai 1996

115) Sheila Kitzinger, a. a. O.

116) Brad E. Sachs: »Unser erstes Kind. Krisen und Chancen der Eltern«. Frankfurt 1995

117) ebenda

118) Hanne Voget in der Broschüre des NUZS Berlin: »Berichte aus dem Treffpunkt«

119) Nach Juliene G. Lipson: »Effects of a Support Group on the Emotional Impact of Cesarian Childbirth«. In: Prevention in Human Services, 1982, Vol. 1 (3)

120) Ines Albrecht-Engel, a. a. O.

Literatur

Alberts, M., et al.: »Psychological interventions in the pre-surgical period«. In: International Journal of Psychiatric Medicine, Vol. 19, Iss. 91, 1989

Albrecht-Engel / Ines / Engel, Manfred: »Kaiserschnittgeburt. Vorbereitungen, Eingriff, Nachsorge«. Reinbek 1995

Albrecht-Engel, Ines: »Geburt in der Bundesrepublik Deutschland«. In: Schiefenhövel, Wulf, et al., a. a. O.

ANON: »Decision on Cesarian can often be Influenced by Nonclinical Factors«. In: Family Planning Perspectives 1991, Vol. 23, Iss. 4

ANON: »Hospital Cesarian Rate Reduced by ⅓, without adverse Effects for Mothers and Babys«. In: Family Planning Perspectives 1989, Vol. 21, Iss. 1, pp. 93–94

Bayer, Joachim: »Geburtsmodus und Persönlichkeitsstruktur. Eine qualitative und quantitative Untersuchung Sectio-Geborener«. Unveröffentlichte Diplomarbeit, TU Berlin, Fachbereich 2, 1992

Beittel, Hanne: »Aufklärungsarbeit und Informationsvernetzung zur Durchsetzung der selbstbestimmten Geburt«. In: Schiefenhövel, Wulf, et al., a. a. O.

Berkowitz, Gertrud S., et al.: »Effect of physician characteristics on the cesarian birth rate«. In: American Journal of Obstetrics and Gynecology, 1989, Heft 1

Bornemann, Reiner: »Kaiserschnitt – Operation und Geburt«. Berlin 1989 (vergriffen)

Broman, S. H., et al.: »Preschool IQ: Prenatal and Early Developmental Correlates«. Erlbaum, Hillsdale, N. J.

Centraal Bureau voor de Statistiek, Niederlande: Vademecum Gezondheidsstatistiek 1995

de Jong, Theresia Maria: »Kaiserschnitt – Narben an Seele und Bauch«. In: Psychologie Heute, Mai 1994

de Jong, Theresia Maria: »Wie ein Vögelchen, das aus dem Nest gefallen ist«. In: Psychologie Heute, Mai 1996 de Jong, Theresia Maria: »Eigentlich sind Mädchen stärker. Wie Schule und Gesellschaft aus starken Mädchen das schwache Geschlecht machen«. München 1995

Dunn, Peter MacNaughton: »Die Geburt als physiologischer Prozeß – eine pädiatrische Sichtweise der Perinatalzeit«. In: Schiefenhövel, Wulf, et al., a. a. O.

English, Jane: »Being born Cesarean: Physical and Psychological Aspects«. In: International Journal of Prenatal and Perinatal Psychology and Medicine, Vol. 6, 1994, No. 3

English, Jane: »Different Doorway: Adventures of a Cesarean Born«. Mount Shasta, CA, Earth Heart, 1985

Entwisle, Doris R. / Alexander, Karl L.: »Long-Term Effects of Cesarian Delivery on Parents' Beliefs and Childrens Schooling«: In: Developmental Psychology 1987, Vol. 23, No. 5

Frauenhandbuch Nr. 1: »Brot und Rosen«. Berlin 1972

Garrel, M., et al.: »Psychosocial consequences of cesarean childbirth: a four-year follow-up study«. In: Early Human Development, Heft 21, 1990

Geibel-Neuberger, Ulrich: »Die soziokulturelle Einbettung von sechs sich entwickelnden Elternschaften bei der Geburt des ersten Kindes in der BRD aus ethnomedizinischer Sicht«. In: Schiefenhövel, Wulf, et al., a. a. O.

GfG-Rundbrief 1 / 1992: »Der Kaiserschnitt« (vergriffen)

Gloger-Tippelt, Gabriele: »Die Bindungsbeziehung zwischen Kind und Mutter im Kontext der Partnerschaftsentwicklung der Eltern«. Vortrag auf der 11. Tagung Entwicklungspsychologie 1993 in Osnabrück

Gloger-Tippelt, Gabriele: »Entwicklung eines kognitiven Schemas vom eigenen Kind bei Frauen vor ihrer ersten Geburt«. In: Sonderdruck »Entwicklung. Allgemeine Verläufe – Individuelle Unterschiede, Pädagogische Konsequenzen«. Hg. von Monika Knopf und Wolfgang Schneider. Verlag für Psychologie, Göttingen

Goyert, Gregory, et al.: »The Physician Factor in Cesarean Birth Rates«. In: The New England Journal of Medicine, 1989, Jg. 320, Heft 11

Green, Paul G., et al.: »Preparation for Cesarean Delivery: A Multicomponent Analysis of Treatment Outcome«. In: Journal of Consulting and Clinical Psychology 1989, Vol. 57, No. 4

Hauffe, Ulrike: »Ansprüche an geburtsvorbereitende Arbeit«. In: P. Fedor-Freybergh: »Pränatale und perinatale Psychologie und Medizin«. München 1987

Hilsberg, Regina: »Schwangerschaft, Geburt und erstes Lebensjahr«. Hamburg 1988

Hormann, E.: »Breastfeeding: A healing Tie«. In: International Journal of Prenatal and Perinatal Studies, 1991

Janus, Ludwig: »Wie die Seele entsteht. Unser psychisches Leben vor und nach der Geburt«. München 1993

Jemberg, Ann: »Untersuchung und Therapie der Pränatalen Mutter-Kind-Beziehung«: In: P. Fedor-Freybergh (Hg.): »Pränatale und Perinatale Psychologie und Medizin«. Partheon, Casterton Hall 1988

Kastendiek, Mura: Vortrag »Erotik zwischen Frauenärztinnen und Patientin – Wahrnehmung und Reflexion von Zärtlichkeit und Härte, von Nähe und Distanz«. 25. Jahrestagung der Deutschen Gesellschaft für Psychosomatische Geburtshilfe und Gynäkologie, Bremen, Februar 1996

Kemmler, Gabriele: »Kaiserschnitt-Geburt«. In: Ines Albrecht-Engel (Hg.): »Geburtsvorbereitung. Handbuch für werdende Mütter und Väter«. Reinbek 1993

Kemmler, Gabriele: »Will ich ein Kind? Der Kinderwunsch unter Berücksichtigung historischer und aktueller Formen sozialer Kontrolle über die Gebärfunktion von Frauen«. Johann Wolfgang Goethe-Universität, Frankfurt am Main 1983 (unveröffentlicht)

Kitzinger, Sheila: »Alles über das Stillen«. München 1983

Kitzinger, Sheila: »Geburtsvorbereitung«. München 1980

Kitzinger, Sheila: »Wenn mein Baby weint«. München 1990

Klaus, Marshall H. / Kennell, John H.: »Mutter-Kind-Bindung. Über die Folgen einer frühen Trennung«. München 1988

Kommission für Perinatologie und Neonatologie, BPE-Jahresbericht 1994. Herausgegeben von der Bayerischen Landesärztekammer, Kassenärztliche Vereinigung Bayerns

Krebhiel, D. / Poindron, P., et al.: »Peridual anaesthesia disturbs maternal behavior in primiparous and multiparous ewes«. In: Physiology and Behavior, 40, 1987

Kronenberger, Ursula: »Geboren mit dem Po voraus«. Eltern, Dezember 1992

Krüll, Marianne: »Die Geburt ist nicht der Anfang. Die ersten Kapitel unseres Lebens – neu erzählt«. Stuttgart 1989

Kruse, Friedrich: »Die Anfänge des menschlichen Seelenlebens«. Stuttgart 1969

Lagercrantz, Hugo / Slotkin, Theodore: »Der Streß der Geburt«. In: Spektrum der Wissenschaft, Heft 6, 1986

Lee, Stacy: »Having a baby by cesarian: an experience for fathers«. In: Social Work in Health Care, 1986, Vol. 11 (3)

Lempke, Klaus: »Zu schnell mit dem Skalpell«. In: Stern Nr. 17, 1995
Lempke, Klaus: »Operation für den Doktor?«. In: Stern Nr. 21, 1990
Lipson, Juliene G. / Peterson Tilden, Virginia: »Psychological Integration of the Cesarean Birth Experience«. In: American Journal of Orthopsychiatry: A Journal of Human Behavior, 1980, Jg. 50, Heft 4
Lipson, Juliene G.: »Effects of a Support Group on the Emotional Impact of Cesarian Childbirth«. In: Prevention in Human Services, 1982, Vol. 1 (3)
LoCicero, Alice Katherine: »Explaining excessive Rates of Cesarians and other Childbirth Interventions. Contributions from Contemporary Theories of Gender and Psychosocial Development«: In: Social Science and Medicine, 1993, Heft 10
Marshall, Fiona: »Coping with Postnatal Depression: Why it happens and how to overcome it«. London 1993
Maziade, Michel, et al.: »Influence of Gentle Birth Delivery Procedures and other Perinatal Circumstances on Infant Temperament: Developmental and Social Implications«. In: Annual Progress in Child Psychiatry and Child Development. Hg. von Stella Chess, New York 1987
Müller-Markfort, Eva Marie: Vortrag auf der 4. Tagung der ISPPM: »Fördert oder behindert die Institution ›Krankenhaus‹ den Bonding-Prozeß zwischen Mutter und Kind?« 1994
Mutryn, Cynthia S.: »Psychosocial Impact of Cesarian Section on the family: a Literature Review«. In: Social Science and Medicine, 1993, Jg. 37, Heft 10
Odent, Michel: »Geburt und Stillen. Über die Natur elementarer Erfahrungen«. München 1994
Prinz, Gudrun: »Verhaltensbeobachtungen bei Geburten im Krankenhaus«. In: Schiefenhövel, Wulf, et al., a. a. O.
Rossi, A.: »Transition to parenthood«. J. Marr. Fam. 30 (1): 26–39, 1968
Rubin, G., et al.: »Maternal Death after Cesarian Section in Georgia«. In: American Journal Obstet Gynecol, Vol. 139, pp 681–685
Sachs, Brad E.: »Unser erstes Kind. Krisen und Chancen der Eltern«. Frankfurt 1995
Schaal, Hans-Joachim: »Der Wandel der Kaiserschnittindikationen unter den Bedingungen der frühen und der gegenwärtigen Geburtshilfe«. Freie Universität Berlin 1986 (unveröffentlicht)
Schiefenhövel, Wulf, et al. (Hg.): »Gebären – Ethnomedizinische Perspektiven und neue Wege«. Berlin 1995
Schindele, Eva: »Pfusch an der Frau. Krankmachende Normen, überflüssige Operationen, lukrative Geschäfte«. Frankfurt 1996
Schindele, Eva: »Wie die weiblichen Übergangsphasen von der Gynäko-

logie besetzt und gestaltet werden«. Vortrag auf der 25. Jahrestagung der Deutschen Gesellschaft für Psychosomatische Geburtshilfe und Gynäkologie in Bremen, Februar 1996

Schneider, Barbara / Balke, Karin: »Eigentlich sollte ich glücklich sein!« In: Rund um die Geburt, Fulda

Schücking, Beate: »Frauen in Europa – unterschiedliche und ähnliche Erfahrungen während der ersten Schwangerschaft und Geburt«. In: Schiefenhövel, Wulf, et al., a. a. O.

Sears, William and Martha: »Straight Talk about Cesareans«. In: Baby Talk, April 1994

Spiegel Nr. 38, 19. 9. 94: »Was spüren Patienten unter Narkose?«

Stafford, Randall: »The Impact of Nonclinical Factors on Repeat Cesarian Section«. In: The Journal of the American Medical Association, 1991, Heft 1

Stauber, Manfred / Freud Ernest / Kästner, Ralph: »Psychosomatische Forderungen an die moderne Geburtshilfe«. In: Schiefenhövel, Wulf, et al., a. a. O.

Thiery, M.; Derom, R.: »Review of evaluation studies on cesarean section«. Economic Community Workshop, Brüssel 1984

Turner, R.: »Cesarian-Section Rates, Reasons for Operation Vary between Countries«. In: Family Planning Perspectives 1990, Vol. 22, Iss. 6

Voget, Hanne: »Berichte aus dem Treffpunkt«. Broschüre des NUZS Berlin

Wagner, Marsden: »Pursuing the Birth Machine. The search for appropriate birth technology«. Camperdown, Australia 1994

Wetscher, Rosemarie: »So habe ich den Kaiserschnitt erlebt«. In: Eltern 2/94

Zdeb, M. G. / Logrillo, V.: »Frequency, spacing and outcome of pregnancies subsequent to primary cesarian children«. In: American Journal of Obstetrics and Gynecology, Vol. 150, 1984

Literaturempfehlungen

Ines Albrecht-Engel / Manfred Engel: »Kaiserschnitt-Geburt. Vorbereitung, Eingriff, Nachsorge«. Reinbek 1995

Ines Albrecht-Engel (Hg.): »Geburtsvorbereitung«. Reinbek 1993

Carolin P. Cowan / Philip A. Cowan: »Wenn Partner Eltern werden – der große Umbruch im Leben des Paares«. München 1994

Ludwig Janus: »Wie die Seele entsteht«. München 1993

Sheila Kitzinger: »Wenn mein Baby weint. Praktische Hilfen und Informationen für Eltern«. München 1990

Hannah Lothrop: »Gute Hoffnung – jähes Ende«. München 1995

Hannah Lothrop: »Stillbuch«. München 1995

Eva Mühlratzer / Dr. med. Wilhelm Horkel: »Kaiserschnitt. Ein praktischer und psychologischer Ratgeber«. München 1990

Michel Odent: »Geburt und Stillen«. München 1994

Eva Schindele: »Pfusch an der Frau. Krankmachende Normen, überflüssige Operationen, lukrative Geschäfte«. Frankfurt 1996

Kornelia Strobel: »Frühgeborene brauchen Liebe«. München 1988

Film

»Kaiserschnittentbindung. Eine Information für betroffene Eltern«
Vertrieb: Pitz Aretz, Medien für Wissenschaft und Forschung
Mallinchrothstr. 12
52066 Aachen
Tel: 0241 / 60 24 23

Adressen

Gesellschaft für Geburtsvorbereitung (GfG)
Bundesverband e. V.
Postfach 220106
40608 Düsseldorf
Tel: 0211/252607

Gegen Rückporto erhalten Sie Adressen regionaler Geburtsvorbereiterinnen der GfG. Auch Bücher und Videos zu Schwangerschaft und Geburt werden verkauft oder verliehen. So gibt es dort auch Videos über eine Kaiserschnittgeburt im Verleih.

Adressen über sämtliche Geburtshäuser in Deutschland, Österreich und der Schweiz gegen Rückporto zu beziehen über:

Netzwerk zur Förderung der Idee der Geburtshäuser
in Europa e.V.
c/o Frau Gacinski
Seelingstr. 21
14059 Berlin
Tel: 030/3265192

Adressen zu Schwangerschaft, Geburt und Elternschaft in Deutschland:

Beratungsstelle für Schwangerschaftshilfe
Bodenbacher Str. 100
01277 Dresden
Tel: 0351/2361189

Verein für Bewußte Geburt und Elternschaft »Johanna« e.V.
Sabine Stieler
Tetschener Str. 26
01277 Dresden
Tel: 0351/30126

Familienzentrum Kiebitz Leipzig e.V.
Karl-Tauchnity-Str. 3
04107 Leipzig

IRIS Regenbogenzentrum der Initiative »Natürlich Gebären – bewußt Elternsein« und IRIS Regenbogengeburtshaus
Schleiermacherstr. 39
06114 Halle
Tel: 0345/26989

Beratungsstelle für Schwangerschaft und Schwangerschaftskonfliktberatung der Arbeiterwohlfahrt
Südstr. 14
09337 Hohenstein – Ernstthal
Tel: 0723/3604

Treffpunkt Schwangere/Mütter, Väter, Babys im Nachbarschafts- und Selbsthilfezentrum (NUSZ) in der U. F. A. Fabrik Berlin e.V.
Viktoriastr. 13
12105 Berlin
Tel: 030/7516706

Arbeitsgruppe für natürliche Geburt
Eppendorfer Weg 209
20253 Hamburg
Tel: 040/4203636

Levana e. V. – Verein rund ums Elternsein
Keßlerstr. 84
31134 Hildesheim
Tel: 05121/15280

Bewußte Geburt und Elternschaft e. V.
Diezstr. 6
35390 Gießen
Tel: 0641/34893

Bewußte Geburt und Elternschaft e. V., Entbindungsheim
»In den Brunnengärten«
Dorothea Heidorn
Zum Bahnhof 28
35394 Gießen-Rödgen
Tel: 0641/42221

ISIS – Zentrum für Schwangerschaft, Geburt und Elternschaft e. V.
Groner-Tor-Str. 12
37073 Göttingen
Tel: 0551/485828

Unter'm Dach e. V. – Treffpunkt für Familien
Düsseldorfer Str. 14
42697 Solingen-Ohligs
Tel: 0212/7516706

Die Wiege: Initiative rund ums Kinderkriegen e. V.
Intzestr. 36
42859 Remscheid
Tel: 02191/348894

ISIS – Für werdende Eltern
Ehrenfeldstr. 34
44789 Bochum
Tel: 0234/332469

Initiative für eine natürliche Geburt
c/o Sabine Lethen
Oberhausener Str. 31
45359 Essen
Tel: 0201/605204

Eltern werden – Eltern sein
Gießerstr. 17
45473 Mühlheim
Tel: 0208/756633

Initiativkreis für Familien und Erwachsenenbildung e.V.
Langeoogstr. 15
45665 Recklinghausen
Tel: 02361/47701

SILK – Schwanger im Lebensraum Krefeld
c/o Barbara Schnell
Mariannenstr. 42
47799 Krefeld
Tel: 02151/22387

Aktionskreis Geburtsvor- und -nachbereitung e.V.
c/o Ingrid Lauxtermann
Schmidtstr. 21
49124 Georgsmarienhütte
Tel: 05401/40584

Treffpunkt Mütter und Väter: Kinderkriegen – Kinderhaben
Neusser Str. 397–399
50733 Köln-Nippes
Tel: 0221/7607187

Die Oase – Schwangerschafts- und
Geburtsvorbereitungszentrum
Longericher Str. 389
50739 Köln
Tel: 0221/5994994

Bauchladen – Treffpunkt für Schwangere, Mütter, Väter, Babys
Bergisch Gladbacher Str. 1116
51069 Köln
Tel: 0221/6803229

Lahar – Verein für bewußte Geburt e.V.
Malmedyer Str. 92
52066 Aachen
Tel: 0241/67873

Doula – Verein für Geburt in Würde und Menschlichkeit
c/o Monika Brühl
Hausdorffstr. 172
53129 Bonn
Tel: 0228/232450

Eltern-Bildungsforum Obsthof
Westernburgstr. 31
58706 Menden
Tel: 02373/66989

Frauenzentrum Frauenzimmer
Verein für Einzel- und Gruppenerfahrung
Zeughausstr. 1
59872 Meschede
Tel: 0291/52171

Frauengesundheitszentrum Neuhofstraße (FGZN)
Neuhofstr. 32 (Hinterhaus)
60318 Frankfurt/Main
Tel: 069/591700

AG freiberuflicher Geburtsvorbereiterinnen Darmstadt
c/o Ch. Nixdorff
Kleiststr. 40
64291 Darmstadt

Sirona Frauengesundheitszentrum e.V.
Dotzheimerstr. 9
65185 Wiesbaden
Tel: 0611/301694

BAMS – Beratung alleinstehender Mütter und Schwangerer e.V.
Pfarrgasse 17
69121 Heidelberg
Tel: 06221/411904

Lucinia e.V. – Verein für elternorientierte Geburtshilfe
Alte Dorfstr. 29
70599 Stuttgart-Birkach
Tel: 0711/733204

Beratungsstelle für Geburt und Eltern-Sein e.V.
Dorfackerstr. 12
72074 Tübingen-Lustnau
Tel: 07071/83927

Sonne, Mond und Sterne – Zentrum für Geburt und Elternschaft
Mühlacker Str. 49
75447 Diefenbach
Tel: 07043/5556

Geburt und Leben e.V.
Amalienstr. 79
76133 Karlsruhe
Tel: 0721/27428

Arbeitskreis Eltern werden – Eltern sein e. V.
Talstr. 56
79102 Freiburg
Tel: 0761/706960

Frauengesundheitszentrum
Güllstr. 3
80336 München
Tel: 089/7250203

Beratungsstelle für natürliche Geburt und Eltern-Sein e. V.
Häberlstr. 17
80337 München
Tel: 089/532076

Zentrum Kobergerstraße e. V.
Koberger Str. 79
90408 Nürnberg
Tel: 0911/361626

Herztöne – Beratungsstelle für natürliche Geburt und Eltern-Sein e. V.
Welfenweg 16
93051 Regensburg
Tel: 0941/999270

Kind & Kegel, Beratungsstelle für Schwangerschaft, Geburt und Elternschaft e. V. Hof-Wunsiedel
Von-der-Tann-Str. 15
95028 Hof
Tel: 09281/86654

Courage e. V. Verein für Frauen
Obere Stadt 21
95326 Kulmbach
Tel: 09221/83581

TIAMAT – FrauenHeilWeise
Barfüßerstr. 16
99084 Erfurt

Adressen rund ums Stillen:

Arbeitsgemeinschaft freier Stillgruppen (AFS), Bundesverband e. V.
Postfach 11 12
76141 Karlsruhe

LaLeche Liga Deutschland
Postfach 96
81214 München

Bund Deutscher Laktationsberaterinnen e.V.
Delpweg 14
30457 Hannover
Tel: 0511/467164

Aktionsgruppe Babynahrung e.V. (AGB)
Untere Maschstr. 21
37073 Göttingen
Tel: 0551/531034

Aktionsgruppe Babynahrung, Koordinationsstelle für das Trainingsprogramm zur Stillförderung
Bismarkstr. 119
52066 Aachen
Tel: 0241/532300

Aktionsgruppe »Muttermilch – ein Menschenrecht«
Reichsgrafenstr. 4
79102 Freiburg i. Br.
Tel: 0761/77478

Weitere nützliche Adressen:

Internationale Studiengemeinschaft für pränatale und perinatale Psychologie und Medizin (ISPPM), Sekretariat der deutschsprachigen Mitglieder
Julitta und Axel Bischoff (Sekretariat)
Friedhofweg 8
69118 Heidelberg

Pro Familia (Bundesverband)
Stresemannallee 3
60596 Frankfurt/Main
Tel: 069/639002

Bund freiberuflicher Hebammen Deutschlands e.V. (GfHD)
Am Alten Nordkanal 9
41748 Viersen
Tel und Fax: 02162/352149

Bund Deutscher Hebammen e.V. (BDH)
Geschäftsstelle: Postfach 1724
76006 Karlsruhe
Tel: 0721/981890

Mütterzentren – Bundesverband
Hildegard Schooß
Erikastr. 11
38259 Salzgitter
Tel: 05341/391653

Bundesverband »Das frühgeborene Kind« e.V.
Eva Vonderlin
Von-der-Tann-Str. 7
69126 Heidelberg
Tel: 06221/32345

Arbeitskreis Kunstfehler in der Geburtshilfe e.V. (AKG)
Rosental 23–25
44135 Dortmund
Tel: 0231/525872

Bundesinteressengemeinschaft Geburtshilfegeschädigter e.V. (BIG)
Nordsehler Str. 30
31655 Stadthagen
Tel: 05721/7237

Förderverein für Früh- und Risikogeborene »Das Frühchen e.V.«
Christa Hofmann
Dittmannswiesen 6
76646 Bruchsal
Tel: 07251/18293

Aktionskomitee Kind im Krankenhaus e.V. (AKiK)
Kirchstr. 34
61440 Oberursel
Tel: 06172/303600

Deutsche Arbeitsgemeinschaft Selbsthilfegruppen e. V.
Friedrichstr. 28
35394 Gießen

Petra Nispel
Koordinatorin für Selbsthilfegruppen bei Postnataler Depression
Bergstr. 12
09623 Dittersbach

Österreich:

NANAYA,
Beratungsstelle für natürliche Geburt und Leben mit Kindern
Zollergasse 37
A-1070 Wien
Tel: 0222/931711

Zentrum für Geburt und Elternschaft
Irene Hocher
Rosensteingasse 82
A-1170 Wien
Tel: 0222/459649

Verein für natürliche und selbstbestimmte Geburt
Bahnstr. 11–13
A-2230 Gänsernsdorf

Neues Leben, Verein zur Förderung der natürlichen
und humaneren Geburt e. V.
Raschbach 2
A-4861 Aurach

Eltern-Kind Zentrum Salzburg
Herrengasse 30
A-5020 Salzburg
(Weitere Eltern-Kind-Zentren in Linz, Steyr, Klagenfurt,
Bregenz, Innsbruck, Graz, Mödling, Feldkirch und Wien)

La Leche Liga Österreich
c/o Gabriele Nindl
Mariatal 416
A-6233 Kramsach/Tirol

Arbeitsgruppe Babynahrung Tirol
c/o Andrea Bertsch
Bauerngasse 7
A-6065 Thaur

Initiative Kind im Krankenhaus
Silvia Egger
Stoß im Himmer 3/14
A-1010 Wien
Tel: 0222/6330502

Schweiz:

Verein zur Förderung natürlicher Geburten
Anwandstr. 9
CH-8004 Zürich
Tel: 01/2418822

Ausbildung in Geburtsvorbereitung (AGV)
Acherweg 58
CH-63705 Staus
Tel: 041/618528

Schweizer Fachverband für Geburtsvorbereitung
Leimenstr. 68
CH-4051 Basel

Informationsstelle für Schwangerschaft, Geburt und Stillzeit
Obmannamtsgasse 15
CH-8001 Zürich

Interessengemeinschaft natürliche Geburt
c/o Ruth Grund
Goethestr. 20
CH-9008 St. Gallen
Tel: 071/251759

Verein zur Förderung vielfältiger Geburtsmöglichkeiten
c/o Nicole Christen
Brambergrain 3
CH-6004 Luzern
Tel: 041/516219

Pro Juventute
Seefeldstr. 8
CH-8022 Zürich

Schweizer Hebammenverband
Flurstr. 26
CH-3000 Bern

La Leche Liga Schweiz
Postfach 197
CH-3000 Bern 25

GIFA (entspricht Aktionsgruppe Babynahrung in Deutschland)
P. O. Box 157
CH-1211 Genf 19

GfG

Gesellschaft für Geburtsvorbereitung
Bundesverband e. V.

Wir sind:

- Mitglieder der Gesellschaft für Geburtsvorbereitung e. V. (GfG), ein Zusammenschluß von Fachfrauen und Fachmännern aus verschiedenen Berufen rund um Schwangerschaft, Geburt und Familienanfang. Wir setzen uns ein für eine frauen-, kinder- und familienfreundliche Betreuung und gesellschaftliche Unterstützung der Menschen in dieser Lebensphase.
- eine interdisziplinär arbeitende Initiave. Wir tragen dazu bei, die fachspezifischen Fähigkeiten der verschiedenen Berufsgruppen zusammenzutragen und weiterzuentwikkeln im Sinne einer umfassenden Kooperation zum Wohle von Mutter, Kind und Familie.
- ein gemeinnütziger Verein mit ca. 850 Einzelmitgliedern und Verbandsmitgliedschaften. Wir arbeiten bundesweit und existieren seit 1980.

Wir wollen:

- Frauen und Männer unterstützen, sich körperlich und emotional auf die Geburt und das Leben mit dem Baby einzustellen und ihre Identität als Eltern zu finden.
- Geburtsvorbereitung lebensnah an den Interessen der KursteilnehmerInnen orientieren.

– die Entscheidungsfähigkeit und Selbständigkeit von Frauen und Männern unterstützen. Wir messen dem große Bedeutung zu, denn in dieser Lebensphase werden viele Weichen für den weiteren Lebensweg gestellt.

– eine präventive Gesundheits- und Bildungsarbeit im Sinne der Weltgesundheitsorganisation (WHO - Gesundheit 2000) fördern.

Wir bieten an:

für Eltern:

– Informationen zu Kursangeboten im lokalen/regionalen Bereich.

– die Vermittlung zu Kontakt- und Beratungsstellen sowie Selbsthilfgegruppen.

für Fachfrauen und Fachmänner:

– einen Rundbrief (dreimal jährlich) mit fachlichen Informationen zu aktuellen Fragen der Geburtsvorbereitung und zu Themen rund um die Geburt und Elternschaft.

– einen Fortbildungskalender (zweimal jährlich) unserer bundesweiten und regionalen Fortbildungskurse sowie der Angebote unserer Mitgliedsorganisationen.

– eine berufsbegleitende Aus- und Weiterbildung zur Geburtsvorbereiterin (2 Jahre) in verschiedenen Städten Deutschlands.